Benthin · Turtles

Anna Benthin

TURTLES®

Im Kampf für die Gerechtigkeit

Loewe

CIP-Titelaufnahme der Deutschen Bibliothek

Benthin, Anna:
Turtles: im Kampf für
die Gerechtigkeit/Anna Benthin.
1. Aufl. - Bindlach: Loewe. 1990.
ISBN 3-7855-2380-7

ISBN 3-7855-2380-7 - 1. Auflage 1990

Satz: Teamsatz, Neudrossenfeld
Gesamtherstellung: Wiener Verlag, Himberg bei Wien
Printed in Austria

Der Abend brach über New York City herein - wie überall auf der Welt und doch ganz anders.

Wie der lastende Druck eines heraufziehenden Gewitters hing Gefahr in den Häuserschluchten, Schatten lauerten im Dunkel, schienen von überall und nirgends zu kommen; lautlos, spurlos. Mit unsichtbaren Händen griffen sie zu, und so plötzlich, wie sie auftauchten, verschwanden sie auch.

Die Angst ging um in New York. Seit Wochen überschwemmten Ausbrüche der Gewalt die Stadt. „Straßenräuber auf dem Vormarsch", „City-Gangster werden immer schlimmer"; die Schlagzeilen der Tagespresse überschlugen sich. Offizielle Stellen hingegen schwiegen sich aus. Niemand wußte, ob sie tatsächlich machtlos oder inzwischen resigniert zusahen. Wer abends nicht unbedingt aus dem Haus mußte, blieb lieber in der vermeintlichen Sicherheit der eigenen vier Wände. Nur der Wind pfiff heute in den verlassenen Straßen und trieb seine Spiele mit allerlei Müll und Zeitungsfetzen oder den Schwaden, die aus den Eisendekkeln der Kanalisation aufstiegen. Einer dieser Kanaldeckel schlug mit einem Knall plötzlich auf und gab Einblick in ein düsteres, dumpf und modrig riechendes Labyrinth naßkalter Tunnel, durchströmt von allen trüben Wassern der Stadt. Das Plätschern hallte dumpf, und irgendwo weit entfernt war eine Stimme zu hören, die frisch und jung klang und mit einer Festigkeit sprach, die keinen Widerspruch duldete. Eine Fernsehstimme, ohne Zweifel. Hörte man genauer hin, vernahm man das typische Dröhnen des Apparates. Die Stimme sprach endlich aus, was jedermann befürchtete, und drang damit bis hinter eine alte, mit Brettern vernagelte Türöffnung, die da inmitten der Abwasserkanäle in einen längst vergessenen Wartungsraum führte.

„Da es sich um sehr viel mehr als nur eine Serie kleiner, voneinander unabhängiger Zwischenfälle handelt", sagte sie, „ist es offensichtlich, daß hier ein organisiertes Element an der Arbeit ist, dessen Geschäfte im Augenblick wohl blühen. So hervorragend sogar, daß es anscheinend keinen einzigen Augenzeugen für irgendeines der begangenen Verbrechen gibt."

April O'Neil war sich nur zu sehr der Gefahr bewußt, in die sie sich mit dieser Fernsehreportage begab. Vielleicht war es so etwas wie das Erbe ihrer irischen Vorfahren, die als Freiheitskämpfer in der Alten Welt Gold und Leben aufs Spiel gesetzt hatten, das sie dazu trieb. Aber sie hatte sich dazu entschlossen, Reporterin zu werden, weil sie es leid war, von behäbigen Bürgern verlogene Parolen über die menschliche Machtlosigkeit gegenüber Umweltskandalen und langatmige Klagen über den Niedergang der Moral zu hören. Sie wollte wissen, was wirklich hinter den Kulissen ablief. April war ehrgeizig, patent und bei aller Neugier mit genau dem Schuß Beherztheit ausgestattet, welcher es ihr erlaubte, mit dem Geschick eines fähigen Spürhundes auch solche Fährten aufzunehmen, die andere ängstlich unbeachtet liegenließen.

Während sie jetzt sprach, sah sie sie förmlich vor sich, all die miesen Gangster, Rowdies und Junkies, wie sie ahnungslosen Pendlern am U-Bahnschacht die Armbanduhr vom Handgelenk, eiligen Geschäftsleuten die Brieftasche aus dem Sakko und vorbeihastenden Frauen die Handtasche von der Schulter stahlen. An das Beispiel einer Farbigen erinnerte sie sich, die ihre Siebensachen auf dem Handkarren zu einem neuen Quartier transportiert und nur Sekunden den Blick davon gewandt hatte, und dann feststellte, daß außer ein paar Ballen Packpapier all ihr Hab und Gut verschwunden war. Oder ein anderer Fall, bei dem man einer Frau, die es sich gerade auf ihrem Balkon bequem gemacht hatte, den Fernsehapparat vor den Augen weggeschnappt hatte. Oder die Sache mit dem Warenlieferanten, der ein Radio ins Lager trug und seinen Laster nur eine Minute später völlig geplündert vorfand, ohne den geringsten Hinweis auf die Täter.

„Waren jeder Art und Größe, ob Skateboards oder Stereoanlagen, verschwinden in alarmierendem Umfang aus Ladenregalen und Lagerhallen“, fuhr April O’Neil fort. „Wegen der Anzeigen, die von Handtaschendiebstahl bis zu Einbruchsdelikten reichen, sind die Telefonzentralen der Polizei inzwischen überlastet. Besser geworden ist dadurch nichts, eher schlimmer. Tatsächlich hat die Polizei bis jetzt keinen einzigen Augenzeugen ausfindig machen können. Die Opfer bemerkten die Täter so gut wie nie, und viele wissen erst, daß sie Opfer eines Verbrechens wurden, wenn es für Nachforschungen zu spät ist. Nur ein paar sehr vage Berichte über junge Männer oder Teenager am Tatort sind in den Akten vermerkt.“

April schob eine Sprechpause ein, um das Nachfolgende wirkungsvoller hervorzuheben. Ihr Schlußsatz holte zu einem Rundumschlag aus, nicht nur gegen die Bande, sondern auch besonders gegen die, die von Berufs wegen etwas dagegen unternehmen sollten. „Verbrechen ohne Verbrecher?“ sagte sie mit einem eindringlichen Blick, der sein Gegenüber bis auf den Grund der Seele zu erforschen schien. „Ist hier eine unsichtbare Bande am Werk, von vielen schon jetzt ‚Die Schatten‘ genannt? Und wen rufen wir da? Leider haben wir nur die Polizei. Eine Polizei, die gemeinsam mit Präsidium und Rathaus erstaunlich ruhig bleibt, wenn zornige und verzweifelte Bürger Widerstand gegen diese Verbrechenswelle fordern, welche unsere Stadt wie eine Plage überschwemmt.“

Eine andere Stimme mischte sich nun ein. „Vielen Dank, April O’Neil. Sie hörten Kanal Drei mit ‚Am Pulsschlag der Zeit‘.“

Es knisterte hinter dem Bildschirm des vorsintflutlichen Fernsehgerätes in New Yorks Kanalisation, ehe der Schalter klickte. Vier Paar Augen sahen einander an.

„He, Boys! Und wen rufen wir da? Habt ihr das gehört? Sie fragt, wen sie rufen soll.“ Die Stimme kiekste, als läge der

Stimmbruch noch nicht allzu lange zurück. „Wolln wir uns nicht mal vorstellen?“

„Halt, halt!“ Eine andere, ältere Stimme war zu hören. „Ich weiß, es ist hart, hier unten eingesperrt zu sein. Aber vergeßt nicht, wir können nur erfolgreich arbeiten, wenn keiner weiß, wer und wo wir sind.“

April O'Neil hatte indessen ihre Unterlagen zusammengeschoben und das Fernsehstudio verlassen. Der Pförtner hinter seinem Panzerglashäuschen grinste, als er sie die Treppe runterkommen sah. „So spät mal wieder?“ fragte er und verglich die Zeit auf seiner Uhr mit dem Stempel der Stechuhr auf Aprils Karte. „Okay“, sagte er. „Alles in Ordnung. Aber Sie sollten sich mal ein bißchen Ruhe gönnen.“

April lachte auf. „Jetzt? Und auf den ganzen Ruhm verzichten?“ Kopfschüttelnd sah der Pförtner ihr hinterher. Sie gefiel ihm, und wenn er ein paar Jährchen jünger wäre ... Noch einmal winkte er ihr nach, dann schwang die Tür hinter ihr zu.

Das Parkplatzgelände vor dem Gebäudekomplex des Senders war weitläufig und zu dieser späten Stunde fast verlassen. April verwünschte die Entfernung bis zu ihrem Auto. Als sie morgens angekommen war, hatten die Fahrzeuge noch dicht an dicht geparkt, und für sie war nur einer der unbeliebten Plätze nahe dem Müllcontainer geblieben. Sie umging eine Pfütze. Irgendwo in ihrer Nähe klirrte eine leere Flasche zu Boden, und etwas Fettes, Schwarzes huschte über Aprils Fuß. Mit einem Aufschrei brachte sie sich auf einem geschlossenen Mülleimer in Sicherheit. Wenn sie irgend etwas auf der Welt verabscheute, dann waren es Ratten. Doch zum Glück schienen die Biester sich auch nichts aus ihr zu machen, jedenfalls ließ sich keine mehr blicken. Schaudernd sprang April zu Boden. Nur weg hier! dachte sie und lauschte dem Geklapper ihrer hohen Absätze. Das Echo klang irgendwie unheimlich.

Gespenstisch gluckste der Hudson River neben April an seiner Uferbefestigung. Sie hatte keinen Blick für das Mondlicht, das auf dem Wasser glitzerte und selbst den träge dahintreibenden Müll schön wirken ließ. So bemerkte sie auch nicht, wie sich die Wasseroberfläche teilte und vier große, merkwürdig „bucklige" Gestalten auftauchten. Ihre aufgewölbten Rücken glänzten im Mondlicht. Erst in unmittelbarer Ufernähe hätte April erkennen können, daß es sich um vier Schildkrötenpanzer handelte. Aber sie schaute nicht hin. Nur noch wenige Schritte trennten sie von ihrem Auto, sie sah das orange Heck schon vor sich. Hastig fingerte sie den Schlüssel aus ihrer Handtasche, bog um die Kühlerhaube eines Nachrichtenwagens und stolperte blindlings in eine Gruppe junger Rowdies, die eifrig damit beschäftigt waren, Fernsehmonitore und anderes Gerät aus dem aufgebrochenen Fahrzeug wegzuschaffen. Erschrocken zückte einer von ihnen ein Messer. Ein Moment angespannten Schweigens verflog.

„Ungünstiges Timing, was?" Der Obergangster trug eine Art Maske, die nur die Augenhöhlen frei ließ.

April versuchte ein klägliches Grinsen. „Nö, wieso? Ist doch gar nicht mal so verkehrt." Sie sprach mit gepreßter Stimme.

Zischend sog der andere die Luft ein. „Hey, Jungs, die Handtasche. Schnappt sie euch, los!"

April rannte los, aber sie kam nicht weit. Zu zweit hechteten sie ihr nach, und zimperlich griffen sie wahrhaftig nicht zu. Einer drehte ihr brutal den Arm auf den Rücken. Es tat weh.

„Faßt mich nicht an, ihr Dreckskerle. Was glaubt ihr, wer ihr ... Hilfe!" Aprils Stimme erstickte unter einer Hand, die ihr hastig den Mund verschloß.

„Los, den Schmuck! Her damit!" winkte der Anführer. „Hier die Scheine. Ich habe ihre Uhr ... Hey, seid ihr taub?"

Die anderen hörten sehr genau, was er wollte, doch April

bäumte sich auf und trat dermaßen um sich, daß sie alle Hände voll mit ihr zu tun hatten. Ein plötzlicher Faustschlag ließ Sterne in ihrem Kopf aufschießen.

„Keinen Blödsinn mehr, okay, Lady?"

Niemals würde sie diese Stimme vergessen.

Aprils Gedanken rasten. Sie war diesen Kerlen auf Gnade und Ungnade ausgeliefert, soviel stand fest. Aber was hatten sie mit ihr vor? Welche Chance blieb ihr noch? Keine? „April O'Neil, tot im Hudson", war das die letzte Schlagzeile, die sie machen würde?

Sie war halb ohnmächtig vor Angst und Verzweiflung, als plötzlich von irgendwoher ein Dolch an ihr vorbeisauste und die Straßenlaterne traf. Vier gedrungene Gestalten mit sonderbar gewölbten Rücken sprangen wie Schemen aus der Dunkelheit und stürzten sich auf Aprils Angreifer. Hin und her gerissen zwischen Todesangst und Neugier, den Kopf halb in der Deckung ihrer Arme vergraben, sah April auf. Viel Erfahrung schienen die vier buckligen Typen nicht zu haben, aber sie kämpften mit einer Kraft, die an Preßlufthämmer erinnerte. Die Ganoven hatten keine Chance, so heftig sie sich auch zur Wehr setzten. April konnte den Blick nicht abwenden. Ganz geschulte Reporterin, hielt sie mit fotografischer Genauigkeit die Szene fest und formulierte in Gedanken schon die Titelstory ihrer neuesten Nachrichtenausgabe.

Doch nicht nur Aprils Neugier war geweckt.

Das unterdrückte Fluchen, Keuchen, Stöhnen sowie das trockene Klatschen von Schlägen schienen eine Polizeistreife alarmiert zu haben. Mit heulender Sirene kam ein Wagen näher. Fast gleichzeitig erstarb das Kampfgetümmel, und eilige Schritte verschwanden in der Nacht.

April blinzelte wie betäubt ins Scheinwerferlicht der Streifenwagen, die einer nach dem anderen quietschend bremsten. Dann sah sie die Gangster. Säuberlich mit Stromkabel verschnürt, saßen oder lagen sie auf dem Boden, kaum sichtbar verletzt, der Boß aber mit einer Antenne bekrönt, als sei er gerade vom Mars gefallen.

„Was, zum Teufel, ist hier los?“ Einer der Polizisten rannte auf April zu, die sich nun erleichtert aufrappelte, und stoppte mitten im Schritt vor den stöhnenden Schnürpaketen.

„Mann“, sagte er verblüfft und konnte ein Lachen nicht unterdrücken, „ich hab’ ja schon ’ne Menge gesehen, aber das ... Da seid ihr wohl auf ein paar ganz harte Jungs gestoßen, was?“

Er half April auf die Füße. „Alles okay, Miß?“ fragte er und winkte seinen Kollegen, die Rowdies einzusammeln.

April nickte benommen. „Ja, jetzt schon.“

Als sei dies das erwartete Stichwort gewesen, schloß sich wenige Schritte hinter ihr ein Kanaldeckel über einem Paar maskierter Augen. In letzter Sekunde, der Deckel war fast eingerastet, fiel ihr Blick auf einen einzelnen Dolch, der neben Aprils Füßen im Straßenschmutz lag. Die maskierten Augen weiteten sich vor Schreck, als Aprils Hand, die nach ihren verstreuten Siebensachen tastete, den Dolch erfaßte. Für Augenblicke sah es so aus, als wolle diese ihren Fund dem Polizisten zeigen, der gerade einen Ganoven auf die Beine zerrte. Doch dann überlegte sie es sich anders und schob die altmodische Waffe kurzerhand in ihre Handtasche. Sie konnte ja nicht ahnen, daß sie damit ihre erste Begegnung mit den Ninja-Turtles besiegelt hatte.

In den Augen hinter der Maske aber glitzerte es zufrieden, als sich der Kanaldeckel endgültig über ihnen schloß.

Ein wildes Gejohle und Gelächter hallte in den weit übermannshohen Kanaltunneln. In einer Dreierreihe geisterten Schatten über die Wände. Auf den ersten Blick sahen sie wie Menschen aus, jedenfalls beinahe. Und wenn man ihren Stimmen trauen durfte, waren es auch welche. Drei Teenager, die mit einer geradezu unverschämt guten Laune im

Abwasser New Yorks einherplatschten, als duftete diese widerlichste Schmutzbrühe in Wirklichkeit nach allen Wohlgerüchen Arabiens.

„Hey, wir waren stark, echt super!"

„Wir waren furchteinflößend."

„An alle Kriecher und Schleimer in dieser Stadt: Der Vulkan ist explodiert und hat die vier Besten ausgespuckt, Leute!"

„He, Mann, ab heute haben wir neue Namen. Wie klingt das: Leonardo, der Furchteinflößende?" Furchtbares Gelächter brach aus.

„Du meinst, der Abgefahrene", kicherte die eine Stimme.

„Nee, ich weiß was viel Besseres: Der Bossanova", japste die andere.

„Was für'n Ofen?"

„Hä? Bossanova?"

„Klar, du Analphabet! Noch nie was von Latein gehört? Bossanova, der neue Boß."

Die Stimmen erstickten fast vor Lachen.

„Das war cremig, erste Sahne!" Und plötzlich: „Kommt schon, geben wir Gas, ich bin am Verhungern."

„O ja, Futter, Futter, Futter, Baby!" Einer rollte mit den Augen. „Genau das richtige für Papis Sohn."

Eine schwache Glühbirne hinter dem Knick eines Seitentunneleinstiegs ergoß ihr diffuses Licht über die drei schwerbewaffneten Gestalten.

Das hier waren die Turtles:

Zuerst Leonardo mit blauer Augenmaske und einem Katana, dem Ninja-Schwert. Heimlicher Anführer der Gruppe, diszipliniert und bedächtig, aber auch manchmal ein Vulkan unter Eis.

Dann Michelangelo mit orangefarbener Augenmaske und Nunchakus. Ein bißchen rundlicher als die anderen, war er der Witzbold und Spaßvogel der Gruppe, immer für einen Gag zu haben und obenauf.

Donatello mit der purpurroten Augenmaske und seinem Bo, dem Ninja-Schlagstock, war der Tüftler und Denker unter ihnen. Wenn er sprach, schwang in seiner hellen, ein wenig heiseren Stimme irgendwie immer ein Hauch von Staunen mit.

Sie traten jetzt unwillkürlich leiser auf, als vor ihnen eine mit Brettern zugenagelte Türöffnung erschien.

„Wollen wir?“ Leonardo sah von einem zum anderen. Als sie nickten, stieß er die Tür auf. Sie schwang überraschend leicht und lautlos auf gut geölten Angeln und ließ auch eine vierte schattenhafte Gestalt hindurchhuschen, ehe sie leise wieder zufiel. Der Nachzügler war Raphael, mit der roten Augenmaske, Mister-Hunderttausend-Volt, das Kraftpaket in Person, aber diesmal ausnahmsweise mit nur einem Dolch anstatt wie sonst mit zweien. Er war gerade rechtzeitig gekommen, um Donatellos Pizza-Blick mitzubekommen.

„Gibt's was zu mampfen, Jungs?“ fragte er.

„Noch nicht, Mann, aber gleich ist hier eine größere Pizza-Attacke am Laufen, Kumpel“, grinste Leonardo ihn an.

„Pizza!“ Donatello stöhnte genüßlich. „Das, was ich brauche!“

„Genau das ist es!“ Michelangelo rockte zum Telefon. „Pizza-Pizza-Pizza, da haben selbst Nachtfalter Schonzeit, Jungs.“ Er wählte.

„Ein Mann - ein Wort, reich mir deine Hornhaut, Bruder“, feixte Leonardo und knuffte Donatellos Schulter.

„Da hast du sie.“ Witzelnd streckte Donatello ihm die Hand wie zum Handkuß hin.

„Herrje, das sind ja Schwielen, Kleiner!“ ulkte Leonardo und schlug sich auf die Schenkel. „Kannst du gut mit Schwielen zielen, läßt du die Gespielen schielen.“

„Pst!“ Raphael hatte Mühe, sich im allgemeinen Johlen Gehör zu verschaffen. „Splinter kommt.“

Sofort wurde es still, nur ab und zu war ein vereinzeltes Kichern zu hören, das sich nicht unterdrücken ließ. Splinter nahm in seinem Ohrensessel Platz und blickte langsam in die Runde. Wie wohl er sich fühlte in diesem vergessenen Lagerraum unter der Erde! Im Laufe der Jahre war es hier immer gemütlicher geworden, denn das Abwasser hatte jede Menge Brauchbares herbeigeschwemmt: Polstermöbel, einen Tisch, den Ohrensessel, Teppiche und sogar eine Telefonzelle. Einen vorsintflutlichen Schwarzweißfernseher hatten sie aus dem Sperrmüll aufgelesen, ein paar Lampen und was man sonst eben alles braucht.

Was aber wäre dies alles ohne sie, ohne seine vier Turtles? Er liebte sie wie ein Vater, und dabei spielte es keine Rolle, daß er eine alte Ratte und sie vier Wasserschildkröten waren. Ich habe euch, so gut es geht, aufgezogen, und was ihr seid, seid ihr durch mich, dachte er.

Zärtlich ließ er den Blick auf Leonardo ruhen, der sich hingekniet hatte, um ihn besser anschauen zu können. Er ist aufgeregt, dachte Splinter, aber er versucht, sich zu beherrschen. Gut, sehr gut sogar.

„Nun, was ist los, mein Sohn?" Splinters Stimme war ganz sanft und klang so, als habe ihr Besitzer schon viel erlebt.

„Wir hatten unsere erste scharfe Schlacht, Splinter", stieß Leonardo hervor. „Es waren Millionen ... Aber wir haben ihnen den A... äh, ich will sagen, wir haben gut gekämpft."

Die anderen brummten und nickten zustimmend.

Splinter legte die Hand an sein zerfetztes rechtes Ohr und unterdrückte ein belustigtes Schmunzeln.

„Soso, Millionen", meinte er. „Haben sie euch gesehen?"

Alle redeten eifrig durcheinander, und Leonardo schüttelte stumm den Kopf.

„Darin dürft ihr niemals, hört ihr, niemals nachlässig werden", sagte Splinter eindringlich und sah die Turtles einen nach dem anderen an. Keine Regung entging ihm auf ihren Gesichtern. „Selbst die, die im Kampf gegen das Böse unsere Verbündeten sein könnten, würden uns nicht verstehen. Unser Reich ist der Schatten. Verlaßt ihn nur, wenn es nicht anders geht, denn wenn ihr es tut, müßt ihr hart zuschlagen und euch sofort in nichts auflösen."

Donatellos Blick huschte zu Raphael hinüber und glitt auch schon wieder beiseite. Splinter wußte genug. Langsam wandte er sich um und sah Raphael abwartend an.

Es dauerte eine Weile, bis dessen Brust sich in einem schweren Seufzer hob. „Ich habe einen Ninja-Dolch verloren."

„Verloren ist verloren", murmelte Splinter.

„Aber ich könnte ihn, ich könnte ihn vielleicht wiederbekommen. Wetten, das kann ich?" Raphaels Augen funkelten hinter der roten Stoffmaske.

„Raphael!" Splinter lächelte kopfschüttelnd. „Laß es gut sein, du Hitzkopf."

Der wurde rot, und Michelangelo, der die Unterredung für beendet hielt, flitzte zum Telefon. Leider etwas vorschnell, denn Splinter hatte noch etwas Wichtiges vorzubringen.

„Als Ninjas habt ihr so ziemlich alles gelernt, was zu lernen ist, nur eine einzige wichtige Lektion steht noch aus. Noch! Sie wird warten müssen." Ein wenig unwillig blickte er zu Michelangelo hinüber, der gerade am Telefon fröhlich lostrompetete: „Adresse geschnallt? Scharf, Mann, okay, okay. Ich will 'ne riesige, knusprige, mit doppeltem Käse, doppeltem Schinken, doppelten Pepperoni ..."

Splinter seufzte und fuhr etwas lauter fort: „Ich weiß, es ist schwer für euch, hier unten zu leben, aber das müßt ihr als Teil eures Lebens akzeptieren. Euer junger Geist ist hellwach, ihr seid auf der Höhe eurer Kraft, wißt, was ihr wollt. Aber niemals dürft ihr euch auf euren Lorbeeren ausruhen, versteht ihr? Die Ninja-Kunst will trainiert sein, ein Leben lang, wenn sie die perfekte Kunst des Unsichtbaren sein soll."

Michelangelos Begeisterung schwappte fast über, so wässerte ihm der Mund von allem, was er bestellte. „Doppelte Pepperoni, okay? Und doppelt Zwiebeln, doppelt Pelze, äh Pilze natürlich, jede Menge Würstchen und den anderen Schotter. Was? ... Nein, Pappe will ich nicht drauf. Ach, Sie wolln 's in Pappe einpacken. Ja, aber keine Anchovis."

„Michelangelo!" Splinter konnte auch schärfer sprechen, wenn es sein mußte.

Doch um nichts in der Welt hätte Michelangelo diese Pizza sausenlassen. Er sah sie schon vor sich, riesig, saftig, doppelt ... Das mußte doch selbst Splinter verstehen. Er lächelte ihm entschuldigend zu. „Alles kapiert?" Noch ein Blick in die streng gewordenen Augen. „Also los, Freund, die Uhr läuft."

Splinter atmete tief durch, als Michelangelo den Hörer endlich einhängte. „Ihr seid noch jung", murmelte er. „Ich bin alt, und eines Tages werde ich nicht mehr für euch dasein. Also vergeßt nicht, was ich euch gelehrt habe, und geht weise damit um." Donatello rutschte unruhig hin und her, Splinter schien es aber nicht zu bemerken. „Ich schlage eine kleine Meditationsübung über die Ereignisse des Abends vor", sagte er und schloß die Augen.

Gehorsam taten es die vier ihm nach, doch schon Sekunden später wurde Splinters Trommelfell schaurig-schön erschüttert, denn die Turtles sangen. „Das ist genauso gut wie meditieren", grinste Michelangelo unschuldig.

Splinter gab es auf. Nur die Spur eines Lächelns in seinen Mundwinkeln verriet, was er dachte.

Leonardo hielt es jetzt nicht länger im Sofapolster. Kopf- und powackelnd schnipste er mit allen sechs Fingern gleichzeitig im Takt, als er Raphael in Turtle-Verkleidung - Mantel und Schlapphut - kommen sah. „Hey, Raphie, wohin, elende Kröte?" rief er.

„Ich muß raus, will ins Kino ... Hast du was dagegen?" Raphael sah nicht aus, als würde es ihm etwas ausmachen, wenn alle was dagegen hätten.

„Ich frag' ja bloß", maulte Leonardo. „Bist du zurück, bis die Pizza kommt?"

Doch da war Raphael schon verschwunden.

Kopfschüttelnd sah sich Leonardo nach den anderen um. Splinter meditierte immer noch, Donatello wühlte in seiner Zimmerecke, und Michelangelo war nirgends zu entdecken. „Wo ist Mike?" Leonardo sprach leise, um Splinter nicht zu stören.

„Futter-Futter-Futter, Baby." Donatello grinste und kam mit seinem Skateboard an. „Will mal vorsichtshalber hinrollen und tragen helfen."

Leonardo nickte. Während er sich mit überkreuzten Beinen und möglichst geradem Rücken neben Splinter auf dem Boden niederließ, nahm er das dumpfe Rollen des Skateboards im Kanaltunnel noch wahr, ehe er auf seine Gedankenreise ging.

Donatello war ein geschickter Skateboardfahrer. In gekonnten Bögen nutzte er die Tunnelwölbung aus, um Geschwindigkeit zu gewinnen und vermied die Wasserrinne, die ihn gebremst hätte. Wie vermutet, fand er Michelangelo unter dem vergitterten Schacht eines Kanalabflusses. „Wie läuft's?" Donatello bremste in einer scharfen S-Kurve. „Spitze", gab Michelangelo zurück.

Donatello schob sich neben ihn und warf einen Blick hinaus. „Schöne Nacht", murmelte er und versuchte, am sternklaren Himmel den Großen Wagen auszumachen. Der Mond schien hell durch den Gitterrost zu ihnen hinunter und ließ die Schatten der Eisenstäbe vor den Gesichtern der Brüder wie die einer Gefängniszelle wirken. Eine seltsame Beklemmung befiel Donatello, und eine Frage drängte sich auf, die er unbedingt loswerden mußte. „Hey, Mikey, hast du schon mal über das, was Splinter heute abend gesagt hat, nachgedacht? Ich meine, wie es wäre, na ja, du weißt schon, wenn er nicht mehr da wäre?“ Er sah seinen Bruder gespannt an.

Michelangelo senkte nachdenklich den Blick. Sekundenlang stand das Schweigen drückend zwischen ihnen, bis seine alte gute Laune in ihm durchbrach und er mit einem Schulterzucken ausrief: „Das sind doch ungelegte Eier, und außerdem hat der Pizza-Schlepper nur noch dreißig Sekunden.“

Donatello versuchte ein Grinsen. Fast verspürte er ein wenig Neid auf die Leichtigkeit, mit der der Bruder die schwierigsten Hürden des Lebens nahm. Dann gab er ihm einen Stoß auf die Brust und flitzte auf dem Skateboard los. Er konnte jetzt einfach nicht wie Michelangelo stillstehen. Und den Druck auf dem Herzen, das wußte er aus Erfahrung, bekam er am leichtesten durch Bewegung weg, viel Bewegung.

„Hey, Don!“ Michelangelo legte die Hände wie einen Trichter um den Mund. „Die Zeit ist um. Der Typ kommt zu spät. Wir ziehen ihm drei Dollar ab.“

Trotz seiner Sorgen konnte Donatello ein Lachen nicht unterdrücken, während er zu einer S-Kurve Schwung holte, die ihn fast bis zur Mitte der Tunnelröhre hinauftrug.

Minuten später hörte er den Lieferwagen des Pizza-Manns über das Kopfsteinpflaster der verlassenen Seitengasse holpern, die Michelangelo als Lieferadresse angegeben hatte. Auch Michelangelo hatte ihn bemerkt und trat näher zum Schacht.

Der Fahrer war einer dieser wohlgenährten Einwanderer-Typen aus Brooklyn, deren italienische Abstammung sich noch nach Generationen nicht verleugnen ließ. Ratlos irrte sein Blick zwischen den Häusern entlang. „Verdammt!“ stieß er endlich hervor und blieb genau über dem Kanalschacht stehen. „Wo, zum Kuckuck, ist 122 und eine Acht? 122 und eine Acht, absoluter Wahnsinn, wo soll das sein?“

Michelangelo hüstelte. „Sie stehen drauf, Kumpel“, sagte er gelassen.

Der Pizza-Mann sprang wie von der Tarantel gestochen beiseite und starrte entsetzt unter sich.

„Was soll das?“ Ungläubig sah er die Spitze eines Geldscheins zwischen den Schachtstäben.

„Stecken Sie die Pappe einfach durch“, forderte Michelangelo ihn auf und wedelte verlockender mit dem Geld.

Der Mann zögerte. Was ging hier vor? Sollte er das Geld überhaupt anfassen? Er beugte sich hinunter und spürte, wie ihm die Pizza abgenommen wurde. Hastig griff er nach dem Geldschein, froh, mit heiler Haut davongekommen zu sein. Kaum aber hatte er erkannt, was er da unter Aufbietung all seines Mutes ergattert hatte, fiel plötzlich jede Furcht von ihm ab. „Hey, das ist nur ’n Zehner!“ rief er empört. „Sie haben Pizza für dreizehn Dollar bestellt!“

Michelangelo ließ alle Zähne blinken. „Zwei Minuten zu spät, Kumpel“, grinste er nach oben.

„Ah, kommen Sie“, der Pizza-Mann schielte nach seinem Auto, „ich konnte es einfach nicht finden.“

Mit einer Aussprache, die jedem Chinesen Ehre gemacht hätte, ließ Michelangelo einen Spruch los, der selbst Donatello auf dem Skateboard ins Schleudern brachte.

„Der weiße Mann sagt, Vergeben ist göttlich“, brummelte er. „Aber bezahle nie den vollen Preis für eine verspätete Pizza.“ Ein Lachen hallte dem Pizza-Mann aus dem Gully entgegen, das ihm alle Haare im Nacken aufrichtete.

„Nicht noch mal mit mir“, rief er und jumpte in seinen Wagen. Mit einem heimlichen Stoßseufzer, daß nur ja der Motor nicht streiken möge, ließ er seinen Wagen an. „Jetzt beliefere ich schon Gullys. Bin ich irre, oder was? Nee, nee, ich lass’ mir ab sofort ’ne neue Route geben ...“ Und er raste davon.

„Mann, o Mann, hast du den kalt abfahren lassen!“ Donatello gluckste vor Lachen, als er das Skateboard in einer weichen Kurve vor Michelangelo auslaufen und den Bruder aufspringen ließ.

„Schmeiß den Motor an, Junge." Michelangelo grinste ihn an und hielt sich an ihm fest. „Kalte Pizza schmeckt wie kalte Füße."

Die Pizza wie einen Kreisel auf den Fingerspitzen, sprang er wenig später durch die mit Krach aufgestoßene Tür in die „gute Stube". „Und hier, Freunde", schrie er wie ein Marktverkäufer, „seht ihr die neueste belegte Turbo-Frisbeescheibe. Kakerlaken lieben sie, Fledermäuse lieben sie, und selbst die oberaffengefährliche Ninja-Schildkröte ist verrückt danach."

Das einsetzende Gekreisch war selbst in tiefster Meditation nicht mehr zu ignorieren. Seufzend schlug Splinter die Augen auf. „Also, Kinder!" protestierte er.

Doch keiner hörte hin. Aller Augen hingen an Michelangelo, der sein Katana-Schwert mit der Miene eines Zauberkünstlers über sich schwang. „Drei Häppchen, drei Schnäppchen für hungrige Kläppchen", reimte er dabei und ließ das Schwert niederzischen. Schneller als ein Meisterkoch Zwiebeln schneidet, landeten drei gleich große Pizzastücke auf dem Tisch, an dem Leonardo und Donatello schon Platz genommen hatten. Sorgfältig rieb er sein Schwert ab, ehe er sich über den eigenen Anteil hermachte. Genüßlich brummend ließ er den Käsebelag auf der Zunge schmelzen und schloß die Augen.

Kinder, dachte Splinter belustigt und strich seinen Bart, immer noch sind sie Kinder.

Nicht nur die Ninja-Turtles hatten sich von April O'Neils Rede im Fernsehen angesprochen gefühlt. Auch ein junger Mann namens Casey Jones war an diesem Abend nachdenklich geworden.

„Recht hat sie", sagte er laut zu sich selbst und fuhr sich mit den Fingern durch das schulterlange schwarz glänzende

Haar. „Wen rufen wir da, wenn man die Polizei vergessen kann?“

Beide Hände tief in den Hosentaschen vergraben, trat er zum Fenster seiner Junggesellenbude und starrte hinaus. Wie aus unzähligen Augen funkelte die Stadt zurück: Leuchtreklamen, die ihre Botschaft grell in den Nachthimmel schrieben, erhellte Büros und Schaufensterscheiben, die bedeutendsten Gebäude der Stadt von Scheinwerfern angestrahlt und verstohlen der hellblaue Schimmer der Fernseher aus den Fenstern der Wohnblocks. Von hier oben eine Stadtidylle wie aus dem Schulbuch. Und doch, der Schein trog, das Verbrechen lauerte da unten in den Häuserschluchten sprungbereit.

Casey Jones’ Blick wurde hart. Sollte diese kleine Gans da im Fernsehen tatsächlich das einzige couragierte Wesen in ganz New York sein? Nein, das konnte er nicht auf sich sitzen lassen.

„O.k., ich bin dabei, Baby“, knurrte er böse, als könne April O’Neil ihn hören. „Auf mich kannst du zählen. Wen rufen wir denn da? Dein Wort in meinem Ohr, und ab geht die Post.“

Prüfend schaute er sich in dem engen Apartment um. Er hatte vor langer Zeit die Wände mit den Idolen seiner Jugend tapeziert, Sportler, Weltrekordler und dazwischen Kampfszenen von Judo und Karate. Eine ganze Reihe Stöcke, Knie- und Ellenbogenschützer, Handschuhe, vor allem der vergitterte Bienenkorb einer Hockey-Maske verrieten, woran sein Herz hing. Wie in Zeitlupe griff er nach seinem Lieblingsschläger und wog ihn in der Hand.

„Schätze, wir kriegen zu tun, Partner“, murmelte er dann. „Jetzt zeig, was du kannst.“ Er ging zur Tür, nahm seine Jacke und verschwand. Der Central Park zog Casey Jones wie magnetisch an. Tagsüber ein Eldorado für Liebespaare, junge Mütter oder Sonnenhungrige, war die grüne Lunge der Stadt zum nächtlichen Treff aller Gangster und sonstigen zwielichtigen Typen geworden. An einer besonders gefürchteten Weggabelung wußte Casey Jones von einer halbhohen Mauer, die er, von Buschwerk und Wucherschlingen getarnt, wie den Hochsitz eines Jägers benutzte.

„Wer sagt, daß Robin Hood tot ist?“ murmelte er und machte es sich in einer Sitzmulde auf der alten Mauer bequem.

Nicht lange, da verriet ihm gellendes Hilferufen, wie richtig er seinen Platz gewählt hatte. Eine ältere Dame war überfallen worden. „Meine Tasche, meine Tasche! Haltet sie fest! Diebe!“ Ihre Stimme überschlug sich.

„Flegel!“ Das war laut und deutlich eine Männerstimme.

„Au, verflucht!“ Ein Geräusch wie von einem Fall, dann Rennen und wenig später: „Bitte nicht!“ Es hörte sich kläglich und jung an.

„Nichts wie weg, der Kerl hat ein Schwert, ein riesiges Ding! Los, mach schon!“ schrie jetzt eine dritte Stimme dazwischen.

Das Rennen und Hasten kam näher. Casey Jones machte sich sprungbereit.

„Was war denn das eben?“ Ein junger Bursche blieb jetzt atemlos keuchend unter ihm stehen.

Auch sein Begleiter rang nach Luft. „Keine Ahnung.“

Wie zur Antwort auf ihre Frage ließ Casey Jones sich an einem überhängenden Buchenast von der Mauer fallen. In seiner dunklen Lederjacke, das Gesicht hinter der Hockey-Maske verborgen und den Schläger wie eine Waffe in der Hand, sah er nicht aus wie einer von der Heilsarmee. „Was das war, ihr handtaschenklauenden Kotzbrocken?“ fragte er zynisch. „Das war ein Verbrechen. Und das hier“, nervtötend langsam hob er den furchterweckenden Schläger, „das hier ist die üble Strafe.“

Die beiden Rowdies standen zuerst wie angewurzelt, viel zu spät versuchten sie dann noch, sich zu retten. Der erste ging ohne einen Laut zu Boden, als ihn der Schläger traf.

„Zwei Strafminuten für zu hohen Stock“, erklärte Casey dabei ungerührt und ließ seine Waffe zwischen die Schulterblätter des zweiten sausen. „Zwei Strafminuten für Cross-Check ... Und jetzt kommen wir zu dem, was ich am liebsten habe.“ Casey hob den Schläger zu einem letzten Hieb auf den bereits am Boden Liegenden. „Nämlich zwei Strafminuten für Stockschlagen.“

Gerade rechtzeitig, um den Schwung der Bewegung zu unterbrechen, knallte ihm eine Faust ins Kreuz, daß er in die Knie ging, und eine ärgerliche Stimme sagte: „Wie wär's mit fünf Minuten für ungebührlich rauhes Spiel, Kumpel?“

„Hey, du verhinderter Humphrey Bogart, seit wann sind Leichen Schiedsrichter?“ Casey rappelte sich wütend auf und starrte sein Gegenüber an. „Du hast die Klappe aufgerissen, jetzt mach dich vom Acker und laß mich das Spielchen mit den Pennern hier zu Ende bringen.“ Er trat einen Schritt näher.

„Nicht hier, nicht so und nicht jetzt. Und schon gar nicht mit dir“, wehrte der mit dem Schlapphut à la Bogart ab. Die zwei Rowdies hatten inzwischen ihre Arme und Beine neu entdeckt und schoben sich Millimeter für Millimeter aus der Gefechtslinie, um schließlich wie gehetzte Kaninchen in verschiedene Richtungen davonzurennen.

Casey sah ihnen wütend nach. Mit einem Ruck wandte er sich dem Kerl mit Hut und Mantel zu, der ihn um diese Stunde der Rache geprellt hatte. „Tja, sieht aus, als würde ich dir dann ein bißchen was zeigen müssen“, knirschte er mühsam beherrscht und griff betont langsam in seine Golftasche, die er wie einen Köcher auf dem Rücken trug. Sie war mit Schlagstöcken aller Art gefüllt.

Der Mann im Schlapphut hob abwehrend die Hand. „Hör mal, ich will mich nicht mit dir rollen.“

„Zu spät, Kumpel.“ Casey riß zwei Krummstöcke hervor und drang wirbelnd auf den anderen ein. „Erste Lektion, Schmerzstufe eins ... Ihr Professor ist Casey Jones“, rief er.

Der Mann im Schlapphut kicherte. „Wohl Baseballspieler, was? Find' ich auch nicht schlecht, Mann!"

Wie ein Gummiball federte er einen Hieb nach dem anderen ab, wich aus, duckte sich weg. Es sah tatsächlich nach einem Spiel aus, als er sich einen der Schlagstöcke schnappte und das Markenschild näher an die Augen hob. „Nicht doch, ein Jose-Canseco-Schläger? Das gibt's nicht! Wetten, du hast ihn nicht mal bezahlt?"

Ein Schlag traf ihn in dem Moment in den Rücken, der ihn taumeln ließ. „Gab's im Winterschlußverkauf." Die Stimme des Angreifers pfiff schon vor Anstrengung. „Was bist du eigentlich für einer, 'n Punker etwa? Igitt, ich hasse Punker ... Ganz besonders grün geschminkte mit Glatze wie du, die hinter Masken ihre häßlichen Fratzen verstekken."

Raphael, den es hier in seiner Sonntagsausgehverkleidung erwischt hatte, kam allmählich in Fahrt. „Das reicht!" Mit einer einzigen fließenden Bewegung war er auf den Füßen und schwang den eroberten Schlagstock. „Ein neuer Mann am Schlag."

Aber die Wut riß ihn zu sehr hin, und der Schlag traf ins Leere.

Casey lachte und griff nach ihm. „Ruf die Treffer-Fee", keuchte er.

Kochend vor Zorn vollführte Raphael eine perfekte Ninja-Rolle über Casey hinweg, schwang herum und landete den ersten Volltreffer. „Heimspiel!" japste er und setzte den Fuß in Caseys Nacken. „Ich habe gewonnen. Ich habe einen Elch erlegt, einen riesigen, schwitzenden, stinkenden Elch."

Aber als hätte der Hohn in Raphaels Triumphgeschrei seine Lebensgeister geweckt, sprang Casey auf und riß einen neuen Schläger aus seinem Golfsack.

„Na?" Raphael grinste und wippte auf den Füßen hoch und runter. „Auferstanden, Kleiner?"

„Okay, du hast einen voraus, Glatzkopf. Jetzt Cricket." Casey ließ keinen Blick von seinem grünen Gegenüber.

„Cricket?" Raphael lachte auf. „Keine Sau versteht etwas von Cricket. Höchstens Typen, die Sauerteigfladen essen."

„Ich zeig's dir!" Caseys Ansturm war unaufhaltsam. Unter Aufbietung aller Kraft riß er Raphael in die Höhe und stieß ihn kopfüber in einen riesigen Laubkorb am Rand des Parkweges. „Siehst du? Das ist Cricket." Er wischte sich den Schweiß von der Stirn.

Raphaels Antwort blubberte unverständlich im welken Laub, während er heftig zappelte, um sich zu befreien.

Lachend rannte Casey los. „Bis später, Frosch", rief er in Richtung Korb. „Ich hab' noch was zu erledigen."

„Frosch? Hat der wirklich Frosch gesagt?" Raphael kämpfte wild mit dem Laubkorb, und endlich gelang es ihm, sich aufzurichten. Blind vor Zorn raste er hinter Casey her, der gerade eben um eine Ecke verschwand.

„Komm sofort zurück!" schrie er. „Ich bin noch nicht fertig mit dir."

Aber Casey zog es lieber vor, die Einladung nicht anzunehmen.

Es dauerte eine ganze Weile, bis Raphael sich wieder so weit unter Kontrolle hatte, daß er es wagte, nach Hause zurückzukehren. Leise schlich er auf Zehenspitzen durch den Kanaltunnel. Die anderen schnarchten, er hörte ihre Atemzüge durch die verriegelte Tür. Im Zeitlupentempo schob er sie auf, aber sie knarrte trotzdem wie üblich.

Schon wollte er in sein Zimmer huschen, da flammte ein Streichholz auf und erhellte Splinters Gesicht vor dem abgeschabten Samt des alten Ohrensessels. Raphael stand da wie vom Blitz getroffen.

„Komm her, setz dich zu mir." Splinters Stimme klang sanft wie Harfenmusik im Wind.

Raphael zögerte. „Können wir das nicht auf morgen verschieben?" Bittend sah er den Alten an, doch dieser winkte ihn mit einer Geste heran, die keinen Widerspruch duldete. „Nein, du wirst mir jetzt zuhören."

Wortlos nahm Raphael zu seinen Füßen Platz und sah zu, wie die faltigen, aber immer noch sonderbar kräftigen Hände eine Kerze anzündeten.

„Die erste und oberste Regel meines Meisters Yoshi war: Besitze das richtige Denken", begann Splinter und blickte Raphael scharf in die Augen. „Denn nur damit kann man sie empfangen, die Gaben der Kraft, des Wissens und des Friedens." Die schon ein wenig müden Augen erforschten Raphaels Gesicht, als Splinter mit einem tiefen Atemzug fortfuhr. „Ich habe mich sehr bemüht, die Kräfte deines Jähzorns zu lenken, Raphael. Aber noch immer ist zuviel davon übrig. Wut umwölkt deinen Verstand, und hat sie sich erst einmal nach innen gewandt, ist sie ein unbesiegbarer Feind."

Raphael fühlte ein Schluchzen in sich aufsteigen und senkte betroffen den Kopf.

„Du bist ein Einzelgänger inmitten deiner Brüder", sagte Splinter, „denn du hast dich entschieden, dich deinem inneren Feind allein entgegenzustellen. Aber während du mit ihm ringst, darfst du deine Brüder nicht vergessen, mein Sohn. Und auch mich nicht."

Liebevoll legte er eine Hand auf Raphaels Schulter. „Ich bin hier", murmelte er und lächelte in dessen verdächtig blank gewordene Augen. „Versprich mir, daß du es niemals mehr vergißt."

Raphael nickte. Auf einmal fühlte er sich nicht mehr so allein.

Die Sonne ließ den rostroten Sandstein des alten Hauses im Stil der Jahrhundertwende wie Weinlaub leuchten, als Charles Pennington am nächsten Morgen vor April O'Neils Tür einparkte.

„Willst du mit?" Die Frage klang eher wie ein Befehl, und

Danny Pennington zuckte deshalb gleichgültig mit den Schultern. „Wenn du willst, von mir aus", nörgelte er.

Die Fensterscheibe des Trödelladens im Erdgeschoß war blind vom Staub der Monate, die seit dem Tod des alten O'Neil vergangen waren. Immer noch füllten die Schätze, die der alte Herr zu Lebzeiten gesammelt und auch verhökert hatte, die deckenhohen Regale mit ihren Kästchen, Laden und Einlegeböden. Ein ausgestopfter Pelikan baumelte mit ausgebreiteten Schwingen von einem Haken. Das Sonnenlicht ließ das ihnen zugewandte Glasauge aufglühen, und es sah erschreckend lebendig aus.

Aprils Stimme klang unwirsch aus dem Türspalt, den die vorgelegte Sicherheitskette freigab. „Wer ist da? Was gibt's?"

„Ich", sagte Charles Pennington nur und rückte an seiner Krawatte, deren festgezerrter kleiner Knoten auf den obersten Kragenknopf drückte.

„Nanu, der große Meister persönlich? Was verschafft mir die Ehre?" Es hörte sich nicht sehr begeistert an. Danny grinste schadenfroh und starrte auf die Kappen seiner Joggingschuhe, als wären sie was ganz Besonderes.

April war noch im Nachthemd, den Morgenmantel nachlässig umgeschlungen, das Haar vom Schlaf völlig zerzaust. Sie sah jünger aus als auf dem Bildschirm, jünger und frecher und ganz schön attraktiv. Danny wandte sich unbehaglich ab.

April fing den Blick auf, mit dem er sie streifte, und verkniff sich ein amüsiertes Lächeln. „Comics?" fragte sie ihn. „Willst du was lesen?"

Danny nickte verdrossen und griff nach den Kopfhörern, die um seinen Hals klemmten.

Charles Pennington schien versucht, eine scharfe Bemerkung darüber zu machen, verkniff sich aber den Verweis, wie man sich einer Dame gegenüber zu verhalten habe, für später und wandte sich April zu, die schon im Bad verschwunden war.

„Ob du das nun Tick nennst oder mich für verrückt hältst“, sagte er beim Eintreten und suchte ihren Blick im Spiegel, „auf jeden Fall hättest du mich gestern abend anrufen können. Ist es so abwegig, wenn ich nicht erst durch Dritte erfahren will, daß meine beste Reporterin ausgeraubt wurde?“ Er sah wirklich beleidigt aus.

„Ich bin nicht ausgeraubt worden, Charles“, stellte April richtig. „Es war halb so wild, und außerdem wußte ich, daß du dir Sorgen machen und dann sofort angerast kommen würdest - so wie jetzt.“ Sie schraubte den Lippenstift zu und versuchte, diesen bestimmten Ausdruck in Charles Penningtons Augen zu übersehen.

„Wie dem auch sei“, ließ er die Frage beiseite, „von heute an wird dich jeden Abend ein Sicherheitsbeamter zu deinem Steinzeit-Lieferwagen begleiten. Hast du verstanden?“ Seine Stimme klang schärfer.

„Aye, Aye, Sir!“ April salutierte zackig.

Doch Charles Pennington war nicht zu Scherzen aufgelegt. „Das ist kein Spaß, Miß O'Neil. Du brauchst jemanden, der auf dich aufpaßt.“ Die Stimme wurde weicher, und es trat wieder dieser von ihr gefürchtete Ausdruck in seine Augen.

April zog die Schultern zusammen. Begriff dieser Mann denn nie? Glaubte er wirklich, die Welt müsse sich aus den Angeln heben, nur weil er mit dem kleinen Finger winkte?

„Wie geht's in der Schule, Danny?“ fragte sie, um nur irgendwie das Thema zu wechseln.

Der Junge öffnete schon den Mund zu einer Antwort, doch Charles kam ihm zuvor. „Oh, einfach wundervoll geht's ihm. Immerhin so wundervoll, daß ich ihn tatsächlich jeden Morgen dahin fahren muß, nur um sicherzugehen, daß er auch wirklich den Unterricht besucht.“

Verdrossen schob Danny die Unterlippe vor und die Kopfhörer über die Ohren, ehe er betont gelangweilt nach einem Comic griff.

„Siehst du, da haben wir's", sagte Charles böse. „Das macht er immer, wenn ich mit ihm reden will; steckt den Kopf zwischen diese Dinger und aus. Ich frage mich, wo er diesen Quatsch überhaupt herhat." Er fuhr sich durchs Haar.

April hätte es Danny am liebsten nachgemacht, aber abgesehen davon, daß Charles Pennington in sie verknallt war, war er auch ihr Chef, und dem Chef hörte man nun mal nicht mit Kopfhörern zu. Seufzend wandte sie sich ab. „Laß den Jungen doch in Ruhe", murmelte sie und bürstete ihre Haare. „Er hat's nicht gerade leicht mit dir, oder?"

Charles Pennington schob die Hände in die Hosentaschen und begann auf den Zehen zu wippen, ein Zeichen hochgradiger innerer Unruhe, das April bereits an ihm kannte. „Ich möchte bloß wissen, was da draußen vorgeht, April", sagte er. „Ich meine, so was habe ich noch nie erlebt. Die ganze Stadt scheint wie ein Kartenhaus einzustürzen. Wir werden noch erleben, daß man am hellichten Tag keinen Fuß mehr nach draußen setzen kann."

April kramte in ihrer Handtasche, die eher die Größe eines Rucksacks hatte und auch so voll war. Danny aber sah seinen Vater mit einem Blick an, der eine Mischung aus Hohn, Haß und Schmerz enthielt, und griff nach Aprils Brieftasche, die verlockend nahe vor seinen Augen im Bücherregal lag. Mit geübtem Griff zupfte er die Geldscheine heraus und schob die schmale Mappe wieder zurück. Mit einer Bewegung, der das Auge kaum zu folgen vermochte, schob er das Geld in die Hosentasche und las schon wieder, als April aufsah.

„Also eines ist mal sicher", meinte sie und schwang sich die Tasche am Riemen über die Schulter. „Nach allem, was ich von Little Tokyo gehört habe, wird mir Stern heute nachmittag ein paar Antworten anbieten müssen." Sie ordnete einen Stapel Papiere.

„Nun mal langsam, April." Charles Pennington lehnte

sich mit dem Rücken ans Fensterkreuz. „Stern hat mir schon den Bürgermeister auf den Hals gehetzt.“

Eine kurze Pause entstand. „Was heißt das, Boß?“ Aprils Augen konnten ganz kalt werden, so lustig sie auch sonst aussah.

„Nur, daß wir uns keinen Fehler erlauben können“, meinte Pennington lahm und konnte die Kluft förmlich sehen, die seine Worte zwischen ihm und April aufrissen.

Zumindest in einem Punkt hatte er recht, die Zustände in der City wurden immer schlimmer. Die Anzahl der Überfälle, die bei Tag ausgeführt wurden, häuften sich. Rauchbomben ersetzten neuerdings den Schutz der Dunkelheit, Unterführungen oder Tunnel wurden zu beliebten Tatorten, und das Bandennetz verdichtete sich zu einem undurchdringlichen Filz ungezählter Helfer und Helfershelfer. Was eine Hand stahl, wanderte Sekunden später bereits zur nächsten und übernächsten. Auf diese Weise waren die Täter selbst dann nicht zu überführen, wenn man sie schnappte. Keiner von ihnen trug je die Ware bei sich, die den Diebstahl bewiesen hätte. Und war man doch einmal einem auf der Spur, wurde jede Verfolgung unmöglich, weil sich mit Sicherheit im entscheidenden Moment ein Grüppchen scheinbar Unbeteiligter zwischen Täter und Verfolger drängte.

Polizeichef Stern sah angesichts der Hilflosigkeit seiner Truppen schon rot, wenn er nur an April O'Neil und eine gewisse Nachrichtensendung dachte. Stundenlang hatte er an diesem Vormittag an seinem Statement gefeilt und getüftelt, hinter dessen Ausdrucksweise er sich selbst und das gesamte Ordnungssystem zu schützen hoffte.

Es war also nicht nur das Scheinwerferlicht von Kanal Drei mit „Am Pulsschlag der Zeit“, das ihm den Schweiß aus den Poren trieb, als er April O'Neil dann endlich gegenübersaß.

„Sie wissen“, sagte er und gab sich Mühe, souverän zu

klingen, „wir führen gegenwärtig ein Wiedereinstellungs-Programm durch, um unsere Einsatzstärke zu steigern. Damit sind wir in der Lage, unsere Vorwarnzeit zu verkürzen. Wir maximieren gleichzeitig die Koordination zwischen Streifeneinheiten in einem dezentralisierten Netzwerksystem.“

Zufrieden blickte er von seinen Notizen zur Kamera mit dem roten Einsatzzeichen auf. Gut hatte er es gemacht, nicht einmal versprochen oder gestottert.

„Aha“, machte April O’Neil aber nur. „Sehr interessant. Aber ich bin nicht sicher, ob ich das verstanden habe, Mr. Stern. Würden Sie es noch mal wiederholen, ich meine in einer verständlichen Sprache?“

Polizeichef Stern lief rot an, und das Blut pochte deutlich sichtbar in der geschwollenen Schläfenader. „Ich wollte sagen, Miß O’Neil“, brachte er schließlich hervor, „daß wir alles, ich betone - alles! -, was in der Stadt passiert, absolut unter Kontrolle haben.“

April lächelte zuckersüß. „Dann können Sie mir sicher auch erklären, warum die Verbrechen in letzter Zeit so überhandnehmen, nicht wahr?“ Sie sah ihn unverwandt an.

„Nun, das ist nicht so einfach“, gab Stern stockend zurück.

„Nun gut, aber Sie wissen ja bestimmt, wer hinter allem steckt?“ April ließ nicht locker.

Stern räusperte sich ausgiebig, um Zeit zu gewinnen. „Nein, also das, das habe ich so nicht gesagt, Miß O’Neil“, brachte er schließlich hervor und wischte sich den Schweiß von der Stirn. „Wenn Sie dabei bleiben würden, Fragen zu stellen, die mit mir abgesprochen waren, würde sehr viel weniger Verwirrung entstehen.“

Donatello hatte den Fernsehapparat genau in der Sekunde eingeschaltet, als Aprils Gesicht im Großformat über den Bildschirm flimmerte. „Hey, Leute, seht mal! Das ist sie.“

Auch Leonardo sprang wie elektrisiert auf. „Habt ihr bemerkt, wie sie den alten Fettmops anstrahlt? Wie der Wolf im Schafspelz." Er hopste auf eines der Polster.

„Pst! Was war das, was hat sie da losgelassen?" Donatello winkte ärgerlich ab.

„Gut, Chef." April lächelte wieder entwaffnend. „Dann lassen Sie unsere Zuschauer doch bitte wissen, was Sie über eine Organisation herausgefunden haben, die als Foot-Clan bekannt ist?"

„Zong, Volltreffer ins Schwarze!" Michelangelo warf April ein paar Handküsse zu. „Mann, bin ich tierisch verknallt!"

Der Polizeichef wand sich förmlich im Sessel. „Wissen? Wieso? Es gibt keinerlei Beweise, die diesen Namen mit irgendwelchen Verbrechen in Verbindung bringen", erwiderte er heiser.

„Heißt das, Sie leugnen, daß eine Organisation namens Foot-Clan existiert?" April zog die Augenbrauen hoch.

„Nein." Stern atmete schwer. „Ich will nicht das geringste leugnen. Wieder einmal versuchen Sie mir Worte in den Mund zu legen."

„Tut mir leid, Mr. Stern." April entschuldigte sich scheinheilig. „Aber irgend jemand muß das tun."

Der Polizeichef schloß gequält die Augen. „Das war's dann wohl, Miß O'Neil", sagte er und schob seine Akten auf dem Schreibtisch zu einem Haufen zusammen. „Sie entschuldigen mich. Ich habe Wichtigeres zu tun."

Während Stern seine massige Gestalt aus dem Sessel wuchtete, wandte April sich ungerührt zur Kamera. „Wir können nur hoffen, daß damit die Auflösung dieses Falls gemeint ist."

„Ist sie nicht göttlich?" Michelangelo unten im Abwassertunnel breitete die Arme aus, als wolle er April direkt vom Bildschirm an seine Brust ziehen.

Raphael dagegen kniff nachdenklich die Augen zusammen und fummelte an seinem Dolch herum.

„Das war eine Sendung, live aus dem Rathaus", erklang die Stimme der Programmansagerin. „Sie sahen April O'Neil mit ihrem aktuellen Beitrag zu ‚Am Pulsschlag der Zeit'."

Langsam nahm eine Idee in Raphaels Kopf Gestalt an. Die anderen waren aber viel zu sehr in ihre Schwärmerei für April vertieft, als daß sie bemerkt hätten, wie er sich in Hut und Mantel davonstahl.

„April ist der Plural von Schönheit", Michelangelos Stimme klang ihm durch den Abwasserkanal nach. Raphael schüttelte lautlos lachend den Kopf. Wenn er an das Mädchen dachte, dann nur wegen seines Dolches, denn ohne ihn war er als Ninja-Kämpfer nur die Hälfte wert. Er mußte ihn unbedingt wiederhaben, heute noch. Und er mußte Splinter beweisen, daß er eine Suppe, die er sich selbst eingebrockt hatte, auch allein auslöffeln konnte. Allein, jawohl, ohne die anderen mit hineinzuziehen. Was hätte Splinter da gesagt? Die anderen vergessen? Seine Art, sie nicht zu vergessen, war, sie gar nicht erst in Gefahr zu bringen, sie zu schützen. Eines Tages, wenn ihm die richtigen Worte dafür eingefallen waren, würde er es Splinter noch erklären. Später, jetzt mußte er handeln. Der Kanaldeckel scharrte leise über das dunkle Straßenpflaster, als Raphael in die Nacht hinauskletterte. Tief sog er die kühle, klare Luft ein, ehe er im Schatten der Häuser untertauchte.

Die Begeisterung der Turtles für April O'Neil fand in Polizeichef Stern kein Echo. Er liebte sie ungefähr so wie Frösche im Bett, und an diesem Abend hätte er sie ohne Wimpernzucken den Löwen zum Fraß vorgeworfen.

„O'Neil!" Dröhnend brüllte er durch den Rathausgang.

April blies in komischer Verzweiflung die Backen auf und hängte ihrem Kollegen vom Ton die Kopfhörer um den Hals, mit denen sie kurz in die Aufnahme hineingehört hatte. „Nehmen Sie die Zeit", meinte sie. „Kann wichtig werden."

Die Zeit spielte wirklich eine Rolle – nur anders. Ein paar Sekunden später wäre sie nämlich Danny Pennington begegnet, der in Handschellen mit derbem Griff von zwei Polizisten in eines der Vernehmungszimmer gezerrt wurde.

Aber das sah sie nicht. Statt dessen stand sie nun dem Polizeichef gegenüber, dessen bereits wieder abgeschminktes Gesicht puterrot angelaufen war. Er klopfte mit der Faust wütend auf die Schreibtischplatte. „Können Sie mir verraten, was Sie mit diesem Schwachsinn erreichen wollen? Außer, mich lächerlich, mich fertigzumachen?"

April warf den Kopf zurück. „Ich nehme an, Sie wissen mindestens soviel über diesen Foot-Clan wie ich", sagte sie kühl. „Und ich nehme ebenfalls an, daß Sie einfach nicht das geringste gegen diese Bande unternehmen."

Stern explodierte. „Erwarten Sie etwa von mir, daß ich kostbare Arbeitskraft und -zeit verschwende, nur weil ein paar Einwanderer noch immer von Japan träumen?" bellte er.

„Das ist alles, was Sie darüber wissen?" April verzog den Mund. „Jedes Kind kann Ihnen doch inzwischen mehr verraten."

„Wollen Sie mir etwa Anweisungen geben, wie ich meine Arbeit zu tun habe?" Der Polizeichef sah aus wie kurz vor dem Schlaganfall. „Verschwinden Sie! Raus aus meinem Büro!" Er wies auf die Tür. Mit Krach schlug sie ins Schloß. April blinzelte dem Tontechniker zu. „Na?" fragte sie. „Wie lange war ich diesmal drin?"

„Neuer Rekord." Der Tontechniker lachte auf. „Eine Minute, sieben. Ihr seid euch immer schneller einig."

Es wurde gerade dunkel, als April die hohe Freitreppe des Rathauses hinuntereilte, um noch rechtzeitig die U-Bahn nach Hause zu erreichen.

Einen Moment lang dachte sie an Charles Pennington und den versprochenen Leibwächter. Wenn sie ehrlich war: Im Augenblick hätte sie tatsächlich gar nichts gegen eine Begleitung einzuwenden gehabt. Zu keiner Uhrzeit lagen New Yorks Straßen für einen, der Übles im Schilde führte, leerer da als zwischen 19 und 20 Uhr, wenn die Menschen es sich entweder mit dem Abendbrot vor dem Fernsehgerät bequem gemacht hatten oder auf dem Weg ins Kino, Restaurant etc. waren. Doch mit einer energischen Kopfbewegung, als könne sie dadurch die aufsteigende Angst abschütteln, ging sie weiter. Es ist ja nur ein kurzes Stück, machte sie sich Mut. Stell dich nicht so an, April O'Neil. Wenn du anfängst, wie ein Lämmerschwanz vor jedem Wind zu zittern, hängst du deinen Job besser an den Nagel.

Die breitschultrige Gestalt im Trenchcoat und Humphrey-Bogart-Hut, die sich nahe des Rathauses von einer Litfaßsäule gelöst hatte, mußte lange Schritte machen, um April zu folgen.

Sie hatte inzwischen die Unterführung zum U-Bahnschacht erreicht und hastete die Stufen hinunter. Wenn sie Glück hatte, erreichte sie die 19-36 noch, die nur ein paar Meter von ihrer Haustür entfernt hielt. Doch in der Sekunde, als April die Plattform erreichte, fuhren die Wagen an. Hinterherspurten und nachträglich aufspringen zu wollen war sinnlos, die Türen schlossen gleichzeitig mit dem Start der U-Bahn.

Enttäuscht und außer Atem, wandte sie sich nach der Anschlagtafel mit den Abfahrtszeiten um. Der Gedanke, hier unten mutterseelenallein auf die nächste U-Bahn warten zu müssen, verursachte ihr Gänsehaut. Nervös glitt sie mit dem Zeigefinger über die Zeitangaben der Tafel, als sie plötzlich entsetzt herumwirbelte.

Drei Männer in schwarzen hautengen Anzügen kamen auf sie zu. Sie trugen Masken, die nur ihre Augen frei ließen. April wich erschreckt zurück, bis sie mit dem Rücken an die Wand stieß. „Wir haben schon auf Sie gewartet, Miß

O'Neil", sagte der erste mit schnarrender Stimme, die statt des „R" ein „L" aussprach.

Es waren eindeutig Männer des Foot-Clans, April begriff es, auch ohne daß sie sich erst vorstellten. Der japanische Akzent, die Verkleidung; es war kein Zweifel möglich. Ebensowenig wie daran, was sie von ihr wollten.

Aprils Blicke irrten verzweifelt über den Bahnsteig. Sie mußte Zeit gewinnen; irgendwann mußten doch Leute kommen, Leute, die ihr helfen würden. In gespielter Unbekümmertheit begann sie zu lachen. „Was? Hab' ich etwa schon wieder die Monatsrate für meinen Fernseher nicht bezahlt?" Doch ihre Stimme klang zittrig.

„Ihre große Klappe wird Sie noch in Schwierigkeiten bringen, Miß O'Neil!" sagte der erste Foot. „Ich überbringe eine Nachricht." Er kam ganz nah heran.

Wie in Hypnose rollte dabei hinter seiner Stirn eine Szenenfolge ab: Die Silhouette eines Mannes vor einer Wand aus Monitoren, die alle ein und dasselbe Bild zeigten: April O'Neil im Rathaus. Dann eine winzige Bewegung aus dem Handgelenk, und ein schmaler Ninja-Dolch traf auf einem der Monitore Aprils Stirn.

„Bringt sie zum Schweigen." Wie mit der Rasierklinge geschnitten, stand der Auftrag im Raum. Man hatte ihn gewählt, den Befehl durchzuführen - eine Ehre, die ihn schwindelig machte, wenn er daran dachte, was kommen würde, machte er seine Sache hier gut.

Betont langsam hob der Maskierte eine Faust nahe vor Aprils Augen und streckte einen Finger nach dem anderen aus, als habe er Wichtiges auf der Handfläche vorzuweisen. In Neugier und Angst konnte April den Blick nicht davon wenden. Dennoch trafen die Schläge mit dem Handrücken ihr Gesicht rechts und links völlig unvorbereitet.

„Die Botschaft heißt ‚Maul halten'!" zischte der Foot-Anhänger und kickte den Ninja-Dolch beiseite, ehe April ihr Fundstück von damals noch recht aus der Handtasche gezerrt hatte. Wütend gingen nun auch seine Begleiter zum Angriff über. April schrie auf, als eine Faust ihre Schläfe traf, und brach zusammen.

Daß eine grüne Hand nach dem davongeschlitterten Ninja-Dolch griff, bekam sie ebensowenig mit wie den Auftritt des Unbekannten in Mantel und Hut, der wie ein Wirbelsturm über ihre Angreifer hereinbrach.

Raphael, der sie wie ein Schatten begleitet hatte, kämpfte wie nie zuvor. Die Foot waren ihm zahlenmäßig überlegen und beinhart trainiert, und leicht war es nicht, sie abzuschütteln. Doch die Sorge um April und die Vorstellung, was die Kerle ihr antun würden, wenn er es nicht schaffte, sie außer Gefecht zu setzen, gab ihm Kraft für zehn.

Endlich ging auch der dritte Foot zu Boden und lag still. Raphael hatte nur einen Gedanken: April. Wie tot lag sie da, und Blut lief in dünnen Fäden aus der geplatzten Oberlippe. Schon regte sich einer der Angreifer wieder, gleich würde er die Augen aufreißen und erneut loslegen.

Raphael überlegte nicht länger, sondern hob mit einem Ruck die leblose April hoch und begann auf den Rand der Einstiegsplattform zuzurennen. Auf der anderen Bahnsteigseite gab es einen Kanaldeckel und Sicherheit. Niemals würden sie April dort finden. Er nahm Anlauf für den Sprung in den Schienenschacht, als er die Bahn kommen sah. Was nun? Gehetzt blickte Raphael sich um. Zwei der Foot rappelten sich bereits auf, jede Sekunde konnten sie sich erneut auf ihn stürzen. Was würde dann aus dem Mädchen? Nein, ihm blieb keine Wahl.

April war zwar nicht schwer und auch nicht besonders groß, aber trotzdem riß ihr Gewicht ihn auf dem Schotter zwischen den vibrierenden Schienen in die Knie.

Die Foot starrten gebannt zu ihm herüber. Gleich, gleich mußte der Zug ihn erwischen!

Doch die Wagen sausten vorbei, und nichts geschah. Raphael stand auf der anderen Seite und wußte selbst nicht, wie. Kaum ein Meter mochte gefehlt haben, und die U-Bahnlok wäre mit einer Kühlerfigur verziert worden, von der selbst die Nachwelt noch gesprochen hätte.

Raphael grinste erleichtert und schob April etwas bequemer auf seinen Armen zurecht. Dicht vorbei ist auch daneben, dachte er noch und schüttelte den Kopf über seine plötzlich wackligen Knie.

Da begann April sich stöhnend zu regen, und die Vorstellung, sie könne erwachen, ehe er sie in Sicherheit gebracht hätte, versetzte Raphael in größere Panik als ein ganzes Heer von Foot-Anhängern. Er vergaß jede Vorsicht, stieß den Kanaldeckel mit dem Fuß hoch und ließ ihn einfach offen liegen, während er mit April in die schützende Dunkelheit hinabkletterte, die sein Zuhause war.

Einmal war ihm, als hätte er hinter sich ein Geräusch gehört. Doch als er lauschend stehenblieb und sich umsah, waren dahinten nichts als Dämmerung und das leise Rinnen des Abwassers. Beruhigt legte er einen Schritt zu.

Der Verfolger in Schwarz atmete auf. Aber von nun an war er vorsichtiger geworden und blieb etwas weiter zurück. Als sich dann die Brettertür hinter Raphael schloß, kehrte er geräuschlos um. Er hatte genug gesehen. Der Boß würde sich freuen.

Raphael hatte die Tür so heftig aufgestoßen, daß seine Brüder und selbst Splinter ihn kampfbereit empfingen. Ungläubig starrten sie erst ihn, dann das Mädchen an, das Raphael ungerührt auf das abgewetzte Sofa bettete.

„Bist du völlig behämmert?“ Leonardo fand als erster die Sprache wieder. Wütend ging er auf Raphael los.

„Ja, Leo, ich bin behämmert, okay? Ich bin beknackt, okay?“ So außer sich hatte noch keiner von ihnen den Hitzkopf erlebt. Etwas völlig Ungewöhnliches mußte passiert sein.

Donatello zog ihn an der Schulter zu sich herum. „Warum?“ fragte er bloß.

Hilfslos hob Raphael die Arme und ließ sie wieder fallen. „Warum, warum? O Mann, ich weiß nicht, warum. Weil ich's hier ein bißchen neu einrichten wollte. Ich meine, 'n paar neue Sitzkissen und eine Fernsehnachrichten-Reporterin."

Splinters ruhige Stimme glättete die Wogen. „Was soll das?" fragte er nur und wandte keinen Blick von April, die immer noch in tiefer Bewußtlosigkeit dalag.

„Sie ist in der U-Bahn überfallen worden", erklärte Raphael. „Ein paar maskierte Typen in Schwarz. Ich mußte sie herbringen, verstehst du?" Ängstlich sah er den Alten an.

„Es ist die Nachrichten-Lady", ergänzte Donatello.

Splinter schwieg. Eine Weile war es ganz still. Endlich hielt Michelangelo es nicht mehr aus. „Dürfen wir sie behalten?" fragte er, und die sehnsüchtige Hoffnung in seiner Stimme zwang selbst Splinter ein Lächeln ab. Als sei er zu einer Entscheidung gekommen, trat er zum Sofa und berührte behutsam Aprils Stirn.

„Bringt mir ein Riechfläschchen und einen kalten Waschlappen. Ein Kissen!" ordnete er knapp an.

„Machen wir, machen wir." Michelangelo fand als einziger Zeit zu antworten, so dienstfertig sprangen alle vier auf.

Splinter ließ sich auf einer Sofakante nieder, legte den Waschlappen auf Aprils Stirn und hielt ihr das Fläschchen mit dem stechenden Kräuterduft unter die Nase. Zufrieden bemerkte er das Flattern der Augenlider und winkte den Turtles, hinter das Sofa zurückzutreten.

Aprils Augen öffneten sich einen Spalt, schlossen sich, um sofort weit aufzufliegen.

Mit einem Schrei, als sei Splinters Gesicht die Ausgeburt der finstersten Fantasie eines Science-fiction-Autors, sprang sie auf.

Vor Schreck ließ Splinter das Riechfläschchen fallen, sprang mindestens zwei Meter hoch in die Luft, und Raphael fiel rücklings von der Sofaecke.

Selbst in Aprils völlig schockierte Gehirnzellen drang die Komik der Situation vor. Sie hörte auf zu kreischen und fuhr sich über die Augen, als wolle sie die Bilder beiseite wischen.

Michelangelo nutzte die Chance und versuchte ein Lächeln. „Hi", grüßte er schüchtern. Entsetzt wirbelte April auf dem Sofa herum und ließ erneut einen Schrei hören, der geeignet gewesen wäre, sämtliche Fensterscheiben des Weißen Hauses auf einmal in Scherben zu legen. Michelangelo war so zu Tode erschrocken, daß er gleich mitschrie. Es klang schrecklich.

Als hätte dieser Laut ein Signal gesetzt, begann April zu reden. „O mein Gott, o mein Gott, ich bin tot. Ich muß tot sein, oder? - Nein, ich träume. Das ist es."

Beide Hände abwehrend ausgestreckt, starrte sie Splinter an, der mühsam seine Fassung wiedergewonnen hatte und sie anlächelte. Krampfhaft schloß sie die Augen, als falle es ihr so leichter, Ordnung in das Chaos ihrer Gedanken, Erlebnisse und Empfindungen zu bringen, die einen so gräßlichen Alptraum zu verursachen schienen.

„Okay", murmelte sie angestrengt die Stirn runzelnd. „Äh, also diese Typen in den schwarzen Pyjamas haben mich überfallen ... und diese Ratte. Die habe ich auf dem Parkplatz gesehen. Deswegen sind sie mir jetzt erschienen. Und euch, Jungs, äh ..."

Leonardo zog die Mundwinkel schief und zuckte mit den Schultern. „Hä?" machte er völlig verblüfft.

„Also ehrlich, ich hab' keine Ahnung, wo ihr herkommt, Jungs." April sah einen Turtle nach dem anderen an. „Echt und wirklich wahr, ich hab' seit Ewigkeiten keine Schildkrötensuppe oder etwas der Art gegessen." Es klang wie ein Ehrenwort.

Splinter stand aus seinem Ohrensessel auf. „Wenn Sie sich jetzt bitte ruhig hinsetzen und sich fassen würden", sagte er leise, „dann könnte ich Ihnen erklären, woher wir kommen."

„Die Ratte redet." April gab es auf, noch irgend etwas an dieser verrückten Situation begreifen zu wollen, und ergriff Splinters Hand, die er ihr in vollendeter Höflichkeit bot.

„Es ist wirklich ganz einfach, Miß O'Neil", begann er.

„Und sie kennt auch noch meinen Namen!" keuchte April. „Mein Gott, so irre hab' ich noch nie geträumt." Sie sank kraftlos auf dem Sofa zusammen. „Warum träume ich bloß nie von Harrison Ford oder einem anderen tollen Typ?" Sie schlug die Hände vors Gesicht.

Splinter tat einfach, als habe er nichts gehört. „Seit genau fünfzehn Jahren", begann er ungerührt, „leben wir nun hier unten. Vor dieser Zeit war ich ein Haustier und gehörte einem berühmten Schattenkämpfer namens Yoshi, meinem Meister und Herren. Er hielt mich in einem Käfig, und wenn er trainierte, sah ich ihm dabei zu. Mit der Zeit lernte ich alles, was er konnte, indem ich seine Bewegungen nachahmte und mir auf diese Weise die Langeweile vertrieb."

Splinter starrte ins Weite, als sähe er wieder vor sich, was damals geschah.

„Eines Tages waren wir gezwungen, nach New York auszuwandern, und ich erfuhr zum ersten Mal im Leben, was es bedeutet, keine Familie und kein Zuhause zu haben. Irgendwann hatte der Zufall meinen Meister und mich getrennt. Ich war frei, aber auch allein. Langsam lernte ich alle Straßen oder Abwasserkanäle kennen auf meiner täglichen Suche nach Eßbarem. Und dann, eines Tages, erlebte ich einen Unfall mit. Ein blinder alter Mann wurde von einem Lastwagen überrollt. Der Fahrer versuchte noch zu bremsen, doch das schwere Fahrzeug geriet außer Kontrolle. Dabei polterte ein Kanister von der Ladefläche und riß eine Plastiktüte mit sich, die ein kleiner Junge getragen hatte, der ebenfalls Zeuge des Unfalls wurde. In der Hoffnung, in der Tüte sei etwas Eßbares, rannte ich zu dem Abflußgitter, in dem sie verschwunden war, und schlitterte auf der Flüssigkeit in die Tiefe, die aus dem zerplatzten Kanister in den Kanal floß. Unten fand ich vier winzig kleine Schildkröten."

„Dreimal dürfen Sie raten, wer das wohl war!" unterbrach Michelangelo und wagte ein Lachen.

„Sch! Ruhe!" protestierten Raphael, Leonardo und Donatello wie aus einem Mund.

Splinter schmunzelte. „In der Tat, das wart ihr. Vier kleine Kerle, die in dieser merkwürdig leuchtenden Flüssigkeit herumkrabbelten und taten, als ob sie darin geboren wären. Ich sammelte sie in einer alten Kaffeedose auf, die mit dem Abwasser herantrieb, und nahm sie mit zu mir in diesen Raum. Als ich am nächsten Morgen aufwachte, war die Kaffeedose umgefallen. Kein Wunder, denn die vier waren schon doppelt so groß wie abends zuvor. Das war erstaunlich genug, doch noch mehr verwirrte mich, wie groß und um wieviel klüger ich selbst geworden war. Eine komische Sache passierte da. In den folgenden Monaten wurden wir alle immer größer, ich allerdings nicht so sehr wie die Schildkröten. Die begannen bald aufrecht zu gehen, ahmten alles nach, was ich tat, und erstaunten mich ständig aufs neue durch ihre Intelligenz. Aber ich war wahrhaftig nicht auf das vorbereitet, was zuletzt geschah. Eines der Babys begann plötzlich zu sprechen, das Plappermaul war natürlich Michelangelo. Selbstverständlich war das erste Wort seines Lebens: Pizza."

Unterdrücktes Kichern kam auf, aber Splinter ließ sich in seinem Bericht nicht beirren. „Weitere Worte folgten, und so begann ich irgendwann, sie auszubilden. Ich lehrte sie alles, was ich von meinem Meister Yoshi gelernt hatte, und eines Tages beschloß ich, ihnen Namen zu geben. Ein zerschlissener Kunstband half mir dabei. Ich wählte die berühmtesten Künstler aus und nannte meine Ziehsöhne nach deren Vorbild." Mit dem Kopf auf jeden einzelnen deutend, stellte er die Turtles vor: Leonardo, der verlegen lächelte und grüßend seine blaue Augenbinde verschob.

Michelangelo, der den Schreck über Aprils Entsetzen immer noch nicht ganz verwunden hatte und eine schüchterne Verbeugung andeutete.

Donatello, der sich etwas großspurig gab, um seine Verlegenheit zu verbergen.

Und schließlich Raphael, der lässig mit dem wiedergefundenen Ninja-Dolch in seinen Zähnen stocherte.

April saß, als habe ein Blitz vor ihr eingeschlagen. Es dauerte ein Weilchen, bis sie den Mut fand, so zu reagieren, als habe sie menschliche Wesen vor sich. „Das ist also kein verrückter Traum, oder?" fragte sie zögernd.

Splinter las in ihren Augen, wie gern sie geträumt hätte. „O nein", murmelte er und empfand eine Spur Mitleid mit ihr, „es ist kein Traum, meine Liebe. Es gibt uns wirklich."

April legte die Hände in den Schoß und saß ganz still. Der Tag war nun wirklich lang und ereignisreich gewesen, doch allmählich wurde ihr alles zuviel.

„Hört mal", sagte sie endlich und klärte ihre belegte Stimme mit einem Räuspern. „Ich bin euch wirklich dankbar, für eure Hilfe und alles. Aber nehmt's mir nicht übel, allmählich möchte ich bloß noch nach Hause und die Füße hochlegen." Sie sah die Turtles an.

„Kein Problem, Schwesterchen", meinte Michelangelo lässig. „Wir kennen einen echt prima Weg für dich."

„Also los." April stand auf und reichte Splinter die Hand. Zum ersten Mal nahm sie bewußt wahr, wie klein und schmächtig er neben den Turtles wirkte. „Auf Wiedersehen", sagte sie und stellte im selben Moment mit Verwundern fest, daß sie tatsächlich wiederkommen wollte.

Splinter nickte. „Es würde mich freuen, Miß O'Neil", sagte er langsam.

Lange blickte er den vor Begeisterung schier übersprudelnden Turtles nach, die mit April in der Mitte loszogen. Jetzt, wo sie weg waren, verbarg er seine Besorgnis nicht länger. Würde dieser Schritt aus der schützenden Dunkelheit ihres Ninja-Daseins in Aprils Leben hinein auch gutgehen? Aber hieß es nicht, Lernen ist gut, Erfahren ist besser? Nun, er würde wohl ein bißchen darüber meditieren, vielleicht würde ihn das beruhigen.

Die Abwassertunnel zogen sich schier endlos in die Länge, und April hatte es längst aufgegeben, den schillernden Lachen auszuweichen. Auch ihre Nase hatte sich an den Geruch gewöhnt. Immer noch rang sie innerlich um die Glaubwürdigkeit ihres Erlebnisses. Sie, die gewohnt war, nüchtern und sachlich zu denken, zu reden, zu handeln, sie, ausgerechnet sie sollte zwischen vier leibhaftigen Schildkröten-Menschen New Yorks Abwasserkanäle unsicher machen? Sie schüttelte den Kopf und stolperte fast über einen leeren Kanister. „Hey, sagt mal, Jungs, wißt ihr wirklich, wo ihr hinwollt?“ fragte sie nach einer Weile unsicher.

Michelangelo hob schnüffelnd den Kopf. „Schätze, hier sind wir in der Elften, Ecke Bleecker - das heißt, nee, es ist erst die neunte Straße. Alles klar?“ Er sah sich nach ihr um.

„Ja.“ April gab es auf, sich noch über irgend etwas zu wundern. Daß es mehr Dinge zwischen Himmel und Erde gibt, als ich je kapieren werde, dachte sie, habe ich immer gewußt. Da bin ich also, April O'Neil, 27 Jahre alt und 16 Tage, geboren in einer stürmischen Vollmondnacht und im Begriff, sich mit vier Jungs anzufreunden, die so knallgrün wie Leuchtraketen und auch sonst ganz normal sind. Na und? Vielleicht haben morgen die Kühe die Schwänze vorn. Ist nicht alles nur eine Frage der Gewohnheit? Sie wurde aus ihren Überlegungen jäh herausgerissen.

„Wir sind da“, sagte Donatello und öffnete den Kanaldekkel einer verwinkelten Seitengasse neben Aprils Haus.

„Ich würde euch ja alle noch ganz gern mit nach oben nehmen“, meinte April zögernd und kletterte mit Michelangelos Hilfe hinaus ins Freie. „Aber erstens ist bei mir alles durcheinander, und außerdem habe ich bloß noch ein bißchen tiefgefrorene Pizza im Haus." Das hätte sie wohl lieber nicht sagen sollen. Wie ein grüner Blitz standen die Turtles plötzlich vor der Haustür Spalier. „Habt ihr das gehört, Jungs, sie hat Frostmatten für uns!" - „Macht die Beißerchen klar, ihr Kröten!" - „Der erste Happs ist für mich!" - Alles schwirrte durcheinander, und April war wieder einmal fix und fertig. „Sagt bloß, ihr mögt Pizza?" fragte sie erschüttert und faßte sich an den Kopf.

„Tun das nicht alle?" Jetzt war Leonardo an der Reihe zu staunen.

„Tja", meinte April, fieberhaft um eine passende Ausrede besorgt. „Na ja, schon, äh..." Aber nichts, absolut nichts fiel ihr ein.

„Wohnst du in einem Antiquitätengeschäft?" Michelangelo reckte neugierig den Hals. „Gibt's da 'n richtigen Backofen, ich meine, für Riesendoppeldeckerpizza oder so?" Er leckte sich die Lippen.

April mußte lachen. „Ich wohne eigentlich darüber", sagte sie und fummelte an ihrem Türschloß. „Kommt rein. Und vielleicht verrät mir ja mal einer, was ihr am liebsten drauf haben wollt, auf eurer Pizza." Sie hängte ihre Tasche an die Garderobe.

Michelangelo setzte ein ernstes Gesicht auf. „Och, das ganz normale Zeugs, Fliegen, 'n paar Wanzen ..."

„Igitt!" April verzog angewidert das Gesicht. Sie begriff erst, als die Turtles schallend zu lachen begannen, und stimmte dann nervös kichernd mit ein.

Wer allerdings jemals vier Turtles Pizza essen gesehen hatte, konnte unmöglich glauben, hier Monstern begegnet zu sein. April entspannte sich immer mehr, je leerer die Teller wurden.

„Du, Schwester, hör mal", vor Eifer vergaß Michelangelo sogar die Sie-Anrede, „soll ich mal vormachen, wie ich mit Mike Tyson fertig werde, bloß für dich?" Er wischte sich mit dem Handrücken die letzten Krümel von den Lippen.

Lachend schüttelte April den Kopf.

„Oder noch was, du, ich kann einen Massenmörder nachmachen."

„O nein, nicht schon wieder den!" Raphael stützte in gespielter Verzweiflung den Kopf in beide Hände.

Doch Michelangelo war längst in Fahrt. „Ich schlitze dich auf von Kopf bis Fuß", röhrte er los. „Und wenn nicht von Kopf bis Fuß, dann wenigstens von rechts nach links oder von quer nach hinten!" Er rollte mit den Augen.

„Ich wette, euer Freund Splinter dreht durch, wenn ihr das macht", quietschte April und wischte sich die Lachtränen ab.

Doch bei diesem Namen waren Michelangelo die Witze vergangen. Erschrocken sah er auf die Uhr.

„Weil wir gerade von ihm sprechen..." Auch Leonardo wurde nun plötzlich ernst. „Wir sollten lieber gehen. Er wird sich Sorgen machen."

Zögernd stand April auf. „Oh, na ja, ich weiß nicht, was ich sagen soll", begann sie stockend, während die Turtles einer nach dem anderen zur Haustür hinaushuschten. „Werden wir uns jemals wiedersehen, Jungs?" fragte sie in die Dunkelheit hinterher. Michelangelo atmete tief ein. „Unbezweifelbarlich", sagte er und glaubte, in Aprils tiefblauen Augen förmlich zu ertrinken.

Leonardo gab ihm schnell einen Schubs, der Michelangelo sofort in die Gegenwart zurückversetzte. „Hängt davon ab, wie schnell du deine Pizza-Vorräte aufbesserst, Schwester", feixte er April an und drückte ihre Hand so behutsam wie möglich.

Dennoch schnitt April eine kleine Grimasse und rieb ihre Finger, als er sie freigab. „Abgemacht!" sagte sie fröhlich.

„Chagadak! Auf eine neue Pizza-Runde!" Leonardo riß Michelangelo mit sich und winkte den beiden anderen, sich zu beeilen. Ein letztes „Ciao!", dann waren sie verschwunden. Langsam schloß April die Tür und blieb mit dem Rükken daran angelehnt einen Moment stehen. Auf dem Tisch standen noch die Reste der Pizza-Schlacht, ein modrig-muffiger Hauch war geblieben. In stummer Verwunderung schüttelte sie den Kopf.

Selten hatten die Turtles so ausgelassen den Heimweg angetreten. In der Sicherheit des heimatlichen Kanalsystems lachten und schwatzten sie ungeniert durcheinander.

„Jungs, die Kleine steht auf uns."

„Weil ich so ein lustiger Vogel bin, darum."

„Das hätt'ste wohl gern, was?"

„Also, echt, wenn die dich anguckt, Mann, da kocht dir glatt der Schweiß im Schuh", schwärmte Michelangelo.

„Na, ein Glück, daß sie bloß Augen für mich hat. Ich wasch' mir doch wenigstens jeden Abend die Füße", konterte Donatello.

„Stopp!" Leonardo blieb wie angewurzelt stehen. „Die Tür!" Er zeigte nach vorn. Auf den ersten Blick schien sie unverändert, doch bei genauerem Hinsehen fielen die geborstenen Latten und ausgebrochenen Scharniere sofort auf. Wer auch immer sich daran zu schaffen gemacht hatte, er hatte ganze Arbeit geleistet.

Von bösen Ahnungen getrieben, stürmten die Turtles vorwärts. „Splinter!"

Doch der Raum war leer. Ein furchtbares Bild bot sich ihren Augen: Alles zerschlagen, zertrümmert, was nicht mitzunehmen lohnte, geplündert und durchwühlt, woraus fünfzehn Jahre lang ihr Zuhause bestanden hatte. Und am schlimmsten, Splinter war weg – und von seinem Sessel bis zur Tür führte eine Blutspur.

Mit einem Ton, der kaum noch Menschliches hatte, brach Raphael davor zusammen. „Ich, ich allein bin schuld!" wimmerte er. Endlich konnten die anderen verstehen, was er herausächzte.

„Unsinn!" Beruhigend legte Donatello ihm die Hand auf den Kopf. „Wir waren doch alle nicht hier."

Raphaels Schreien schlug in ein Weinen um, das ihm das Herz zu brechen schien. „Doch", sagte er schluchzend. „Ich war's. Ich hab' den Deckel nicht zugemacht. Ich hab' nicht genug aufgepaßt. Diese Schweine! Sie haben mich vorhin verfolgt, und ich Schwachkopf hab's nicht gecheckt." Er weinte hemmungslos.

„Jeder macht mal Fehler, Raph", murmelte Leonardo so sanft, daß den anderen für eine Glückssekunde der Atem stockte, ehe sie begriffen, daß da nicht Splinter gesprochen hatte.

„Reiß dich jetzt zusammen", befahl er dann. „Wir brauchen klare Köpfe. Kommt, April weiß vielleicht, was zu tun ist. Sie ist unsere einzige Hoffnung." Er wandte sich zum Gehen.

Im Laufschritt, jeder mit seinen eigenen Gedanken beschäftigt, die doch alle nur um Splinter kreisten, erreichten sie die Kanalluke nahe Aprils Straße. Gleich darauf schlug die Haustür über dem alten Trödelladen plötzlich auf, und April starrte in vier entsetzte Gesichter.

„Was denn, ihr schon wieder?" rief sie und wappnete sich schon für das, was mit der Gänsehaut einer bösen Ahnung kommen mußte. „Ist etwas passiert?" fragte sie.

„Splinter!" stieß Leonardo verzweifelt hervor.

April zuckte zusammen. „Kommt rein!" sagte sie nur und hielt die Tür weit auf.

Zur gleichen Zeit, während April und die Turtles noch völlig geschockt und durcheinander die Spur des Foot-Clans aufzunehmen versuchten, der Splinter entführt hatte, hielt Polizeichef Stern quasi den Schlüssel zur Lösung in den Händen und merkte es nicht. Danny Penningtons Vernehmungsprotokoll lag vor ihm auf dem Tisch. Ein weiches, noch bartloses, aber doch schon erwachsenes Gesicht schaute ihm aus dem Polizeifoto entgegen. „Pennington, Daniel", da stand es ja schwarz auf weiß.

Mit einem höhnischen Grinsen auf seinem Gesicht griff er zum Telefon, wählte die auf dem Protokoll vermerkte Nummer, schob die Beine auf den Schreibtisch und lehnte sich genüßlich in den Sessel zurück.

„Hallo?" Charles Pennington mußte auf dem Telefon gesessen haben, dachte Stern, so schnell, wie der Hörer abgenommen worden war.

„Hallo", erwiderte er und gab sich nicht im geringsten Mühe, den hämischen Klang seiner Stimme zu verbergen. „Ist dort Mister Charles Pennington, Vater von Daniel B. Pennington?"

Für den Anblick des Entsetzens auf dem Gesicht von Pennington, dessen vermaledeite Starreporterin da an seinem Amtssessel zu sägen wagte, hätte er jetzt glatt ein Monatsgehalt hingelegt. Aber leider mußte er sich auf seine Fantasie beschränken, was ihm allerdings nicht schwerfiel. Er war schließlich selbst Vater, und das, was in der Brust eines Vaters vorging, dessen vielversprechender Mustersohn gerade eben als Dieb überführt worden war, konnte er sich lebhaft vorstellen.

„Ja, ich habe einen Sohn dieses Namens", bestätigte Pennington jetzt. „Ist etwas mit ihm?"

Mit Wohlgefallen hörte Polizeichef Stern den ängstlichen Unterton der sonst so arroganten Stimme heraus.

„Er ist heute nachmittag hier eingeliefert worden", sagte er kühl. „Man hat ihn erwischt, als er ein Auto knackte, um an den Radiorecorder zu kommen." So, das saß.

Schweigen am anderen Ende. Nur der Atem im Hörer ging schneller.

Polizeichef Stern grinste zufrieden. „Sie können Ihr sauberes Bürschchen hier bei mir abholen. Sein Glück, daß er noch minderjährig ist, aber für den Jugendrichter reicht's. Es sei denn ..." Eine Sekunde verstrich, in der Polizeichef Stern am liebsten in den Hörer gekrochen wäre, um Charles Penningtons Gesicht zu erleben.

„Es sei denn was?“ hakte der ein.

Jetzt hatte Stern ihn da, wo er ihn brauchte. Endlich! Er legte eine Kunstpause ein. „Darüber“, murmelte er und raschelte mit Papier, um anzuzeigen, wie nebensächlich ihm dieser Anruf sei. „Darüber unterhalten wir uns am besten, wenn Sie hier sind.“

„Einverstanden.“ Da war sie wieder, diese hochnäsige Stimme. „Ich komme sofort.“ Freiton. Charles Pennington hatte eingehängt.

Diesmal, Polizeichef Stern faltete die Hände über seinem dicken Bauch, diesmal hielt er den Trumpf im Ärmel. Und er wußte, daß er gewonnen hatte, noch ehe ausgespielt worden war. „Brenda!“ brüllte er, ohne seine Haltung zu verändern. „Eine Zigarre von den besten und Kaffee! Und, ach ja, richten Sie Pritchard aus, Pennington junior ins Nebenzimmer zu schaffen.“

Brenda, eine kleine, graue Vorzimmermaus, eilte geschäftig hin und her, seine Befehle auszuführen. Polizeichef Stern aber richtete sich genüßlich auf die herrlichste Wartezeit seines Dienstlebens ein.

Als Charles Pennington eine halbe Stunde später ziemlich abgehetzt von Brenda hereingeführt wurde, hing der Rauch einer guten Zigarre schon im Vorzimmer. Polizeichef Stern begrüßte ihn leutselig und mit der verständnisvollen Miene eines Freundes. „Nun lassen Sie den Kopf nicht hängen, alter Junge!“ knurrte er jovial und paffte eine kleine blaue Wolke in Charles Penningtons Gesicht – natürlich rein zufällig. „So was kommt in den besten, ach was, den allerbesten Familien vor, hä - hä - hä! Das sind Jugendsünden. Die gehören zu einem dazu, der einer der führenden Köpfe in den Staaten werden soll.“ Er deutete mit einer Geste an, doch Platz zu nehmen.

Charles Pennington blickte bei dieser Einleitung hoffnungsvoll auf. „Ja, meinen Sie wirklich? Sie können sich nicht vorstellen, was das für mich bedeutet. Noch nie gab's einen Pennington mit Vorstrafenregister in unserer Familie, und dabei reicht unser Stammbaum bis 1621 zurück." Er schien wirklich ziemlich angeschlagen zu sein.

Polizeichef Stern zwinkerte verschwörerisch und schlürfte etwas Kaffee. „Nun, nun, mein Freund, es wird nicht alles so heiß gegessen wie gekocht", beschwichtigte er seinen Besucher scheinheilig. „Ich könnte mir vorstellen, daß man in diesem Fall mit Wohlwollen an die Sache herangeht. Der Junge ist erst dreizehn, bisher nicht auffällig geworden und ..."

„Ja?" Charles Pennington hatte das Rauchen zwar schon vor einem Jahr aufgegeben, jetzt aber hatte er ein so heftiges Bedürfnis nach einer Zigarette, daß er Sterns Zigarrenrauch mit geblähten Nasenflügeln einsog.

„Ja, also", fuhr Stern gedehnt fort, „ich könnte mir in der Tat vorstellen, daß hier eine Hand die andere wäscht." Nun ließ er die Maske fallen und zeigte grinsend sein gelbes Gebiß.

„Eine Hand die andere ... äh ... ich fürchte, ich verstehe nicht ...", stotterte Charles Pennington nervös. Was wollte dieser feiste Widerling ihm hier anbieten? War das eine verkappte Erpressung? Wollte er etwa Geld, oder was?

Polizeichef Stern weidete sich noch eine Minute an der offensichtlich peinlichen Verwirrung seines Gegenübers, ehe er die Katze aus dem Sack ließ. „Machen wir's kurz, Charly", sagte er frech und benutzte absichtlich diese Koseform, mit der man sonst gewöhnlich Kinder ansprach. „Sie können den ganzen Mist hier kriegen." Dabei schlug er leicht auf die frisch angelegte Mappe mit Dannys Foto. „Unter einer ganz bestimmten Bedingung, versteht sich. Oder wir lassen die Bombe hochgehen und geben Miß O'Neil die Information, die sie braucht, wenn sie mir das nächste Mal in ihrer Mistsendung wieder nicht nur den Puls, sondern auf den Zahn fühlen will. Sie verstehen?" Seine Stimme klang überhaupt nicht mehr freundlich.

„So ungefähr“, murmelte Charles Pennington. „Vielleicht sollten Sie es etwas konkretisieren.“ Er wischte sich mit der Hand übers Gesicht.

Polizeichef Stern drehte den Zigarrenstummel mit den Zähnen um und starrte den anderen mißtrauisch an. Wollte der Kerl ihn auf den Arm nehmen? Doch Charles Pennington verzog keine Miene.

„Also noch mal für Gehirnamputierte“, sagte der Polizeichef brutal und grinste, als er sah, wie Charles Pennington daraufhin rot wurde. „Im Klartext: Wenn ich diese Akte hier mit dem entsprechenden Kommentar an Miß O'Neil weiterreiche, sind Sie geliefert, Mann. Stellen Sie sich die Presse vor; scharfe Hunde, die Jungs bellen nicht nur, die beißen auch. Und wie hört sich das an? ‚Pennington junior als Autoknacker geschnappt. Steckt Fernsehboß hinter Gangsterunwesen unserer Stadt?‘ Tolle Schlagzeile, was? Sie wären geliefert, Mann, total fertig – es sei denn ...“ Er machte wieder eine Pause.

„Es sei denn was?“ Charles Pennington sprang auf.

„Es sei denn“, kam Stern auf den Punkt, „es sei denn, Sie schaffen mir dieses Weib vom Hals.“ Er lehnte sich zurück.

„April O'Neil?“ Charles Pennington schrie fast ...

„Richtig, Ihre süße kleine Revolverschnauze vom Nachrichtenmagazin. Verpassen Sie ihr einen Maulkorb, und ich revanchiere mich mit ein paar Sekündchen am Reißwolf für diese paar Seiten Papier.“ Polizeichef Stern sah lauernd auf. „Wenn das kein faires Angebot ist!“

Charles Pennington atmete schwer. „Es geht nicht“, sagte er fast sofort. „Sie wissen genau, daß es nicht geht, Stern. Es ist ihre Sendung, ihre Arbeit. Ich kann sie ihr nicht einfach wegnehmen.“

„Tja, wenn das so ist.“ Polizeichef Stern betrachtete Dannys Foto mit gespieltem Bedauern. „Armer Bursche! Es ist ganz schön aussichtslos, wenn ein Vorbestrafter auf die High-School will.“ Er wedelte mit der Akte.

„Okay." Charles Penningtons Stimme war heiser. „Es gibt da eine Möglichkeit. Nicht gerade die feine Art, und sie wird wissen, daß da irgendwas gewaltig faul ist, aber dagegen kommt sie nicht an, das ist üblich, verstehen Sie?"

Er hatte hastig gesprochen, als müsse er sich selbst überzeugen. Jetzt blickte er auf. „Ich werde ihr eine Kollegin zur Seite stellen. Sie selbst wird kein Interview mehr machen. Reicht das?" Er sah Stern unsicher an.

„Ein Maulkorb", konstatierte Polizeichef Stern. „Das ist es genau, was ich wollte!"

„Also abgemacht." Charles Pennington streckte die Hand aus. „Her mit der Akte, Stern!"

Der Polizeichef lachte polternd auf. „Nee, Freundchen, so haben wir nicht gewettet. Erst die Arbeit, dann das Vergnügen. Für nichts gibt's nichts, nicht mal bei den Bullen. Und diese Akte hier, die verschwindet erst, wenn bewiesen ist, wenn ich's mit eigenen Augen und Ohren erlebe, daß die kleine Giftspritze tatsächlich abserviert und aus dem Rennen ist. Bis dahin bleibt alles schön sicher bei Papa Stern." Seine kleinen Äuglein blitzten vor Vergnügen.

Charles Pennington sah aus, als wolle er gleich alles kurz und klein schlagen. Doch er beherrschte sich. „Und was ist mit Daniel?" fragte er gepreßt.

„Nehmen Sie ihn mit." Sein Gegenüber winkte großzügig zum Nebenzimmer hin. „Er wartet schon. Und wenn ich Sie wäre, da wüßte ich verdammt genau, wo der Löffel im Salz liegt."

Charles Pennington zog es vor, darauf nicht zu antworten. Die Demütigung, die er eben erfahren hatte, brannte in ihm, und Dannys trotzig-verbissene Miene machte die Sache auch nicht einfacher. Wenn er wenigstens Reue gezeigt hätte oder Scham oder auch nur Dankbarkeit. Aber nichts, nur dieses Gesicht, als habe er kein Unrecht begangen, sondern eines erlitten.

„Komm!" Charles packte seinen Sohn wütend am Arm.

Danny ertrug den harten Griff seines Vaters mit zusammengebissenen Zähnen. Das war nur der Anfang, zu Hause würde jede Menge mehr auf ihn zukommen. Bei dem Gedanken daran brach ihm der Schweiß aus. Vor Mutters Bild würde er ihn schleppen.

„Sieh sie dir an! Was würde sie von dir halten, wenn sie es wüßte? Ein Glück, daß sie das nicht mehr miterleben mußte! Ich kann nur hoffen, daß sie dir nicht von irgendwo da oben zuschaut." So ungefähr lautete eine übliche Standpauke.

Danny kniff die Lippen noch etwas fester zusammen. Das eine hatte er sich geschworen, als man ihm und zwei anderen die Straße zugeteilt hatte, in der er gleich beim ersten Bruch geschnappt worden war: Er würde bei einem Verhör nicht zusammenbrechen, nicht losheulen und auch nicht um Verzeihung bitten. Das alles ging ihm jetzt in Sekundenschnelle durch den Kopf. Charles Pennington reichte Polizeichef Stern nicht die Hand zum Abschied, ein kurzes Nikken war genug. Sie hatten einander alles gesagt, was zwischen ihnen zu sagen war.

Schweigend schob Charles den Jungen vor sich her. Die Blicke der Passanten draußen schienen ihm alle wie höhnische Zeigefinger: „Da, seht ihn euch an, sein Sohn klaut."

Warum, dachte er, warum tust du mir das an, Danny? Aber er hatte keine Zeit für Fragen.

„Wir fahren zu April", sagte er statt dessen laut. „Und glaub nicht, daß ich dich auch nur eine Sekunde aus den Augen lasse."

Danny zuckte nur mit den Schultern. Sie hatten ihm beigebracht, wie man schwieg: „Laßt keinen an euch ran, laßt keinen hinter die Kulissen gucken. Traut keinem, nicht mal euch selbst. Nur wer das schafft, ist sicher!" Wie das Vaterunser hatten sie es ihn und die anderen Neulinge auswendig hersagen lassen, bis sie es im Schlaf konnten. Und dann wurde der Notfall geprobt, knallharte Verhöre prasselten auf sie runter. Vom Flipper-Automaten, vom Boxtraining, von überall holten sie einen weg, unvorbereitet, wann immer sie wollten. Und wehe dem, der Antworten gab!

Am Anfang hatte Danny manchmal geglaubt, es nicht mehr auszuhalten. Dann hatte er im Bett gelegen und vor Anstrengung gezittert, um nicht laut loszuschreien. Aber sein Vater hatte es ihm leichtgemacht, einsilbig zu werden, denn er war so gut wie nie da.

Wie zufällig sah Danny zum Profil seines Vaters hinüber, der so Auto fuhr, als säße er in einem römischen Kampfwagen. Laß keinen an dich ran, Daniel B. Pennington, dachte er, laß keinen hinter die Kulissen ... und tat dann, als schliefe er.

Als Charles an Aprils Tür klingelte, fuhren die Turtles voller Entsetzen aus dem Schlaf auf. In völliger Erschöpfung waren sie dort eingenickt, wo sie in Aprils kleiner Wohnung gerade Platz gefunden hatten. Die ganze Nacht über hatten sie geredet und Pläne geschmiedet, ohne jedoch zu einem rechten Ergebnis gelangt zu sein. Wieder schrillte die Klingel hektisch.

Michelangelo tappte leise in Aprils Schlafzimmer und rüttelte sie wach. „Es ist jemand an der Tür", wisperte er.

Vor Schreck war April hellwach. Ein Blick in die angespannten grünen Gesichter um ihr Bett verriet ihr, daß keine Zeit für Angst blieb. Sie räusperte sich und hoffte, ihre Stimme klänge normal: „Wer ist da?"

„Ich", kam es zurück. „Charles."

„O Gott, mein Boß!" April schaute sich ratlos um. „Sagt mal, könnt ihr euch irgendwie verstecken?" Fragend wandte sie sich an Michelangelo, doch die Turtles waren schon verschwunden. Hastig warf sie ihren Morgenmantel über, strich das schlafzerzauste Haar zurecht und öffnete die Tür. „Was ist denn nun schon wieder los?" fragte sie unwirsch.

Er schien heute nicht einmal zu bemerken, daß er sie aus dem Bett geklingelt hatte. Ohne einen Gruß stürmte er herein, zerrte Danny wie ein Lamm zur Schlachtbank hinter sich und fing sofort an zu reden.

„Ich hab', äh, du hast in letzter Zeit ziemlich hart an dieser Story gearbeitet. Warum läßt du es nicht etwas ruhiger angehen? Hör mal, es sollte sich vielleicht jemand anders darum kümmern. Für ein Weilchen wenigstens, verstehst du?"

„Was soll der Quatsch?" April starrte Charles verblüfft an. „Das ist meine Story. Jemand anders? Kommt gar nicht in Frage."

„Aber schau dich doch mal richtig an", brach es aus Pennington heraus. „Du bist völlig fertig." Er warf sich auf einen Stuhl.

„Ich hatte lediglich 'ne harte Nacht", fauchte April, ging ins Badezimmer und begann, sich das Gesicht zu waschen. Wenn sie geglaubt hatte, ihn auf diese Weise loswerden zu können, hatte sie sich getäuscht.

Charles stand schon hinter ihr. „Du solltest wenigstens etwas Hilfe akzeptieren, April", versuchte er es auf die freundliche Tour. „Die Rathaus-Interviews zum Beispiel könnte jemand anders für dich machen."

Ungeduldig spritzte April das Waschwasser von den Fingern. „Charles, das ist lächerlich", wehrte sie ab. „Was soll das? Was steckt dahinter?" Sie sah ihn prüfend an.

Betreten wich er ihrem Blick aus. „Gar nichts, überhaupt nichts. Ich denke nur, du solltest nicht alles allein machen, sonst nichts." Jetzt sah er aus wie das personifizierte schlechte Gewissen.

April verbiß sich ein Lachen. „Hör schon auf", meinte sie. „Und außerdem liebt Stern mich heiß und innig. Reich mir doch mal ein Handtuch rüber."

„Handtuch? Woher denn?" Verwirrt sah Charles sich um und griff nach dem Duschvorhang. Die weißen Hochglanzfliesen dahinter schimmerten plötzlich grün, und April stieß einen kleinen erschrockenen Quietscher aus. „Nein, Charles, nicht!"

Zu spät! Schon flog der Vorhang auf und - nichts. Nur eine leere Badewanne.

„Was war denn?“ Charles Pennington schaute unsicher auf.

„Nichts, wieso? Ach so, ja, ich wollte bloß nicht, daß du meine scheußliche Badewanne siehst.“ April stieß einen kleinen Seufzer der Erleichterung aus und blinzelte verstohlen Donatello zu, der platt wie eine Briefmarke hinter dem Duschvorhang klebte.

„Raus hier, raus, raus!“ schnatterte sie dann hektisch und schob Charles einfach vor sich her ins Wohnzimmer zurück. „Ich muß endlich zur Arbeit.“ Sie zerrte Wäschestücke aus einer Schublade.

„Und du willst dir das mit der Hilfe nicht noch mal überlegen?“ Charles Pennington schien wirklich in irgendeine fixe Idee verrannt.

April seufzte. „Hey, Danny, sag du deinem Dad, er soll mal 'ne andere Platte auflegen.“

„Wünsch' ich mir auch dauernd“, sagte er lässig.

Ein Sonnenstrahl fiel durch die zugezogenen Wohnzimmergardinen und erhellte für den Bruchteil eines Augenblicks den Spiegel in Aprils Garderobenecke. Etwas Grünes wurde kurz darin sichtbar und verschwand wieder. Danny blinzelte verdutzt, doch das grüne Ding war weg.

„Hör endlich auf, die Wilde zu mimen, April“, sagte Charles und griff nach Dannys Arm. „Wir gehen jetzt. Und du, du denkst über meinen Vorschlag nach, okay?“ Er fegte hinaus. Wütend warf April die Tür hinter ihm zu.

Charles Pennington war viel zu verwirrt und verletzt, um überhaupt zu registrieren, wie erstaunlich widerstandslos sein Sohn sich von ihm ins Auto drängen ließ. Danny war in Gedanken ganz woanders. Er kam nicht von diesem Bild im Spiegel los, das er eben gesehen hatte. Es war verrückt, absolut irre, aber er war sicher, es hatte ausgesehen wie eine riesige grüne Schildkröte!

Während April gemeinsam mit den Turtles über ihren ungebetenen Besuch zu lachen begann, wurde Charles Pennington wiederum den Eindruck nicht los, sich zwar unsterblich blamiert, aber ansonsten nichts erreicht zu haben. Aus diesem Gefühl steigerte er sich in wachsenden Zorn hinein, der in der Annahme gipfelte, daß dies alles auf Dannys Schuldkonto zu schreiben war und er selbst zum Hanswurst seines Sohnes geworden sei. Wütend knallte er den zweiten Gang rein. „Kannst du mir erklären, was dieser ganze Affenzirkus soll?" herrschte er ihn plötzlich an. „Ich verdiene mehr als genug. Und du klaust! Warum?"

„Weiß nicht." Dannys Gesicht war mit einem Schlag so verschlossen, als habe er ein Visier heruntergelassen.

„Du weißt es nicht, so!" bellte sein Vater und hieb auf das Steuer. „Und was, zum Kuckuck, hattest du mit der Autostereoanlage vor, oder weißt du das auch nicht mehr?"

„Tut mir leid." Danny schloß die Augen.

„Es tut dir leid, pah! Warte nur, wie leid es dir tun wird, wenn wir erst zu Hause sind!" schrie Charles Pennington unbeherrscht und stoppte so scharf vor einer roten Ampel, daß er den Motor abwürgte. Ohne zu überlegen, riß Danny die Beifahrertür auf und sprang hinaus.

„Danny! Danny!" Außer sich vor Aufregung, Angst und schlechtem Gewissen, warf sein Vater das Steuer des Wagens herum. Fußgänger sprinteten entsetzt beiseite, Autos hupten, Bremsen kreischten. Er sah nur Danny, der gerade eben um eine Straßenecke verschwand, und nahm, ohne zu denken, die Verfolgung auf. Weit kam er allerdings nicht. Ein Streifenpolizist, der diese rücksichtslose Verkehrsgefährdung vom Motorrad aus miterlebt hatte, saß ihm schon im Nacken und winkte ihn wenig später rechts ran. „Führerschein und Wagenpapiere, bitte", leierte er herunter.

„Hören Sie", Charles Pennington trommelte ungeduldig mit den Fingern aufs Lenkrad, „ich habe bloß versucht, meinen Sohn wieder einzufangen."

Der Polizist füllte den Strafzettel unbeirrt weiter aus. „Mhm“, machte er anerkennend, „gar keine schlechte Idee, Mister. Ihr Pech, daß ich es dauernd mit solchen faulen Ausreden zu tun habe. Meine Frau kriegt gerade ein Kind, mein Haar fing an zu brennen – was glauben Sie, wie einfallsreich die Leute werden, wenn's ans Eingemachte geht!“

Verärgert zählte Pennington dem Polizisten die Geldscheine für das Protokoll in die Hand. Wenige waren es nicht gerade. Aber jetzt war sowieso alles egal. Danny war längst über alle Berge und, ehrlich gestanden, konnte er es sogar verstehen.

Weder Charles Pennington noch April O'Neil oder die Turtles kannten das langgestreckte Warenlager, das vor zwei, drei Jahren erbaut worden war. Es sah aus wie unzählige andere Warenlager auch und fügte sich unauffällig in die Bauten des hier beginnenden, heruntergekommenen Stadtteils ein. Niemand wäre auf die Idee gekommen, daß dieses äußerlich so vollkommen alltäglich scheinende Gebäude in seinem Innern wie aus den wildesten Teenager-Fantasien entsprungen war. Eine Orgie aus Licht und Lärm empfing jeden, der eintrat, ein Rhythmus hämmerte sich dem Ankömmling hier ein, den man nicht vergaß. In diesem Lagerhaus existierte eine Kunstwelt, die keinen Wunsch offenzulassen schien.

Hunderten von Jugendlichen war dieses Haus inzwischen Zuflucht und Heim geworden. Hier trafen sich all die vernachlässigten, herumgestoßenen und ungeliebten Kinder der sogenannten Wohlstandsgesellschaft. Es spielte keine Rolle, ob man sie draußen für ungeratene Mitglieder des Rechtsstaates hielt, ob sie mit dem Gesetz schon in Konflikt geraten oder sogar seelisch verkrüppelt waren. Innerhalb der sonderbaren Gemeinschaft dieses Lagerhauses ging es ihnen gut. Und wenn sie überhaupt noch imstande waren, Zugehörigkeit und so etwas wie Treue zu empfinden, dann zu diesem einzigen Platz in der Stadt, wo sie nicht nur willkommen waren, sondern mit genau den Fähigkeiten, die sie im Überlebenskampf erworben hatten, auch gebraucht wurden. Und mehr als nur gebraucht! Diese sonst so verabscheuten, weil kriminellen Fähigkeiten wurden belohnt, man konnte sie als Trittleiter zu Macht und Ansehen einsetzen. Wer gut war, konnte es durchaus zum Gruppen- oder Kohortenführer bringen. Und gut war alles, was draußen schlecht war.

In ihrer Freizeit beschäftigten sich die Jugendlichen im Haus, lachend, rauchend, trinkend, versuchten ihr Glück im Spiel und übten ihre Geschicklichkeit mit Video-Tricks, Kartenschlagen oder Messerstechen. Wer zum ersten Mal kam, glaubte sich im siebten Himmel, und nirgends stand einer, der schrie: „Das darfst du nicht!" Wiederkommen zu dürfen wurde zur Sucht. Und nur zu gern waren alle bereit, ihr Können dafür in den Dienst dessen zu stellen, dem dieses Haus gehörte.

Alle Schwierigkeiten und Probleme fielen von ihnen ab, sobald die Eingangstür mit den dicken schallschluckenden Matten hinter ihnen zugeschlagen war. „Was ihr haben wollt, haben wir. Was ihr tun wollt, tut einfach!" Diese Parole galt für jeden und wurde ihnen ebenso eingehämmert wie die Furcht vor Meister Dschingis, der „der Shredder" genannt wurde, und Tatsu, seinem Diener.

Danny Pennington war eher zufällig in dieses Haus gelangt. Wie so oft hatte die Langeweile ihn umhergetrieben, denn seit dem Tod der Mutter war er nicht gern zu Hause. Die Zimmer waren kalt und fremd ohne sie, und obwohl oder gerade weil alles so gelassen wurde, wie es war, konnte er das Gefühl dort nicht abschütteln, in der nächsten Sekunde müsse die Tür auffliegen und die Mutter hereinwirbeln. Wenn er die Augen schloß, glaubte er oft ihren Schritt im Zimmer nebenan zu hören oder ihr halblautes Singen aus der Küche. Alles hatte ganz langsam angefangen.

Zuerst hatte er die Schule geschwänzt, weil ihn die mitleidigen Gesichter der anderen Schüler und vor allem das Getue der Lehrer genervt hatte. Es war hart genug, daß seine Mutter tot war. Immer wieder darüber reden zu müssen ging über seine Kraft. Natürlich hatte er nicht einfach zu seinem Vater sagen können: „Du, Dad, ich geh' nicht mehr zur Schule." Sie hatten einander sowieso noch nie viel zu sagen gehabt, denn ein Mann wie Charles Pennington hatte ja gar keine Zeit, Vater zu sein. Immer gab es Termine, Termine, Termine. Danny hatte früh begriffen, daß auch für ihn nur hier und da mal ein paar Minuten im Zeitplan seines Vaters existierten. Und das waren Minuten, die hauptsächlich damit verbracht wurden, so ungemein Wichtiges zu besprechen wie die richtige Art, jemandem die Hand zu drücken, warum ein wohlerzogenes Kind keine Schimpfworte in den Mund nähme, und so weiter und so fort. Es war einfach ätzend mit so einem Vater.

Mit dem Tod der Mutter war die Mitte aus Dannys Leben verschwunden, und es gab nichts, womit er die Lücke hätte füllen können. Jedenfalls nicht bis zu dem Tag, an dem er zwei Jungen, die er flüchtig von der Schule her kannte, ins „Haus" gefolgt war.

Wie erstarrt hatte er zuerst in das Inferno aus flimmernden Lichtorgeln und reflektierenden Spiegelmosaiken gestarrt, die Ohren fast taub vom ungewohnten Dröhnen der Bässe und Heulen der Synthesizer ... Er war aber nicht lange allein dort stehengeblieben.

„Neu hier?" Ein Gruppenführer schlenderte heran, hatte ihn angesprochen. Ohne Dannys Antwort abzuwarten, hatte er ihn dann kameradschaftlich am Arm genommen und zu einem Trüppchen ebenso nervös umherschauender Teenager gebracht. „Wartet hier", sagte er befehlend. „Ich hole die Aufnahmebücher. Wer bei uns landen will, muß Mitglied werden."

So hatte Danny zufällig den Clan kennengelernt, den

Foot-Clan, einen Geheimbund aus Verbrechern und solchen, die es werden wollten. Die Foot waren ein seltsamer Verein, sie tätigten ihre „Geschäfte“ grundsätzlich nur zu Fuß.

Als der etwas ältere Junge, der ihn mitgebracht hatte, Dannys Personalien in ein großes Buch eintrug, das bis fast zur letzten Seite mit ähnlichen Angaben gefüllt war, glitt ein hämisches Grinsen über sein Gesicht. „Soso, Pennington, etwa der vom großen Fernsehmacker?“ hatte er gefragt, und Danny hatte widerstrebend genickt. Doch der andere hatte die Eintragung nicht, wie befürchtet, gestrichen, sondern nur noch breiter gegrinst und gemeint: „Na, dann wolln wir mal ein vollwertiges Mitglied der Gesellschaft aus dir machen. Hier, los, ein Autogramm, bitte!“

Danny hatte, ohne zu zögern, unterschrieben und voll Stolz das rote Stirnband entgegengenommen, das ihn ab sofort als Mitglied des Foot-Clans kennzeichnete.

In den ersten drei Wochen hatte er dann zusammen mit den anderen eine Art Grundausbildung mit Eignungstest absolviert. Dabei stellte sich heraus, daß er zum Taschendiebstahl ungeeignet, weil nicht fingerfertig genug war, sich zum Ausgleich dafür aber als ein wendiger, schneller Läufer mit einem sicheren Gespür für Lücken und Zickzacksprünge erwies. So wurde er als Bote eingesetzt, als einer derjenigen also, die die „Ware“ wie Hand- oder Brieftaschen, Geldbörsen oder Schmuck von einem anderen Boten entgegennahmen und damit wie beim Stafettenlauf zu einem weiteren Boten flitzten. Ganz nebenbei wurde er noch zum Autoknacker ausgebildet. Ein paar Fahrzeuge zum Trockenüben standen immer in der Tiefgarage unter dem Haus, und jedes Schülergrüppchen bekam einen erfahrenen Lehrer zugeteilt, der alle Tricks vormachte, die Werkzeuge erklärte und korrigierend eingriff, wenn die Jungen Fehler machten. Schon nach wenigen Stunden aber mußten sie draußen weiterüben und sich an sorgfältig von ihrem

Lehrer ausgewählten Wagen bewähren. Danny war zwar nicht unbegabt, aber zu ängstlich, ein wenig aussichtsreicher Fall. Ehe er eine Stufe höher klettern und etwa Wohnungen oder Ladenketten ausräumen durfte, mußte er sein Fach als Autoknacker jedoch perfekt beherrschen. Dazu gehörte als oberste Grundregel auch, sich nicht schnappen zu lassen. Zwar ließ der Clan keinen Bundbruder im Stich und hinterlegte entweder Kaution oder Anwaltsgebühren, aber wehe dem, der sich nach so einer Sache vor dem Shredder zu verantworten hatte.

Danny verlangsamte jetzt sein Tempo, als er daran dachte. Für ihn war zum Glück keine Kaution fällig gewesen, und soviel er wußte, hatten die anderen in seiner Gruppe gestern alle rechtzeitig Fersengeld gegeben, ehe die beiden Polizisten wie aus dem Erdboden hinter ihm aufgetaucht waren. Im Bogen rannte er um den Straßenkomplex herum, um ungesehen durch eines der auf der Rückseite versteckten Eingangstore zu schlüpfen. Hastig schlängelte er sich zwischen Gruppen diskutierender und rauchender Jungen hindurch. Er mußte unbedingt jemanden aus seiner Gruppe finden, denn nur von ihnen konnte er erfahren, ob man von seiner Gefangennahme wußte. Weiter hinten in einer Ecke sah er Tom am Flipper stehen.

„Hey“, schrie er, „hey, Tommy!“ und winkte heftig auf- und abspringend mit beiden Armen gleichzeitig. Der eigene Schwung riß ihn mit, und er stolperte gegen einen bullig wirkenden Mann, der zwischen ein paar jungen Leuten hervorgetreten war. Entsetzt glitt Dannys Blick an dem knappsitzenden nachtschwarzen Dogi mit dem Drachenemblem hinauf und blieb an der eisernen Miene hängen.

Dem Jungen sämtliche Rippen zu brechen hätte Tatsu weniger Anstrengung gekostet, als Schnürsenkel zu verknoten. Es war plötzlich so still, daß man ein Mäuschen hätte seufzen hören, als Tatsu die Hand hob. Doch statt zuzuschlagen, winkte er Danny einfach beiseite.

„Geh“, sagte er rauh. „Geh spielen“, und ein häßliches Lächeln lag um seinen Mund.

„O Mann“, flüsterte Tommy, der sich unbemerkt herangeschlichen hatte, und zog Danny am Arm schnell mit sich, „das war knapp. Noch mal Glück gehabt, alter Nußknacker.“ Sie gingen in ein Nebenzimmer.

Danny nickte und ließ sich auf einen Stapel Kartons fallen. „Was hat er vor?“ fragte er und starrte durch die offene Tür nach nebenan.

Tatsu tippte gerade auf einen schlaksigen, hoch aufgeschossenen Jungen, der nur aus Bein zu bestehen schien. „Du“, knurrte er und winkte mit dem Finger. „Du.“ Ein zweiter war gemeint, kleiner, aber breitschultriger als der erste. „Du.“ Ein dritter trat zögernd hervor, kaum älter als Danny.

„Kaution!“ gab Tommy zurück. Danny wurde blaß. „Ist einer von uns gestern kassiert worden?“ wollte er wissen.

„Nee.“ Tommy schüttelte den Kopf. „Komm, hinterher!“

Die Spielhölle der Teenager war nur der kleinere Teil des langen Gebäudes. Hinter der Tarnung der Automaten, Lichtorgeln, Billard- oder Roulette-Tische gab es noch die Lagerhallen. Ihre Zwischenwände bestanden aus Kisten und Kästen unterschiedlichsten Inhalts, denn alles, was nicht niet- und nagelfest war, kam hier zusammen. Unverpacktes lag unter Tüchern und Tarnnetzen vor neugierigen Blicken geschützt.

Ganz hinten jedoch, im verborgensten Teil des Hauses, befand sich das Heiligtum. Nur die zum Kampftraining zugelassenen Clanmitglieder durften es betreten. Barren, Kletterseile und -leitern, Ringe und schlauchartige enge Röhren sollten dazu dienen, Kraft und Geschicklichkeit der Teenager zu stählen, die in Straßenkleidung angetreten waren und sich von Nichtmitgliedern nur durch verschiedenartige Uniformgürtel und das rote Stirnband unterschieden, das auch Danny und Tom trugen.

Als Tatsu jetzt diese Räume betrat, gab gerade ein älterer

Gruppenführer, der einen ebensolchen Dogi trug wie Tatsu, ein paar Jugendlichen das Startzeichen für eine der Kletterwände. In einer geradezu unwahrscheinlichen Geschwindigkeit flitzten sie die Sprossen bis unter die Decke hoch und noch etwas schneller wieder herunter.

Tatsu warf kaum einen Blick auf die Stoppuhr, die der Gruppenführer ihm vorwies. Ein verächtlicher Laut war alles, was er von sich gab. Zu langsam also. Wütend stieß der Gruppenführer in die Trillerpfeife. Und wieder ging es ab in die Wand.

Tatsu verzog immer noch keine Miene. Danny und Tom preßten sich enger in die Nische zwischen den Lagerballen, um besser durch die Ritzen spähen zu können.

Eine lebensgroße ausgestopfte Puppe, deren Anzug innen und außen über und über mit Glöckchen besetzt war, baumelte in einer Ecke an einem Haken von der Decke herunter. Danny kannte sie nur zu gut, es war der Schrecken aller angehenden Taschendiebe. Tatsu blieb davor stehen, und auf ein Zeichen von ihm warf der Gruppenführer dieser Trainingsgruppe eine Rauchbombe unter die Puppe. Sofort stürzten die Jungen und Mädchen darauf zu, und als sich der Rauch verzog, waren auch die vielen Glöckchen verschwunden - ohne auch nur einen einzigen Laut.

Ruhig trat Tatsu auf die Puppe zu, drehte sie einmal um sich selbst und hob ihren linken Arm an. Eine einzige Glocke war dort noch hängengeblieben. Spöttisch ließ Tatsu sie klingeln, ehe er sie dem Gruppenführer zuwarf und weiterging.

Ein dritter Raum öffnete sich vor Dannys und Toms neugierigen Blicken, bis auf eine Matte in der Mitte leer. Verbissen kämpften zwei Jugendliche darauf um den Sieg. Ihre Hiebe und Tritte waren keineswegs Finten oder Tricks, der größere und muskulösere der beiden war ganz klar im Vorteil. Nicht lange, und der andere lag bewegungsunfähig am Boden.

Beifällig nickend ließ Tatsu den Besiegten von der Matte tragen und nahm selbst Aufstellung zum Kampf. Ohne Vorwarnung legte er los, bei jedem Schlag gegen den Gegner einen Kampfschrei ausstoßend: „Hai! - Hai! - Hai! - Hai!"

Doch der lange Bursche wehrte sich tapfer, und Tatsu kam nicht zum Zug.

Sein Brummen wurde daraufhin noch etwas zustimmender. Anerkennend verbeugte er sich vor dem Jungen, der ungläubig und in schüchternem Stolz zu lächeln begann und die Verbeugung erwidern wollte. Kaum aber hatte er den Blick vor Tatsu niedergeschlagen, als dieser ihm völlig unerwartet einen Kinnhaken versetzte, der den Jungen von den Füßen fegte. Mit einem Schritt war Tatsu über ihm, das Knie schmerzhaft an seiner Kehle.

„Niemals", sagte er laut und deutlich und sprach den ersten vollständigen Satz dieses Tages, „niemals einen Feind aus den Augen lassen!"

„Ja, Meister Tatsu!" Der Junge brachte die Worte kaum heraus, so schnürte das Knie ihm die Luft ab. Erst jetzt ließ dieser ihn wieder aufstehen und wandte sich ab, als habe er nicht bemerkt, daß der Junge trotz aller Erschöpfung mutig Kampfhaltung einnahm.

Plötzlich ertönte ein Gong, und Tatsu drehte sich sofort Richtung Ausgang.

„Versammlung!" murmelte Tom.

„Warum?" Danny hatte noch nie eine miterlebt, und die Angst, sie könne womöglich seinetwegen einberufen worden sein, ließ ihn zittern.

„Keine Ahnung, aber schnell, wir müssen hin", drängte Tom. „Der Meister wartet nicht gern." Er rannte schon los und gliederte sich in den Strom der von überall her auftauchenden Jungen und Mädchen ein. Wie ein Ring umschlossen sie endlich einen letzten Raum, in dessen Mitte ein erhöhtes Podest stand. Die kleineren näher zur Mitte gruppiert, die älteren und größeren dahinter, starrten sie fasziniert eine etwa anderthalb Meter große Ratte an, die dort oben übel zugerichtet und in Handschellen an ein Eisengitter gefesselt dastand.

Der Gong verklang, und jähe Stille breitete sich aus. Keiner wagte zu atmen, als die Tür am hinteren Ende des Hauses aufschwang. Nur als schwarze Silhouette vor dem von draußen hereinbrechenden Licht sichtbar, trat ein Mann ein. Ein Sonnenstrahl funkelte auf dem Metall des Helmes, der sein Gesicht verbarg und nur ein Paar schwarzer Augen freigab. Ein langer, ebenfalls schwarzer Radmantel umschloß seine Schultern.

Ohne rechts oder links zu schauen, durchschritt er den Kreis der ehrfürchtig zurückweichenden Clanmitglieder und nahm oben auf der erhöhten Plattform Platz.

Tatsu, der hinter ihm gegangen war, schlug vorsichtig den Radmantel zurück. Obwohl einer der Abgebrühtesten, erstarrte auch er immer wieder beim Anblick der rasiermesserscharfen Klauen auf den Schultern seines Meisters. Dann nahm er ein besticktes rotes Stirnband aus einer Schachtel, hängte es über eine der Klauen und trat mit einer respektvollen Verbeugung zurück: „Meister Dschingis."

Jetzt erst nickte er den aufgeregten Jugendlichen zu, die er vorhin aus der Menge zusammengerufen hatte, und händigte ihnen Waffen aus.

Der Shredder saß, den Blick ins Leere gerichtet, regungslos da, und wer ihn so sah, hatte das Gefühl, daß derjenige, der das rot bestickte Stirnband gewann, keine Belohnung erhalten, sondern eine Strafe vermieden hatte.

Tatsu trat an den äußersten Rand des Podestes und hielt eine Handfläche nach außen. Es wurde mucksmäuschenstill. Jeder im Raum, vor allem aber die zum Kampf Auserwählten wandten keinen Blick von Tatsus Hand. Als er sie zur Faust schloß, stürmten die Angreifer auf den Shredder los. Sie schrien, schlugen und traten um sich, aber sie hatten nicht den Schatten einer Chance. Der Mann stand nicht einmal auf, um sich zu wehren. Noch ehe ein Stoß fiel, schien er zu wissen, woher er kam, und mit einer einzigen Bewegung wies er diesen nicht nur zurück, sondern landete seinerseits einen Treffer nach dem anderen. So exakt brachte er sie an, daß jedem klar wurde, hier war keine schmerzhafte Verwundung geplant, er wollte einzig und allein eine Art Zeichen setzen.

Sobald jeder seinen Schmiß erhalten hatte, sei es auf der Schulter, dem Bein oder einer anderen ungefährlichen Stelle, war der Kampf auch vorüber. Helfende Hände, die die Bestraften vom Platz führten, gab es genug, während Tatsu das rot bestickte Stirnband wieder einpackte.

Endlich begann der Shredder zu sprechen. „Geld, das wir als Auslösesumme für eure Freiheit bezahlen, ist verlorenes Geld – für uns. Diese jungen Männer haben eben ihre Schulden bezahlt. Sie werden ihre Narben mit Stolz tragen, als Erinnerung an ihre Lehrzeit zum vollwertigen Mitglied des Foot-Clans." Die Stimme konnte einem das Mark in den Knochen gefrieren lassen.

Er unterbrach sich, um die Wirkung seiner Worte auf den jungen Gesichtern ringsum abzulesen. „Mit Geld kann man die Ehre, die sie sich mit diesem Kampf verdient haben, nicht kaufen. Nur durch Leistung, Disziplin und unbedingte Treue verdient man sich das Recht, den Drachen-Dogi zu tragen."

Es glitzerte in den Augen seiner Zuhörerschar. Der Shredder atmete zufrieden durch. „Ihr seid hier", sagte er und machte eine ausholende Handbewegung, „weil euch die Welt da draußen ausgestoßen hat. Wir alle, die wir hier sitzen, sind eure Familie, und ich bin euer Vater. Euer Vater, der sich um euch sorgt und wünscht, jeden einzelnen von euch schon bald für immer als wertvolles Mitglied des Foot-Clans zu sehen. Aber", und dabei wurde die Stimme des Mannes ebenso rasiermesserscharf wie seine schrecklichen Schulterwaffen, „wir haben einen neuen Feind, Mißgeburten der Natur, die es wagen, sich in unsere Geschäfte einzumischen."

Unruhe kam auf, die eine knappe Geste von ihm beendete. „Ihr seid meine Ohren und meine Augen. Findet sie, das ist ein Befehl! Und gemeinsam werden wir diese widerlichen Kreaturen bestrafen, diese Schildkröten." Er streckte den Arm aus und deutete nach vorn.

Danny erschrak bis ins Herz. Schildkröten? Etwa solche, die wie grüne Schatten in Spiegelbildern auftauchen und dann spurlos verschwinden konnten?

„Meister!" schrie er impulsiv und hob die Hand.

Scheu wichen die anderen rechts und links von ihm zurück. War er wahnsinnig geworden, den Meister anzurufen?

Dannys ausgestreckte Hand schwankte. Sollte er besser doch nichts sagen? Was, wenn man ihm nicht glauben würde?

Aber zu spät, der funkelnde Helm wandte sich ihm schon zu. Und als der schwarze Blick sich fest auf Danny heftete, hoffte selbst Tatsu, daß dieses schmächtige Bürschlein da Wichtiges zu melden hatte …

Charles Pennington hatte April zwar geraten, sich die Sache mit einer Arbeitskollegin und der Auftragsteilung zu überlegen, im Endeffekt aber hatte er sie schlichtweg vor vollendete Tatsachen gestellt und ihre Kollegin June Marlow an ihre Seite gesetzt. Statt ihre Nachrichtensendung wie gewohnt selbst zu moderieren und Interviews zu machen, fand April sich in der Nebenbesetzung anstelle der Starrolle wieder. Daß diese einschneidende Veränderung nur mit Polizeichef Stern zusammenhängen konnte, war ihr sofort klar. Sie hatte nie erwartet, daß er sie für ihre harten Worte auf Rosen betten würde, aber Charles Pennington sank in ihrer Achtung bis auf den Gefrierpunkt.

„Also gut, Boß", sagte sie an diesem Nachmittag und sah

ihn mit soviel Verachtung an, daß es ihm einen Stich versetzte. „Ich werde nicht daran sterben, falls Sie das denken. Aber wenn Sie glauben, daß ich gewisse Leute jetzt weniger in die Zange nehmen werde, sind Sie falsch gewickelt.“ Sie reckte das Kinn vor, und ihre Augen blitzten.

Charles Pennington streckte hilflos die Arme aus, als wolle er April umarmen. „Ich mein's doch nur gut“, murmelte er verlegen. „Was soll ich denn machen?“ Er fuhr sich durchs Haar.

„Am besten zukünftig ein Korsett tragen, damit keiner merkt, daß kein Rückgrat vorhanden ist“, gab April bissig zurück und setzte sich zur Maskenbildnerin, um sich für die Aufnahme schminken zu lassen.

June Marlow probte inzwischen zum ersten Mal ihren Text. Die ganze Geschichte war ihr äußerst unangenehm, zugleich aber auch eine Chance für ihre Karriere. Sie durfte sich keinen Patzer leisten. Scheinbar unbefangen lächelte sie April zu, als diese vor den surrenden Kameras Platz nahm. Das rote Licht der Aufnahme vor Augen, fiel aller Ärger von April ab und wich derselben kalten Entschlossenheit, mit der sie sich seit dem ersten Tag ihrer Nachforschungen in diese Sache verbissen hatte.

„Wie wir wissen“, begann June Marlow ihr Interview, „hat man Sie im Anschluß an Ihre letzte Live-Sendung aus dem Rathaus überfallen, mißhandelt und bedroht. Was da geschehen ist, scheint mir nicht nach einem der bei uns schon üblich gewordenen U-Bahn-Überfälle auszusehen.“

April nickte zustimmend. „Ich bin überzeugt, daß diese Männer einer Untergrundorganisation angehören, die sich der Foot-Clan nennt“, erwiderte sie.

June Marlow überlegte fieberhaft. Alles, hatte Charles Pennington ihr eingeschärft, dürfe zur Sprache kommen, nur nicht dieser Clan und Polizeichef Stern. „Was meinen Sie denn mit den Füßen?“ June lachte etwas geziert auf, als habe sie einen Witz gehört.

„Ja, ich weiß“, April stimmte leichtherzig mit ein. „Es klingt nach einem Club für Fußgängerampeln. Aber ich habe in den vergangenen Tagen mit vielen Japano-Amerikanern gesprochen. Sie erklärten alle, daß diese neue Verbrechenswelle gar nicht so neu ist. Vor Jahren operierte nämlich eine geheime Bande von Ninja-Dieben auf dieselbe Weise in Japan.“

„Wenn Sie recht hätten“, wandte June ein, um Zweifel an Aprils Aussage zu wecken, „müßte man bei uns doch längst darüber informiert sein.“

„Ja“, pflichtete April ihr bereitwillig bei. „Aber ich bezweifle stark, daß Polizeichef Stern diese durchaus mögliche Verbindung ernst zu nehmen gedenkt.“ Sie zog die Mundwinkel hoch.

„Und was“, fragte June leicht ironisch, „bringt Sie zu der Auffassung, daß wir hier eine Neuauflage dieser alten Geschichte erleben?“

„Nun“, sagte April und kostete ihren Triumph voll aus, „die Männer, die mich überfallen haben, trugen schwarze Dogis.“

„Dogis?“

June zog verständnislos die Augenbrauen hoch.

„Richtig“, gab April zurück. „Es ist ein japanisches Wort, es bezeichnet genau die Art Anzug, die meine Angreifer gestern trugen.“

„Ich verstehe.“ June war völlig aus dem Konzept gebracht durch diese Nachricht. Sie mußte jetzt reagieren, das war sie dem Publikum schuldig. Aber Charles Pennington, was würde er dazu sagen?

„Ja, also“, sagte sie und feuchtete ihre Lippen mit der Zunge an, „vielleicht hat einer unserer Zuschauer weitere Informationen zu diesem Thema, die die Ermittlungen vorantreiben könnten. Dann möchte er sich bitte mit dem nächsten Polizeirevier oder April O’Neil in Verbindung setzen.“

April lächelte. „Oder mit meiner Kollegin June Marlow, die heute dieses Interview führte."

„O nein!" stöhnte Charles Pennington, der sich die Sendung zusammen mit Polizeichef Stern in dessen Büro ansah. „Nicht noch eine Verrückte!"

Zum Glück konnte June nichts davon hören. „Zum Abschluß sollten Sie uns aber doch noch erzählen", meinte sie gerade, „wie Sie den Angreifern entkommen konnten."

„Unglaublich, aber wahr", sagte April, „ein paar New Yorker Bürger haben mir geholfen."

June, die heilfroh war, dem Interview eine unverfängliche Wende zu geben, lachte auf. „Na, wer da noch behauptet, daß die Bürger unserer Stadt Egoisten sind!"

„Aber ernsthaft, June", April beugte sich vor und blickte den Zuschauern per Kamera direkt in die Augen, „ich würde jetzt gerne diese Möglichkeit nutzen, um vor allem einem dieser Helfer ganz besonders zu danken. Und falls er jetzt zusieht - danke, Raphael." Sie strahlte in die Kamera.

In Aprils Wohnung brach bei diesen Worten ein Heidenlärm los. „Der schwarze Ritter!" sagte Leonardo mit Grabesstimme und wies auf Raphael, der vor Verlegenheit nicht wußte, wohin mit Händen und Füßen.

„Hey, seht mal", kreischte Donatello und hielt sich die Seiten, „ich wette, er wird rot."

„Quatsch, werde ich gar nicht", protestierte Raphael und spürte, wie Stirn und Ohren heiß wurden.

„Jungs, was wird aus Grün und Rot? Rüt oder Grot?" Donatello konnte es einfach nicht lassen. Jedenfalls nicht, bis einer von Raphaels Dolchen zitternd in den Dielenritzen zwischen seinen Füßen steckenblieb.

„Hört schon auf!" mahnte Leonardo und stand unruhig aus dem Sessel auf. „Was machen wir jetzt?" Er tigerte nervös hin und her.

„Was soll das heißen, was machen wir jetzt?" Raphael schob seinen Dolch zurück in die Scheide.

„Hast du vergessen? Splinter ist irgendwo da draußen", gab Leonardo zurück.

„Wer ist für Kämpfen?" Michelangelo sah sich wild um.

„Ich!" schrie Donatello und sprang auf.

„Wer ist für Küche?" schoß Michelangelo seine nächste Frage ab.

„Ich!" Und wieder sprang Donatello auf.

„Genau", sagte Michelangelo düster. „Alle reden, und keiner weiß Bescheid." Unlustig ging er in die Küche und begann den Kühlschrank zu durchstöbern.

Für Raphael war das Thema damit aber nicht beendet. „Also, was unternehmen wir?" fragte er.

Donatello und Michelangelo steckten in der Küche die Köpfe zusammen. Nur Leonardo gab Antwort. „Was können wir schon tun?" Er zuckte mit den Schultern. „April ist unsere einzige Verbindung zu diesen Typen. Wir müssen abwarten, bis sie etwas rauskriegt."

Raphael sprang unbeherrscht auf. „Oh, toll, toll, das ist der Plan unseres großen, weisen Führers, ja?" fauchte er. „Einfach nur Brandblasen an den Hintern sitzen, was?" Er ballte die Fäuste.

„Ich habe nie gesagt, daß ich der große, weise Führer bin", brauste Leonardo auf.

„Das vielleicht nicht, aber dafür benimmst du dich dauernd wie einer", erwiderte Raphael zornig.

„Ach ja, und du", zischte Leonardo zurück, „du benimmst dich manchmal wie ein, ein Nervenätzer, weißt du das?"

Raphael blieb mitten in seiner Wanderung durchs Zimmer stehen.

„Und außerdem hilft uns dein blödes Rumgesülze keinen Schritt weiter!" trumpfte Leonardo noch einmal auf. „Im Gegenteil."

„Na denn, na gut, dann kann ich ja mein blödes Rumgesülze nehmen und abhauen." Raphaels Stimme schwankte bedenklich, aber Leonardo war jetzt viel zu wütend und zu verzweifelt, um richtig hinzuhören. „Tu's doch endlich!" schrie er seinen Bruder an.

„Werd' ich auch!" Raphael zögerte immer noch.

„Toll!" höhnte Leonardo.

„Na, riesig!" Raphael trat zur Tür.

Mit einem Ruck riß Leonardo sie vor ihm auf. „Verzieh dich!" sagte er gefährlich leise. „Einen wie dich brauchen wir nicht."

Michelangelo zuckte wie unter einem Schlag zusammen, als die Tür hinter Raphael zuknallte. „Ein Stückchen Speckschwarte?" fragte er und hielt Donatello das einzige unter die Nase, was Aprils Kühlschrank zu bieten hatte.

„Was ist das? Speckschwarte?" Donatello, der nach ihm ins Zimmer gekommen war, betrachtete erst Leonardo, der sich kochend vor Wut in einen Sessel geschmissen hatte, und dann das reichlich angetrocknete, schwärzlich-braune Stückchen Schweineglatze, mit dem er normalerweise nicht einmal mehr seine Skateboardräder gefettet hätte.

Von draußen klang ein leises Kratzen und Scharren an sein Ohr, als steige eine Katze übers Dach. Verdammt einsam da oben, Raphie, dachte er und schob sich die Schwarte in den Mund. Solange er kaute, würde er wenigstens nicht losheulen.

Auch Leonardo schien Ablenkung nötig zu haben, denn er pflanzte sich aufs Sofa und schaltete wieder das Fernsehgerät ein. Als April nach Hause kam, fand sie die Turtles friedlich vor Mickymaus vereint.

„Du warst echt 'ne Wucht, Mädchen!" rief Michelangelo und nahm ihr den Mantel ab.

„Danke, Mikey", lächelte April und blies ihm eine Kußhand zu. Das warf ihn um.

„Hast du das gehört, Don, und gesehen?" rief Michelangelo völlig aus dem Häuschen. „Sie hat mich ‚Mikey' genannt und die Luft geküßt, die ich atme."

Aber Leonardo war nicht zum Scherzen aufgelegt. „Gibt's

was Neues?“ fragte er und sah April gespannt an, die sich das Haar bürstete.

„Noch nicht.“ Sie ließ sich bedrückt auf einen Küchenstuhl sinken. „Die Sendung soll im späten Nachmittagsprogramm wiederholt werden, vielleicht trudeln danach ja ein paar Informationen ein.“ Sie sah müde aus.

„Warten, immer nur warten!“ knurrte Leonardo gereizt und nervös.

„Verlier jetzt nur nicht die Nerven.“ April schüttelte ihn derb an den Schultern. „Wir haben sofort, verstehst du, sofort Nachricht, sobald der geringste Hinweis eingeht!“

Leonardo blickte unglücklich auf. „Danke, April. Wir sind dir wirklich dankbar, für alles.“

„Verrate mir lieber, wo Raphael ist“, wehrte April ab und schaute sich suchend in der Küche um.

„Weg“, sagte Leonardo einsilbig. Er wollte nicht über den Streit reden.

„Schade“, meinte April bedauernd. „Ich hätte euch gern meinen Trödel im Laden unten gezeigt. Muß der Kerl denn ausgerechnet jetzt unterwegs sein?“ Seufzend setzte sie Wasser auf.

„Glaub’ schon“, grinste Donatello. „Er mußte unbedingt ein bißchen Dampf ablassen, weißt Du? Der taucht schon wieder auf.“ Er inspizierte neugierig den Teebeutel, den April hervorgekramt hatte.

„Hoffentlich“, sagte April, und man sah ihr an, daß sie sich um Raphael Sorgen machte.

Casey Jones hatte es sich in seinem vom Sperrmüll aufgelesenen Lieblingssessel bequem gemacht und träumte mit offenen Augen vor sich hin. Von hier oben sieht die Welt ganz anders aus, dachte er und stellte sich vor, wie noch vor fünfzig Jahren die Frauen auf diesem und den umliegenden Dächern Leinen gespannt und Wäsche getrocknet hatten. Heute besaß fast jeder Haushalt seinen Wäschetrockner, und fiel überraschend der Strom aus, gab's nicht einmal mehr den guten alten Kohleherd in der Küche, über dem früher die Socken und wollenen Unterhosen hingen und dampften. Kein Straßenlärm drang bis zu ihm aufs Dach hinauf, und selbst der wilde Hard-Rock von irgendwo weiter unten hörte sich hier oben noch erträglich an.

Mit einem Seufzer lehnte Casey Jones sich zurück, als eine Bewegung auf einem der umliegenden Dächer seine Aufmerksamkeit erregte. Kaum mehr als ein Schatten, war irgend etwas faszinierend an der Gestalt, die da von Dachfirst zu Dachfirst sprang. Neugierig beugte Casey Jones sich vor und nahm sein Fernglas zu Hilfe. Über die grüne Schildkrötenkostümierung des Fassadenkletterers wunderte er sich nicht im geringsten, schließlich verkleidete er sich auch, wenn er den Hüter des Gesetzes spielte. Plötzlich pfiff er überrascht durch die Zähne. Mehrere Gestalten in schwarzen Anzügen und Masken schoben sich dort drüben hinter dem Schildkröten-Mann über das Dach. Er hatte sie noch nicht bemerken können, weil er sich gerade weit über den äußersten Dachrand hinauslehnte und versuchte, vorbeisausenden Autos auf die Kühlerhaube zu spucken.

„Der Typ muß den siebten Sinn haben", rief Casey Jones, als der Schildkröten-Mann sich dennoch rechtzeitig vor einer Serie Stockschläge zur Seite warf. „Trotzdem sollten wir wohl das Kräfteverhältnis ein bißchen verteilen, was?" Er sprang auf.

Raphael wußte selbst nicht genau, was ihn vor der Gefahr in seinem Nacken gewarnt hatte. Ein Instinkt hatte ihm geraten, sich abzurollen, und Splinter hatte viel Zeit darauf verwendet, seine Schüler dem Instinkt gehorchen zu lehren. „Der U-Bahn-Surf-Rock neulich war euch wohl zu heiß, was?" rief er und wich leichtfüßig einem Tritt aus, ehe er den Angreifer über die Dachtraufe nach Hause schickte. „Habt ihr etwa Kapitel 17 noch nicht intus aus ‚Wie spalte ich des Feindes Schädel'?"

Mit einem wilden Kampfschrei stürmten gleich drei Mann auf ihn los. Zwei von ihnen stieß Raphael kurz mit den Köpfen zusammen, den dritten setzte er mit einem Kinnhaken schachmatt.

„Ach Mann, Jungs, kommt schon!“ maulte er scheinbar vorwurfsvoll. „Wie wollt ihr mich denn mit dem laschen Gehopse aus der Jacke hauen?“

Aus dem Augenwinkel erfaßte er eine Bewegung von der Seite. Blitzschnell abdrehend wich er aus, nicht ohne dem Schwarzen noch ein wenig mehr Schwung von hinten mit auf den Weg zu geben. Ein paar Mörtelbrocken rieselten herunter, als dieser Kopf voran den Kamin rammte.

„Daß ihr auch immer mit dem Kopf durch die Wand müßt“, spöttelte Raphael und fuhr wie ein Gewitter auf den Rest der Schar los, der vorsichtig geworden in einer anderen Ecke lauerte. Fast gleichzeitig wimmelte es da, wo Raphael Sekunden vorher noch gestanden hatte, wie Ameisen hervor, schwarz vermummt, ein Kopf neben dem anderen.

„Nicht schlecht, Herr Specht!“ knurrte Raphael, doch seine Miene paßte nicht mehr zur Sorglosigkeit der Stimme. Beide Dolche gezückt, nahm er Kampfhaltung ein. Die Zeit der Sprüche war vorüber, jetzt ging es auf Leben und Tod.

Hätten Leonardo und die anderen geahnt, in welcher Klemme Raphael festsaß, wäre ihnen das Lachen sofort vergangen. Doch einzig April kam kurz auf den Gedanken, den eigensinnigen Turtle suchen zu wollen. „Vielleicht hätte er ja auch Lust, die alten Sachen anzugucken“, meinte sie und blieb auf der Treppe zu ihrem Trödelladen stehen.

Aber Leonardo schüttelte den Kopf. „Laß ihn sich lieber ein bißchen abreagieren. Er braucht das“, beruhigte er April.

Auch Donatello wollte nichts vom Suchen wissen. „Ich bin sicher“, sagte er ganz ernsthaft, „er kommt schon eine Stunde ohne frische Windeln zurecht.“

April lachte auf. „Also rein in die gute Stube. Der Laden ist nur halbtags offen. Und auch das bloß wegen Dad.“

Donatello horchte auf. „Wegen Dad, wieso?“ wollte er wissen.

„Er hat das alte Zeug so geliebt“, versuchte April zu erklären. „Und irgendwie bilde ich mir ein, er ist mir näher, wenn ich das hier weitermache.“ Sie wandte verlegen den Kopf ab. „Fangt jetzt bloß nicht damit an, wie blöde es ist, Geld bei einem Geschäft zu verlieren, nur weil man seinen Vater vermißt.“ Sie zog die Schultern hoch.

„Nein“, sagte Donatello, „weil es nämlich gar nicht blöd ist.“

Er hatte sofort an Splinter gedacht. Einen Augenblick sah er so verzweifelt aus, daß April ihn am liebsten in die Arme genommen hätte. Doch Leonardo, der das Umschlagen der Stimmung mit sicherem Gespür erfaßt hatte, kam ihr übertrieben fröhlich zuvor. „Schluß mit den Vorschußlorbeeren! Laßt uns endlich anfangen“, trompetete er und rieb sich gespannt die Hände.

„Augen zu!“ April hob den Finger, und die Turtles gehorchten. Ein Schlüsselbund klirrte, das Knacken eines Lichtschalters. „Augen auf!“

Die Turtles standen nur und staunten. Von alten Kleidungsstücken bis hin zum ausgestopften Eisbären hatte Aprils Vater einfach alles zusammengetragen, was das Leben vergangener Zeiten lebens- und liebenswert gemacht hatte.

„O Mann, hier gibt’s wohl nichts, was es nicht gibt“, brachte Donatello schließlich heraus.

„So ungefähr“, lächelte April und kraulte den Eisbären unter dem Kinn, wie sie es schon als Kind getan hatte.

Michelangelo hatte ein riesiges Paar Zimbeln entdeckt und winkte Leonardo verschwörerisch zu. Vorsichtig, damit die Riesenmessingteller nur ja nicht vorzeitig schwirrten, schlich er hinter die beiden Plaudernden, und - Tsching - Bing! - schon schepperte Metall auf Metall, daß Donatello fast das Trommelfell platzte.

Sie kugelten sich noch vor Lachen, als plötzlich ein Pärchen vor der Ladentür erschien, sich die Nasen an der Scheibe platt drückte und eintrat. Zum Verstecken war es viel zu spät, doch die Turtles - ja, wo waren sie denn?

Mit einem freundlichen Lächeln trat April von dem grünen Tisch weg, der aus dem riesigen Panzer einer Schildkröte gemalt war. „Kann ich Ihnen helfen?“ fragte sie.

„Ja, vielleicht.“ Die junge Frau sah sich suchend um. „Wir möchten nämlich eine Stehlampe, wissen Sie.“

„Tja, wie wäre es denn mit dieser?“ schlug April vor und deutete auf ein absonderliches Exemplar mit grünem Fuß und rosa Schirm.

„Oh!“ Der frischgebackene Ehemann der jungen Frau schluckte hörbar. „Äh, was meinst du, Liebes?“ Sie schien ihn zu erschrecken, die Lampe.

„Ja also, weißt du, eigentlich, ich meine“, stotterte seine Frau und wagte die, wie April versicherte, weltweit einzigartige Kostbarkeit kaum anzusehen, „ich finde, nein, wirklich, wenn Sie nichts anderes anzubieten haben, ist dies die verrückteste Stehlampe, die man sich je ausdenken konnte.“ Sprach's und verließ mitsamt Ehemann den Laden gerade noch rechtzeitig, um April vor einem Erstickungsanfall zu bewahren. Lachend die Arme um Leonardos und Donatellos Schultern gelegt, rang sie nach Luft, bis Michelangelo endlich den Lampenschirm vom Kopf nahm.

„Ja also, wißt ihr, eigentlich, ich meine“, ahmte er die Sprechweise der jungen Frau nach, „was meinte sie denn mit ihrer Meinung, als sie meinte ...“

April fing schon wieder an zu lachen. „Das hältst du ja im Kopf nicht aus, Mikey, aufhören, Gnade, bitte! Laßt uns bloß verduften, ehe noch einer hier reinschneit und womöglich heiß auf Turtle-Kitsch ist“, quietschte sie.

„Kitsch?“ Michelangelo ließ den Lampenschirm wie ein Ufo kreisen. „Du meinst, sie meinte, daß sie von mir meinte, was sie meinte?“ Alle kicherten wild durcheinander.

„Ist er nicht genialinistisch, unser Kleiner?“ meinte Donatello und knipste das Licht aus. „Folgt mir“, sagte er wie James Bond, „aber bitte unauffällig und geruchlos.“

Die Uhr schlug sechs, als sie in Aprils Wohnung zurückkehrten. Beunruhigt hielt April Leonardo am Arm zurück. „Ist Raphie jetzt nicht schon ’ne ganze Weile weg?“ bohrte sie nach.

„Ach, nimm’s leicht“, winkte Donatello ab, und Leonardo ergänzte: „Das ist nun mal seine Spezialtour, die Schmoll-Kröte.“

„Bist du sicher?“ April war einfach nicht überzeugt. Sie hatte Raphael so ganz anders kennengelernt. In ihren Augen war er ihr Held, ihr Retter, und kein kindischer Dickkopf.

Donatello sah ihr die Zweifel an. „Mach dir mal keine Sorgen“, versuchte er sie energisch zu beruhigen. „Er wird bestimmt jede Minute zurückkommen, noch ein Weilchen Gift und Galle spucken und im übrigen ganz derselbe sein wie ...“

Noch ehe er den Satz zu Ende bringen konnte, kam etwas Großes, Grünes mit Getöse von oben herunter und landete reglos in einem Scherbenregen mitten im Zimmer.

„Raph!“ schrie Leonardo. Mit einem Schritt war er bei seinem Bruder und preßte lauschend das Ohr auf dessen Brust.

„Ist er ...?“ April wagte nicht, es auszusprechen.

„Nein, er lebt.“ Leonardo war bleich unter der grünen Haut.

„Jedenfalls halbwegs. Mike, Don, laßt kaltes Wasser in die Badewanne, schnell!“

Froh, etwas tun zu dürfen, sprangen beide auf. Aber sie kamen nicht weit, denn es krachte und splitterte noch einmal, als stürzte das ganze Haus ein. Kein Fenster in Aprils Apartment blieb heil in der grandiosen Premierenvorstellung des Foot-Clans, der da durchs Dach geflogen kam.

„Hey, Moment mal!“ schrie Michelangelo und spürte die

Rückenschilde von Leonardo und Donatello beruhigend gegen den seinen drücken. „Euch gibt's wohl im Dutzend billiger, was?“ Er ballte die Fäuste.

„Quatsch“, antwortete Leonardo grimmig. „Die Ladenhüter hier wirst du doch nicht mal mehr auf dem Schrottmüll los.“

„O - o - sugar - baby“, intonierte Michelangelo und riskierte kurz einen Blick auf April, die sich schützend über Raphael geworfen hatte. „Und da hab' ich immer geglaubt, bloß Staubsaugervertreter sind aufdringlich.“

Die drei Turtles umringten ihren übel zugerichteten Bruder, bereit, eher zu sterben, als sich geschlagen zu geben.

„Jetzt paßt auf, ihr buckligen Monster!“ Mit der aufgereckten Faust gab der Anführer der Foot-Truppe das Zeichen zum Angriff. „Jetzt machen wir Schildkrötensuppe aus euch!“

„Quak! Quak!“ machte Michelangelo nur und hob seinen Schlagstock wie zum Gruß, ehe er ihn mit der Geschwindigkeit eines rotierenden Windmühlenflügels rundumsausen ließ. „Sieht eher danach aus, daß wir eure Froschschenkel kriegen.“ Er grinste.

„Dich schäl' ich wie 'ne Auster, du komische Witzfigur!“ fauchte der Anführer zurück. Sein Ausfallschritt und Angriff waren gut eingeübt, und weniger gute Kämpfer als die Turtles hätte er damit vermutlich hart bedrängt. Aber nicht Michelangelo. Dem Anführer wurde schon bald mulmig. Die Abwehrschläge zischten von rechts und links, von oben und unten, immer aber aus genau der unerwarteten Richtung. Ein letzter traf den Foot genau auf der Stirn und schickte ihn ins Land der Träume. „Schlaf gut, alter Schlickbohrer“, sagte Michelangelo lässig und stützte sich kurz auf seinen Stock. „Deine Froschschenkel waren mir sowieso zu mickrig.“

Rechts von ihm blies Donatello sich ein paar Schweißperlen von der Nasenspitze. „Nur nicht drängeln, Leute!“

schnaufte er und bediente vier der Angreifer auf einmal. „Wer war doch noch der Erfinder des gebrochenen Nasenbeins?“

„Au, verdammt!“ Einer der vier ging in die Knie.

„Falsch geraten, Betschwester. Noch nie von Schwarzenegger gehört?“ Doch das Lachen erstarb in Donatellos Kehle, als er Michelangelo in einem schwarzen Knäuel aus Armen und Beinen untergehen sah.

„Und jetzt die Frühlingsrolle, Mikey!“ schrie er. Dann gab er seinem auf dem Rückenpanzer schlitternden Bruder einen solchen Stoß, so daß ihn dieser in einer gewaltigen Spirale rundumsausen ließ. Schwungvoll krachten die Angreifer in die Reihen ihrer eigenen Leute.

„Bloß gut, daß die Kameraden keine Holzfäller sind!“ keuchte Michelangelo und raffte sich wieder auf.

„Sag’ ich doch.“ Donatello reichte ihm eine Hand und zerrte ihn nach oben. „Das einzige, was vor denen im Wald sicher ist, sind die Bäume.“ Und er verpaßte einem Foot einen Tritt ins Hinterteil, daß der an der gegenüberliegenden Wand landete.

„Hey, Don!“ Leonardos Schwertstreiche fielen dicht wie Hagelkörner. „Eine von diesen Wanzen muß wissen, wo sie Splinter gefangenhalten“, brüllte er durch den Kampflärm. „Also haut sie nicht alle aus der Pelle!“

„Schätze, das wird ’n Problemchen, Lennie!“ schrie Michelangelo zurück. „Die Biester sind einfach zu zäh, haben wohl ’ne Lehre als Stehaufmännchen gemacht.“ Tatsächlich rappelte sich schon wieder einer auf, der bis dahin wie tot am Boden gelegen hatte, und rieb zögernd die Beule unter seiner Maske. Und trat dann schnell den Rückzug Richtung Tür an.

„Auf jeden Fall einer weniger“, grinste Donatello und warf sich mitsamt zweier Schwitzkastenspezialisten, die seinen Panzer umklammerten, an die Wand. „Leichte Schläge auf den Hinterkopf erhöhen eben doch das Denkvermögen.

Einer ist jedenfalls schon schlauer geworden und verduftet." Er schmetterte die zwei Klammeraffen an die Wand.

„Falsch geraten, der holt Nachschub", widersprach April, die bei ihrem Teppich-Trick ganz schön ins Schwitzen gekommen war, und packte schon wieder in die Fransen, um ein paar Foot-Soldaten mit einem Ruck den Boden unter den Füßen wegzureißen. „Wir müssen hier raus!"

„Treffend ist dein Wort und verletzend, Schwester", verkündete Leonardo und zeigte zur Tür, in der sich die neu anrollende Angreiferwelle drängelnd und schiebend verkeilt hatte. „Kannst du mir vielleicht verraten, wie?" Sie starrte entsetzt hinüber.

Schulter an Schulter drängten die neuen Gegner ein, die mit Kurzlanzen und Streitäxten durch Fenster- und Türöffnungen gebrochen waren.

„Die nächste Party feiern wir besser bei euch", frotzelte Michelangelo und fing den ersten Hieb mit seinen Nunchakus ab. „Bei uns sind die Schinkenbrötchen nämlich alle."

Wortlos rückten die anderen vor. Den Turtles-Brüdern verging schon der letzte Rest an Galgenhumor, als plötzlich der Holzfußboden unter ihren Füßen schwankte und die von Axthieben aufgesplitterte Fläche mitsamt Turtles und Foot-Angreifern ein Stockwerk tiefer krachte.

Den Turtles mit ihren harten Rückenpanzern machte die Bruchlandung inmitten des Splitterregens ja wenig aus. Auch April, die neben Raphaels regloser Gestalt auf einem dicken Teppich gekniet hatte, war unverletzt. Die Foots jedoch hatte es übler erwischt, die meisten von ihnen lagen stöhnend zwischen Deckenbalken und Schutt und hatten zuviel mit sich selbst zu tun, um an Kampf zu denken.

„Na, die wären von der Platte geputzt!" stieß Donatello erleichtert hervor und verbarg seinen Schreck unter einer Grimasse. War alles vorbei?

„Wer zuletzt lacht, lacht am besten." Leonardo zeigte mit dem Schlagstock zur Tür. „Guck mal, wer da ist!"

Die Arme über der Brust gekreuzt und ein häßliches Grinsen im Gesicht, maß ein bulliger Japaner im schwarzen Drachen-Dogi die Szene mit Feldherrenblick.

Wütend stieß er einen Befehl aus, irgendein Wort nur, und streckte die Faust in die Höhe, da schien der ganze Raum mit einem Mal zu explodieren, und den Turtles verging das Lachen.

„Wenn wenigstens Raph okay wäre!" keuchte Michelangelo irgendwann mit pfeifenden Lungen und spürte entsetzt, daß seine Kräfte nachließen.

Wie eine Antwort auf seinen Stoßseufzer, tauchte plötzlich draußen vor den Fenstern eine Gestalt aus der Dunkelheit auf und blieb im Schein einer Straßenlaterne stehen. Ein Schatten fiel auf das Tohuwabohu in Aprils Trödelladen.

Instinktiv wandten sich einige der Maskierten zur Flucht und brachten damit das ganze Kampfgeschehen zum Stokken. Neugierig-erschrockene Augen starrten den Neuankömmling an.

Ein großer, drahtig wirkender Mann mit Hockeymaske und Golftasche starrte furchtlos zurück. „Könnt ihr Sackgesichter mir wohl verraten, was ihr mit meinem kleinen grünen Kumpel angestellt habt?" lautete dann sein erster Satz.

„Wer, zum Geier, ist denn das?" flüsterte Leonardo ungläubig. „Hört sich ja an, als stünde er auf unserer Seite." Es schien zu schön, um wahr zu sein.

„Wenn ihr schwanzlosen Affen den Grünen erledigt habt, könnt ihr Casey Jones gratis kennenlernen!" kam es von draußen herein.

Der Japaner im Drachen-Dogi verzog das Gesicht. „Angreifen!" Sein grimmiger Baß riß alle Foot-Soldaten aus ihrer Erstarrung, und mit doppelter Kraft drang der Hauptstoßtrupp auf die Turtles ein, während ein Teil ausschwärmte, um dem unverschämten Angeber eine Lektion zu erteilen.

Casey Jones bereitete ihnen einen begeisterten Empfang.

Sein großer Schlagstock räumte mit den Angreifern auf, als ob er Gras mähte. Bald schon stapelten sie sich säuberlich zu beiden Seiten der Bresche, die er in ihre Reihen schlug, während er dabei einen Popsong nach dem anderen schön falsch vor sich hin schmetterte. Das gab den Turtles neuen Auftrieb. April war es inzwischen sogar gelungen, ihren immer noch bewußtlosen Schützling aus der Gefahrenzone weg unter den Vorsprung einer Wendeltreppe zu zerren. Uff – das war geschafft! Als sie sich aufrichtete, sah sie einen Foot seine Streitaxt aus dem Hinterhalt werfen. Michelangelo kämpfte genau in der Ziellinie.

April schrie auf wie noch nie im Leben, und der Turtle reagierte sofort. Keinen Herzschlag zu früh tauchte er in einer Ninja-Rolle unter der Schneide weg, die sich millimeterbreit über ihm in die Wand grub. Jäh sprang ein Funkenregen auf, erfaßte den alten Eisbären und verwandelte ihn fast augenblicklich in eine Feuergarbe. Es blieb kaum Zeit zu begreifen, was geschehen war, so schnell fanden die Flammen im Durchzug der zerborstenen Fenster Nahrung in all den staubtrockenen Schätzen des vollgepfropften Trödelladens.

Vor ihnen die Meute Foot-Soldaten, hinter ihnen der sich rasch ausweitende Brand, das war mehr, als die Turtles bewältigen konnten, trotz Casey Jones.

Entschlossen sah Leonardo sich um. „Wir müssen weg, sofort!“ befahl er keuchend. Natürlich wußte er ebensogut wie April und die anderen, daß Haustür und Fenster besetzt waren. Trotzdem packte er seine Schwerter fester und lächelte April zu, als spräche er vom Wetter. „Mach's gut, Schwester. Sag den anderen Bescheid, ich hau' euch jetzt raus“, erklärte er und marschierte los. Er war schon halb hinter dem Flammenwirbel verschwunden, als April aus ihrer Erstarrung erwachte und den Turtle am Rückenpanzer zurückzerrte.

„Nein! Nein, nicht so, Lennie!“ rief sie. „Hier! Paß auf!“

Das Knöpfchen an der Wand unter dem Treppenvorsprung sah aus wie ein Lichtschalter, doch als April draufdrückte, schwang ein mit Büchern gefülltes Regal zur Seite und gab eine dahinter liegende Tür frei.

„Mein Großvater hielt's mit Schnapsschmugglern", sagte April und zog Raphael schon mit sich. „Von hier aus geht's direkt auf die Straße." Sie stand schon in dem Gang.

Leonardo sah sie an, als habe sie gerade verkündet, Ostern und Weihnachten sei auf einen Tag gefallen.

„Dein Großvater verdient 'nen Orden", rief er und stürmte zu seinen Brüdern vor, die Seite an Seite mit Casey Jones unter den Foot-Leuten Strafgericht hielten. „Aufhören!" befahl er.

„Kommt mit!" Eine bestimmte Geste war Nachricht genug. Einer nach dem anderen traten sie den Rückzug an, immer schön in Deckung, bis alle außer Leonardo in der niedrigen Tür verschwunden waren.

„Kommst du?" schrie der Casey Jones zu, der die nachdrängende schwarze Meute noch mit Leichtigkeit in Schach hielt.

„Verzieht euch!" rief Casey zurück und schwang seinen Baseballschläger im Kreis. „Ich kümmere mich solange um die Pappkameraden hier." Er schlug einen Vorwitzigen k.o.

„Prima Idee!" Leonardo ging auf Tauchstation, als das verrückteste Geräusch an Caseys Ohren drang, das er sich in diesem Höllenlärm aus Feuerprasseln und Kampfgeschrei nur vorstellen konnte: Das Telefon klingelte.

Wirklich entsetzt aber zuckte er zusammen, als eine Frauenstimme von irgendwo her sagte: „Hallo, hier ist April. Hinterlassen Sie mir bitte eine Nachricht nach dem Piepton."

Irritiert riskierte er einen Blick nach oben und gab damit einem Foot die Chance, ihm den ersten wirklich üblen Schlag zu versetzen. Während der Schmerz seine rechte Schulter durchzuckte und er den Baseballschläger zum

Gegenschlag in die linke Hand wechselte, sah er Aprils Anrufbeantworter durch das Loch im Fußboden ihrer Wohnung baumeln.

„Hier ist Charles“, schnarrte es aus dem Apparat. „Es tut mir leid, April. Es tut mir wirklich leid, auch wenn du es wahrscheinlich nicht glaubst. Es kommt ja auch etwas unvorbereitet, ich weiß. Aber du bist gefeuert, April.“

Casey Jones verdrängte die schmerzende Schulter und landete einen Doppeltreffer, der ein paar Foot, die in verfrühtes Siegesgeschrei ausgebrochen waren, die Luft aus den Lungen pumpte. „Macht Platz da unten, Kumpels, Casey, der Bomber, kommt!“ schrie er und sprang mit beiden Beinen gleichzeitig durch die Tür. Ein Knopfdruck, und das Bücherregal schlug lautlos wieder zu.

„Nichts wie weg!“ lachte Leonardo und zog den so unverhofft gewonnenen Bundesgenossen mit sich auf die Straße hinaus. Polizeisirenen und das Geheul der Feuerwehr begannen jetzt einander zu übertönen, während sie im Spurt Aprils alte Klapperkiste erreichten und der lange Baseballspieler wie selbstverständlich hinter das Steuer schlüpfte.

„Wohin?“ fragte er und winkte mit der Hand nach dem Autoschlüssel. Leonardo machte nur eine unbestimmte Geste, und Casey nickte. „Eine Fahrt ins Blaue also. Bitte sehr, bitte gern.“

Er trat das Gaspedal durch. Hustend und spuckend setzte das Auto sich in Bewegung. Im Rückspiegel sah Casey Jones das Mädchen an, das neben Raphael im Heck kauerte und ihr Gesicht an die Scheibe preßte. Das also war April O’Neil. Hinter ihr ging gerade alles in Flammen auf, was ihr Leben ausgemacht hatte, und den letzten Tiefschlag würde er ihr versetzen müssen, wenn er die Telefonbotschaft ausrichtete. Das hast du ihr nicht umsonst angetan, Charles, dachte er und fing Aprils Blick ein, als sie ihm ihr Gesicht zuwandte. Sie weinte stumm vor sich hin.

Danny Pennington rannte wie um sein Leben. Die schwarze Foot-Maske hatte er erhitzt irgendwo im Straßengewirr vom Kopf gerissen, und obwohl der Feuerschein von Aprils Haus längst hinter ihm versunken war, schien immer noch diese rote Lohe vor seinen Augen zu wabern, und er glaubte den Brandgeruch noch zu riechen.

Wie ein Film ohne Anfang und ohne Ende spulten sich Szenenfetzen der letzten Stunden in einem wirren Durcheinander in seinem Kopf ab: Er selbst mit vor Wichtigkeit zitternder Stimme: „Ich weiß, wo Sie die Turtles finden, Meister!“ – Die Hand des Shredders auf seinem Kopf und das Versprechen: „Wenn du recht hast, bis du würdig, den Drachen-Dogi des Clans zu tragen.“ – Hände, die Masken verteilten; Köpfe, die aussahen wie schwarze Mondmenschen, mehr und immer mehr, bis die Hallen des Clan-Hauses zum Platzen voll waren; Trupp auf Trupp, der Waffen empfing; Kommandos in Japanisch, die Danny kaum begriff und mitmachte, wie er's bei anderen sah; der Abmarsch, immer im Laufschritt, jede Deckung, jeden Schatten nutzend. Dann Aprils Haus, dessen Anblick mit der Erkenntnis von etwas unaussprechlich Furchtbarem durch Dannys Seele zuckte – und dann die Hölle.

Wie im Rausch hatte Danny gekämpft. Gedankenlos, mitgerissen vom Taumel der Bewegungen und Geräusche rund um ihn her, die Sinne blockiert, jeder einzelne seiner Nerven wie unter Strom.

Tatsus Stimme, die Befehle brüllte, schien in Dannys Gehirn zu sitzen. Seine Arme gehorchten wie die eines Roboters, und wenn ihre Kraft erlahmte, stieß ein neuer Befehl Energie nach.

Als das Feuer ausbrach, war es Danny nur folgerichtig erschienen. Eine Hölle ohne Fegefeuer gab es schließlich nicht.

Und dies mußte sie sein, die Hölle, mit ihm selbst als einem der Teufel darin.

Erst Aprils Stimme, die von irgendwo zu ihm drang, durchbrach Dannys innere Blockade und ließ ihn mitten im Schlag auf eines dieser grünen Monster innehalten. Mit einer Mischung aus blankem Entsetzen und Verwirrung nahm er die Verwüstung wahr, die seine Leute und er selbst angerichtet hatten.

„Hallo, hier ist April!"

In genau diesem Moment hatte Danny zu rennen begonnen und erst sehr viel später begriffen, daß die Horrorvisionen, vor denen er floh, in seinem Kopf festsaßen und man sie nicht irgendwo im Dunkeln zurücklassen konnte, jetzt nicht und vielleicht nie mehr.

Wie von selbst hatten seine Füße den Heimweg eingeschlagen, doch als Danny am Gartentor seines Elternhauses stand, wagte er nicht, die Klinke niederzudrücken und einzutreten. Was sollte er sagen? Dad, ich hab' April O'Neils Wohnung kurz und klein geschlagen und versucht, ihre Freunde umzubringen? Und dann? Wie würde sich der ehrenwerte Charles Pennington mit der blütenweißen Weste wohl dazu äußern?

Den mißratenen Sprößling in eine Besserungsanstalt stecken? Vielleicht nicht. Mit Sicherheit aber würde er fragen: „Warum hast du es getan?"

Gute Frage, dachte Danny und zog die Schultern fröstelnd hoch. Das Haus schien ihm aus dem einzigen erleuchteten Viereck vor dem Arbeitszimmer des Vaters höhnisch nachzustarren, als er fortging.

Er nahm die nächste U-Bahn zu Aprils Wohnviertel. Es graute ihm zwar, sein Vernichtungswerk anzusehen, zugleich aber beherrschte ihn eine unerträgliche Furcht. Was war aus April geworden? Lebte sie? Und ihre Freunde, diese Schildkröten-Menschen, hatten sie sich gerettet, oder waren sie tot und er, Daniel B. Pennington, ein Mörder? Er starrte durch die Fenster der U-Bahn nach draußen. Feuerwehr und Polizeisirenen jaulten immer noch um die Wette, als er ausstieg und die Treppen des Ausganges hochlief. Der Feuerschein färbte den Himmel rot, und die Luft war schwer von Rauch und Asche.

„Hey, Danny!“ Eine Hand im schwarzen Handschuh ergriff aus der Dunkelheit seinen Arm und riß ihn mit sich. „Glotz dir nicht die Augen aus, du Idi! Wenn die Bullen dich heute erwischen, bist du reif!“

Danny hätte fast losgejubelt. Es war Tom. Eine blutige, gut fingerbreite Wunde verzierte seine Stirn, aber es gab trotzdem kein Gesicht auf der Welt, das Danny in diesem Augenblick lieber gesehen hätte.

Links und rechts von ihnen huschten noch andere dunkle Gestalten vorüber, lautlos und schwarz, wie auf geheimes Kommando.

„Was ist los?“ Danny wagte nur zu wispern. „Warum sind so viele von uns auf der Straße?“ Sie drückten sich in einen Hauseingang.

„Rückzug, Befehl von Tatsu“, erklärte Tom. „Die Bullen sind hinter uns her.“ Er zog seine Maske ab.

„Aber die Frau und die Monster?“ Danny hätte sich am liebsten die Ohren vor der Antwort zugehalten und fieberte zugleich danach, sie zu hören.

„Weg“, sagte Tom lakonisch. „Verschluckt, verduftet, wie du willst.“

Danny hätte vor Erleichterung singen mögen, begnügte sich aber mit einem glucksenden Lachen. „Komm“, flüsterte er, „ehe sie uns schnappen.“

Seite an Seite sprinteten sie los. Die Straßen in unmittelbarer Nähe des brennenden Wohnhauses wimmelten nur so von Polizei. Eine Menge Neugierige und viele Anwohner, die wegen des Funkenflugs um ihr eigenes Haus in Sorge waren, standen in Gruppen zusammen und redeten aufgeregt durcheinander. Normalerweise wäre ein solcher Menschenauflauf ein gefundenes Fressen für die Taschendiebe unter den Foot-Leuten gewesen; aber diesmal war ihnen die eigene Haut näher als das fremde Hemd. Es war nicht leicht für Danny und Tom, in einer Situation wie dieser gegen den Strom zu schwimmen und dabei so unauffällig zu bleiben, daß niemand mißtrauisch zu fragen begann, was all die schwarzgekleideten Jugendlichen hier zu suchen hatten.

Ein paar Straßenzüge weiter wurde es endlich allmählich ruhiger, und die beiden blinzelten sich zu. Sie hatten es geschafft. Der Rest der Strecke bis zum Clan-Haus würde ein Kinderspiel sein. Schleichwege kannten sie genug.

Zerschunden, müde und geschlagen, wie sie waren, erreichten sie das scheinbar friedlich in Nachtruhe liegende Lagergebäude zusammen mit ein paar letzten versprengten Foot-Leuten. Lautlos traten sie ein.

Die Spielhalle wirkte erschreckend und fremd ohne den üblichen Lärm. Dennoch war sie nicht leer. Überall saßen oder lagen sie herum, die Verlierer. Die meisten von ihnen waren sogar zu erschöpft, ihre Wunden, Prellungen oder sonstigen Verletzungen zu versorgen. Als Danny vorsichtig, um niemanden zu stören, nach einem freien Plätzchen zu suchen begann, richtete sich plötzlich einer der Foot auf.

„Du bist doch der, der uns den ganzen Mist eingebrockt hat", sagte er laut und deutete mit dem Kopf in Richtung Heiligtum. „Tatsu hat nach dir gefragt."

„Nach mir?" Dannys Knie wurden weich. „Was will er denn?"

„Selber denken", sagte der andere nur, „jedenfalls solange du es noch kannst." Er schaffte ein mühsames Grinsen.

„Mensch, komm, wir hauen ab!" Tom zupfte verstohlen an Dannys Ärmel. „Tatsu macht dich zu Mus, wenn er dich erwischt!"

Danny zögerte. Ihm war plötzlich übel vor Aufregung und Angst. Aber etwas in ihm weigerte sich fortzulaufen. Er war müde zum Umfallen, auch im Innersten.

Tom hatte ihn schon ein paar Schritte in Richtung Notausgang gedrängt, der nahe eines Containerverladebahnhofs auf die Straße führte und eine unüberschaubare Vielzahl an Versteckmöglichkeiten bot. „Schnell!" flüsterte er. „Bevor er dich suchen läßt!"

„Nein", hörte Danny sich sagen und wunderte sich über die Entschlossenheit, die da in ihm wuchs. „Ich bleibe. Soll er mit mir machen, was er will."

Tom wurde eine Spur blasser, aber er nickte. „Ich geh' mit", sagte er und machte kehrt.

„Nein", wehrte Danny ab. „Ich muß das allein schaffen. Trotzdem danke, Tommy, bist 'n Freund." Er schlug ihm leicht auf die Schulter. Kerzengerade ging er zum anderen Ende der Spielhalle und verschwand im Schatten der geheimen Räume. Tommy ließ sich mit einem Seufzer fallen, wo er stand, und bedeckte die Augen mit dem Arm.

„Ärger?" fragte jemand neben ihm, doch er zog es vor, nicht zu antworten.

Danny beeilte sich nicht, ja, er gab sich nicht einmal besondere Mühe, Tatsu zu finden, denn in seinem Kopf ging so viel durcheinander. Unterschwellig nahm er seine Umgebung wahr. In den Sport- und Trainingsräumen hatte man für die schwerer Verletzten Matten zusammengeschoben. Ihr Stöhnen verfolgte Danny, als legten sich Gewichte auf seinen Nacken. Vielleicht hatte der aus der Spielhalle recht, vielleicht war tatsächlich alles seine Schuld, vielleicht hätte er nie von der grünen Riesenschildkröte in Aprils Haus sprechen dürfen, vielleicht hätte er überhaupt niemals hierherkommen, niemals von einem Bund namens Foot-Clan erfahren sollen, vielleicht wäre er besser nie geboren worden.

Danny war auf dem absoluten seelischen Nullpunkt, als er sich zwischen Warenballen und Tarnnetzen ins Herzstück des Heiligtums vorschob. Niemand war darin als diese unnatürlich große alte Ratte, die da immer noch wie gekreuzigt in Handschellen an der Wand hing. Hey, was war das? Mit ein paar Sätzen stürmte plötzlich der Shredder herein und auf die Ratte zu. Er mußte außer sich sein vor Wut, so wie er schrie. „Was sind das für Mißgeburten? Antworte! Wo haben sie gelernt, auf diese Weise zu kämpfen?“ brüllte er.

Die Ratte hob mühsam den Kopf. Stumm hielt sie dem Blick des Shredders stand, und ein kaum merkliches Lächeln glitt über ihre Züge.

Bis zur Weißglut gereizt, holte der Shredder zu einem Schlag aus, als ein Geräusch vom Eingang her ihn herumwirbeln ließ. „Tatsu!“ Der Shredder ließ die Hand fallen, als habe er sich verbrannt, und drehte sich um. Dicht neben Tatsu aber blieb er stehen und starrte ihm durch die Sehschlitze seines Helmes ins Gesicht, als wolle er ihn durchbohren.

Danny in seinem Winkel zwischen Seesäcken und Kisten traute seinen Augen kaum. Der stolze Tatsu, wer hätte das gedacht, beugte demütig den Kopf und verharrte in dieser Stellung, bis der Shredder gegangen war! Als er dann aber aufzublicken wagte, war alle Unterwürfigkeit aus seinem Blick gewichen, und etwas anderes glitzerte dafür nun darin, etwas sehr Gefährliches. Er würde den „Anpfiff“ weitergeben ... Erst Minuten später fand Danny den Mut, aus seinem Versteck zu klettern. Unschlüssig schlenderte er im Schutz des Zwielichts, das den Raum erfüllte, ein wenig umher. Die Ratte oben auf dem Podest schien das Bewußtsein verloren zu haben. Doch als Danny neugierig vor ihr stehenblieb, hob sie den Kopf.

„Wie kann ein so junges Gesicht soviel Kummer tragen?“ Ihre Stimme war sanft und gütig.

Überrascht kam Danny näher. „Du kannst also wirklich sprechen?“ sagte er fassungslos.

„Ja.“ Die Ratte lächelte flüchtig. „Und ich kann auch zuhören.“

Danny verstand die versteckte Aufforderung nur zu gut, obwohl er nicht darauf reagierte.

„Manche sagen“, fuhr die Ratte fort, und man merkte,

daß es sie anstrengte, „daß der Weg, der von innerem Aufruhr wegführt, erst mit einem freundlichen Ohr beginnen kann.“ Ihre dunklen Augen hielten Danny auf seltsam unbezwingliche Weise fest. „Mein Ohr ist offen, wenn du davon Gebrauch machen möchtest.“ Sie veränderte ein wenig die Stellung.

„Nein“, sagte Danny hastig und wich in den Schutz der Kisten zurück, „ich schätze nicht, nein.“

Die Ratte nickte schwach und fragte: „Wie heißt du?“

„Danny.“

„Hast du denn niemanden, zu dem du gehen kannst, Danny? Keine Eltern, keinen, der für dich da ist?“

Die alte Stimme ging Danny unter die Haut. Bitter lachte er auf. „Meinem Vater ist es Wurst, was aus mir wird“, stieß er hervor.

Die Ratte schüttelte den Kopf und bewegte die Hand in den engen Handschellen, als wolle sie die Schulter des Jungen berühren. „Ich bin sicher, das stimmt nicht, Danny, ganz sicher.“

„Und warum wohl nicht?“

„Weil alle Väter sich um ihre Söhne sorgen“, lautete die einfache Antwort.

Mit einem Laut, der sich wie ein Schluchzen anhörte, rannte Danny davon.

In der frühen Morgendämmerung des neuen Tages holperte Aprils Vorsintflutmodell mit dem letzten Tropfen Benzin auf ein verfallenes Bauernhaus zu.

„Ach, hier also ist der berühmte Platz, an dem Fuchs und Hase sich gute Nacht sagen“, ulkte Casey Jones und sah sich stirnrunzelnd um. „Hab' ich das alte Gemäuer nicht schon mal im Film gesehen? Der aufgeschlitzte Bauch des Wang Lee, oder so?“

April mußte lachen. „Mein Großvater, dem das alles hier gehörte, hatte ja so allerhand auf dem Kerbholz, aber aufgeschlitzter Bauch? Das wohl nicht. Und ich, ich schwöre, daß ich schon seit Jahren nicht mehr hier war." Sie starrte zum Haus hinüber. Mit einem letzten Schnaufer nahm das alte Auto die Toreinfahrt und blieb stehen. Es knirschte, als Casey Jones die Kupplung durchtrat, und Rauch quoll in Schwaden aus allen Ritzen der Kühlerhaube.

„Ist ja auch egal, wer ihn aufgeschlitzt hat", brummte Casey Jones und stieß die Tür auf. „Das Haus hat's jedenfalls noch vor sich. Der Motor ist schon krepiert."

April war nicht nach dummen Sprüchen zumute. „Das Haus ist ganz okay", meinte sie nur und kroch aus der klemmenden Beifahrertür. „Da muß irgendwer bloß mal tüchtig die Ärmel aufkrempeln."

„Nachtigall, ick hör dir trapsen", stöhnte Casey und wedelte den Rauch vom Motorblock. „Womit soll ich anfangen? Die alte Kiste hier hat 'n Riß so tief wie der Marianengraben." Er mußte husten.

„Na, wundervoll." April verzog das Gesicht. „Kriegst du so was wieder hin?" Sie äugte in den Motor.

„Keine Antwort ohne meine Wahrsagekugel", meinte Casey. Er warf einen Blick zurück ins Heck. „Wie geht's meinem kleinen grünen Freund?"

„Nicht so super", sagte Michelangelo und schob Raphael zurecht, damit Leonardo und Donatello ihn aus dem Auto heben konnten. Vorsichtig stiegen sie aus.

„Bringt ihn die Treppe hoch." April lief voraus, um Haustür und Fensterläden aufzustoßen. „Die Betten sind oben."

Mitleidig schaute sie auf den Turtle herunter, der in allen Regenbogenfarben schillerte. Ein schlechtes Zeichen! „Ich wollte, er würde endlich zu sich kommen", seufzte sie leise.

Casey wandte sich scheinbar gleichgültig ab. Er kannte andere, die nach so einem Kampf nie mehr aufgewacht waren. Aber was ging das April an?

Die hatte von Casey keine andere Reaktion erwartet. Trotzdem war sie aber plötzlich verstimmt und ließ ihrer

Laune mit einem scheppernden Schlag auf den Kotflügel freien Lauf. „Hättest du nicht wenigstens sagen können, daß du nicht Auto fahren kannst?“ fuhr sie ihn an.

Casey schnappte nach Luft. „Hättest du nicht sagen können, daß du gar kein Auto, sondern ’ne getarnte Suppenschüssel fährst?“ gab er zurück.

Zornig starrten sie einander an, bis April sich mit einem Schulterzucken umdrehte. „Jedenfalls hab’ ich jetzt einen dicken Fußmarsch vor mir.“ Sie stampfte mit dem Fuß auf.

„Und wohin?“ wollte Casey grinsend wissen. „Etwa zum stillen Örtchen?“

April rollte die Augen. „Heiliger Bimbam, und so was lebt! Nein, ich muß meinen Boß anrufen, und der nächste Nachbar wohnt gut vier Meilen weg.“

Casey räusperte sich. „Meinst du Charles?“ fragte er dann langsam.

„Woher weißt du das?“ April blieb vor Staunen der Mund offen.

„Einmal Handlesen vier Dollar“, lachte Casey, „einmal Augendiagnose . . .“ und verstummte, als er Aprils Ausdruck sah.

„Ja, also Charles“, setzte er noch mal an, und alles Jungenhafte war aus seinem Gesicht verschwunden, „der hat ’ne Nachricht auf deinem Anrufbeantworter hinterlassen, kurz bevor wir abgehauen sind.“ Er fuhr sich durchs Haar und zögerte einen Moment.

„Und?“ fragte April ungeduldig. „Nun sag schon.“

„Na ja“, murmelte Casey und bewegte unbehaglich die Schultern, „ich meine, sieh es mal so, du hast dir gerade eine Acht-Meilen-Rundreise erspart. Du, äh, du bist gefeuert.“

„Ich bin . . .“, stotterte April. „Du sagst, ich habe mir gerade . . . Sag mal, du Axt im Walde, hast du vielleicht extra Kurse in Unsensibilität besucht?“

„Wohl im Sauertopf-Wettbewerb gewonnen?“ maulte Casey. Er hatte sich die größte Mühe gegeben. „Schließlich habe ich nur versucht, es dir schonend beizubringen", meinte er noch gekränkt.

„Oh, das war aber absolut miserabel", seufzte April und ließ sich auf den mißhandelten Kotflügel sinken.

Das war zuviel für Caseys Stolz. „Hey, du Prinzessin auf der Erbse, ohne mich würdest du jetzt die Engel im Himmel singen hören", brauste er auf.

„Na und? Wünschen der feine Herr etwa ein Dankeschön?" April sah ihn aus verdächtig glitzernden Augen an.

„Aber nein, Mylady!" rief Casey und sprang zu einer tiefen Verbeugung im Stil der vier Musketiere auf. „Ich danke Ihrer Hochwohlgeboren für das hinreißende Vergnügen der bezaubernden Gegenwart."

„Hornochse!"

„Zimtzicke!"

Donatello, der ahnungslos vor die Tür getreten war, sah nur noch zwei Kondensstreifen rechts und links ums Haus verschwinden, so schnell rannten beide in entgegengesetzte Richtungen davon. „Ach, wie romantisch!" seufzte er in komischer Begeisterung, und dann fing er an zu singen.

April schmollte jedoch nicht lange, und auch Casey fand, er habe sich alles andere als cool benommen. Unter der Motorhaube fühlte er sich sowieso wie ein Vogel Strauß mit dem Kopf im Sand, und als Michelangelo irgendwann zum Essen rief, ließ er sich nicht erst lange bitten.

„Es ist komisch, wieder hier zu sein", murmelte April zwischen Speckeiern und Gänseblümchensalat aus eigenem Anbau. „Selbst nach all den Jahren habe ich immer noch das Gefühl, zu Hause zu sein." Sie sah träumerisch zum Fenster hinaus.

Ein Zuhause wurde die alte Farm in den nächsten Tagen für jeden von ihnen, denn Raphael wurde und wurde nicht gesund. Bis zum Hals in einer Badewanne voll kaltem Wasser, lag er reglos, Tag für Tag, und nur der schwache, unregelmäßige Herzschlag verriet, daß er lebte.

Leonardo wich nicht von seiner Seite. Angstvoll wachte er über jeden Atemzug seines Bruders, erneuerte das kalte Wasser, prüfte Puls und Herz und richtete die eigene Lebenskraft auf Raphaels schwaches Lebenslicht, als könne er auf diese Weise den Energiestrom lenken und noch die allerschwächsten Selbstheilungskräfte zum Einsatz bewegen.

Immer wieder trat einer der anderen besorgt und voll Hoffnung ein, nur um bedrückter als zuvor wieder hinauszuschleichen. Und allmählich galt ihr erster Blick weniger Raphael als Leonardos übermüdetem Gesicht.

„Soll ich dich nicht ablösen?" Jeder bot es ihm an. Und jeder erhielt zur Antwort: „Nein danke, mein Platz ist hier."

Donatello litt am meisten unter dieser aufgezwungenen Hilflosigkeit. Aber er verstand auch wie kein anderer, was Leonardo dazu antrieb, Tag und Nacht über Raphael zu wachen. Leonardo war es gewesen, der den Bruder im Streit und voll unbeherrschten Zorns in die Nacht hinausgetrieben und behauptet hatte: „Einen wie dich brauchen wir nicht." Er war es auch gewesen, der Aprils Besorgnis lachend in den Wind geschlagen und Raphael nicht gesucht hatte.

Donatello wußte seinerseits nicht, wie er damit fertig werden sollte, Raphael damals bei dem Streit nicht geholfen zu haben. Jedesmal, wenn der mürbe geschlagene Rückenpanzer auf einen Probedruck mit dem Finger wieder nachgab, anstatt sich endlich erneut zu verfestigen, versetzte ihm das schlechte Gewissen einen Stich.

Wieviel schlimmer mußte es Leonardo gehen, von dem damals ein Wort genügt hätte, Raphael zurückzuhalten?

Und doch, so recht Donatello mit seiner Vermutung über Leos Gewissensbisse hatte; das war es nicht allein, was Leonardo zu seiner Nachtwache brachte: Er hatte Angst, zu spät zu kommen. Zu spät, um Raphael noch einmal sagen zu können, wie lieb er ihn hatte.

April verfolgte das alles mit Augen und Ohren. Wo immer sie sich befand, ihr wiederentdecktes Tagebuch aus Kinderzeiten war dabei, und bald schon füllten die Eintragungen und Zeichnungen die Seiten.

„Meine merkwürdigen und höchst ungewöhnlichen Freunde", schrieb sie, „haben ihre erste wirkliche Niederlage erlitten. Nicht nur, daß sie übel zugerichtet sind, am schlimmsten ist der Verlust ihres Meisters und damit der Verlust der Chance, von ihm zu lernen. Ich bin sicher, das schmerzt sie mehr als alles andere. Doch während ich schreibe und zeichne, wird jeder von ihnen mit dieser verwirrenden Situation auf seine Weise fertig.

Donatello hat etwas gefunden, woran er sich festhalten kann, oder vielleicht sollte ich besser schreiben, jemanden. Nämlich Casey Jones und mein altes Auto, das unbedingt wieder auf Vordermann gebracht werden muß und vor lauter Ersatzteilen innen bald wie eine Kuriosität aus dem Museum aussieht."

April hatte scharf beobachtet. Donatello und Casey schienen einander wirklich gesucht und gefunden zu haben.

Michelangelo drückte das weniger vornehm aus: „Wie ein Kopf und ein A…, äh … Hintern."

Tüftelnd verbrachten sie Stunden damit, das Innenleben des Urgroßvaters aller Lastwagen, welcher zu Aprils Erbe gehörte, auszuschlachten und die Teile ihrem auch nicht viel jüngeren Lieferwagen einzubauen. Verschmiert wie Indianer auf dem Kriegspfad, versuchte einer den anderen während der Arbeit mit coolen Sprüchen zu übertrumpfen. Ihre Lieblingsversion war es, Spitznamen füreinander auszuhecken.

„Das war nicht mal so nah dran, Krötenhals", griff Casey den Faden ihrer tiefschürfenden Diskussion über Glück und Unglück im Leben ihrer Mitmenschen auf. „Der Professor hat Maryann glücklich bis ans Ende aller Zeiten …"

Donatellos Lachen übertönte die letzten Worte. „Völlig

unmöglich, Krakenklappe“, konterte er. „Nein, sie war in Gilligan verknallt. Ich wette, die sind jetzt verheiratet und haben sechzig Kinder.“

„Quatsch, Gilligan war eine Qualle, du Tortellini.“ So schnell ließ sich Casey nicht unterkriegen.

„Selber Qualle, Glibberhirn!“ feixte Donatello.

„Spülwasser-Birne.“

„Knallfrosch-Maul.“

„Okay!“ Casey wischte die Hände am Hosenboden ab und winkte Donatello zu, der eine Denkpause hinter dem Steuer eingeschoben hatte.

„Versuchen wir's mal, laß sehen, ob die Transplantation funktioniert, Freund Giftpilz-Fresse.“ Er trat zurück.

„Okay, los geht's.“ Donatello griff nach dem Zündschlüssel. „In was für'n Gang eigentlich?“ Er rüttelte an der Gangschaltung.

„Nimm irgendeinen“, lautete die beruhigende Aufforderung.

„Auf los geht's los!“ Zum ersten Mal Auto fahren, Donatello platzte fast vor Glück. Noch einmal atmete er tief durch, setzte den Fuß auf die Kupplung und …

„Zisch ab, Null-Gehirn!“ Das war Casey, brennend vor Neugier und Erwartung.

„Ja!“ schrie Donatello begeistert und gab Gas.

Mit einem Satz sprang der Wagen an, rammte den auf Holzklötzen notdürftig aufgebockten Lastwagen und knallte in die Scheunenwand, daß Putz und Mörtel nur so flogen. Casey hatte sich gerade rechtzeitig mit einer Hechtrolle retten können und tauchte behangen wie ein Waldschrat aus den überall herumliegenden Strohballen wieder auf.

Donatello schob ungläubig den Kopf zum Fenster heraus. „Du, es hat funktioniert“, sagte er langsam, und verglichen mit seinem Gesichtsausdruck, hätte jedes Schaf einen Intelligenzwettbewerb gewonnen.

Während Leonardo pausenlos bei Raphael wachte und Donatello Spaß und Abwechslung bei Casey fand, vereinsamte Michelangelo immer mehr. Er, dem die flotten Sprüche und Witze nur so von den Lippen geplätschert waren, der selbst dann noch ein As im Ärmel gehabt hatte, wenn alle anderen nicht mehr weiterwußten, er geriet in einen Zustand der Verzweiflung, in dem er am liebsten die ganze Welt kurz und klein geschlagen hätte. Der ehemalige Stall des Farmhauses war da seine einzige Zuflucht. Hier schaffte er seinem Herzen Luft, indem er sich körperliche Höchstleistungen bis zur völligen Erschöpfung abverlangte. Ein eisenhart gefüllter Ledersack, auf den er schon frühmorgens eindrosch, reichte schon bald nicht mehr aus, seine Wut abzubauen. Mit einem einzigen Schlag lernte er, einen derben Sägebock wie ein Streichholz zu knacken, und selbst das gezimmerte Sparrenwerk des Fachwerkgebäudes mußte herhalten, um den inneren Schmerz durch den äußeren zu betäuben. Loch an Loch hieb Michelangelo mit bloßen Fäusten in die harten Eichenbalken, bis er sich zuletzt mit Tränen in den Augen über eine ganze Wand hermachte.

Erst wenn er sich kaum noch auf den Füßen halten konnte, wurde es in ihm ruhiger. Dann überflog manchmal sogar der Abglanz des alten Lausbubenlächelns sein Gesicht, wenn er April kommen sah, und grüßend hob er zwei Finger seiner Hand zum V-Zeichen für Victory, Sieg.

So fremd ihr die Turtles noch in der ersten Zeit gewesen waren, aus Casey Jones wurde April am allerwenigsten schlau. In ihrem Tagebuch konnte man über ihn lesen: „. . . ein neunjähriger Junge, aber im Körper eines Mannes gefangen. Er könnte wirklich anziehend sein, wenn er nicht so dickköpfig wäre. Zum Beispiel neulich, als ich ihm zu erklären versuchte, daß die Wassererosion wahrscheinlich die Trittleiter im Brunnenschacht angegriffen hat . . .“

Als sie ihre Eintragung überflog, tauchte die Szene noch einmal vor Aprils Augen auf.

Casey hatte den ganzen Morgen schon irgendwie gesponnen und auch noch zum Frühstück dieses alberne Käppi mit batteriebetriebenem Hubschrauberpropeller aufgesetzt, das April nicht ausstehen konnte.

„Was willst du, Schnuckiputzi?“ hatte er dazu bloß gespöttelt. „Dir täte es ja vielleicht auch ganz gut, wenn deine kleinen grauen Zellen so wie meine ventilatorgekühlt wären, anstatt zu verbrutzeln.“

Natürlich war ihr wie so oft nicht sofort etwas Passendes darauf eingefallen. Das hatte ihren Ärger nur noch größer gemacht und Casey mit geradezu diebischem Vergnügen erfüllt.

„Heb nicht gleich ab, Neil - O“, hatte er daraufhin gemeint und ihren Namen so ausgesprochen, daß sie wußte, er dachte an Nil-Pferd dabei. „Ich find's ja wirklich süß, daß du dir Sorgen um mich machst wegen dieser Treppe. Aber ich weiß, was ich tu'. Jetzt gib mir endlich den verdammten Schraubenschlüssel, damit ich mir die blöde Pumpe da unten angucken kann.“ Er streckte die Hand aus.

„Mancher lernt's nie.“ Mehr hatte April nicht dazu gesagt und ihm den Siebzehnerschlüssel ausgehändigt. Gleich darauf war Caseys Kopf hinter dem Brunnenrand verschwunden, und sie hatte das Geräusch seiner Füße auf den einbetonierten Eisenklammern gehört.

Donatello war zum Haus gegangen, um eine Taschenlampe zu holen. April aber hatte sich, schwankend zwischen Ärger und Sorge, neben den Brunnen ins Gras gesetzt.

Plötzlich ein Krach, ein Schrei, und als Donatello sich mit April über den Brunnenrand beugte, lag Casey unten im Wasser und planschte wie ein Frosch.

„Schätze, du hattest recht mit deiner Treppe“, feixte Donatello und stieß April in die Seite. Die schüttelte nur den Kopf.

„Reiner Zufallstreffer!“ kam es prustend von unten. Casey gab nicht auf.

April senkte die Augen wieder auf ihr Tagebuch und nahm den Stift. „In diesem Stil treibt dieser Kindskopf es alle Tage, und es sieht nicht danach aus, als sollte es jemals anders werden.“ Seufzend schob sie das Buch in ihre Hosentasche und ging in die Küche.

Wenig später hörte Casey, der in einer altersschwachen Schaukel im Garten gedöst hatte, ihr Rufen: „Donatello!“

„Er ist mit den anderen draußen“, rief er zurück. „Ich glaube, sie trainieren, machen irgendwas zusammen, keine Ahnung. Brauchst du Hilfe?“ Er sprang von der Schaukel.

War das nun ein Angebot oder keines? Unsicher blickte April ihn an. Casey lachte. „Hey, ich bin immer dabei. Meister Fix und Flott, stets zu Diensten.“ Er verbeugte sich kurz.

„Also gut, gehen wir“, gab April nach.

„Du marschierst voran, Tussi.“ Casey reckte sich gähnend. „Tussi?“ April glaubte sich verhört zu haben. Was bildete der Typ sich eigentlich ein?

„Oh, äh, Baby, Zuckerschnecke, äh, Prinzessin“, stotterte Casey in komischer Verzweiflung. „Gib mir doch mal ’n kleinen Tip, ja, ich bin in der Patsche.“

„Weißt du was, alles okay!“ April schnappte zu wie eine Auster. „Ich werd’s allein machen, verstehst du?“

Casey machte auf dem Absatz kehrt und lümmelte sich gemütlich wieder in die Schaukel. „Spitze“, sagte er lässig. „Kannst du halten, wie du willst. Aber komm nicht noch mal angelatscht und frag mich, ob ich dir helfe.“ Er holte Schwung und schaukelte sacht hin und her.

„Paß auf“, rief April wütend, „jetzt versprech’ ich dir was, du! Dich würde ich nicht mal mehr um Hilfe bitten, wenn du das letzte Ding mit einem Gesicht auf diesem Planeten wärst!“ Mit einem Knall fiel die Tür hinter ihr ins Schloß.

„Sie kann ja richtig nett sein“, sagte Casey verträumt und blickte umher, als habe sie ihm eben eine Liebeserklärung gemacht.

So vergingen mit Streit, Lachen und Arbeit die Tage.

Dann eines Nachts schreckte ein ungewohntes Geräusch Leonardo aus dem tiefen Schlaf der Erschöpfung auf, der ihn an Raphaels Badewannen-Wasserbett überwältigt hatte.

„Hey!“ Da war es wieder, leise und schwach und doch unverkennbar eine Stimme, die Leonardo unter Tausenden herausgehört hätte.

„Raphie?“

Plötzlich hellwach, sprang er so schnell auf, daß er stolperte, und tastete im Dunkeln nach dem Rückenpanzer im kalten Wasser. Hart, der Schild war wieder hart!

„Bist du wach?“ stotterte er. „Bist du - wie, wie fühlst du dich?“

Raphael setzte mehrmals zum Sprechen an, ehe er mit derselben Wisperstimme wie vorher zu kichern versuchte und fragte: „Was muß ein Mann tun, um hier was zu futtern zu kriegen?“

Überglücklich raste Leonardo zur Tür und schrie, daß es durch den nachtdunklen Flur schallte: „Hey, Leute, hey, er ist wach, er ist wach, er will was zu futtern!“

Hastig sprang er wieder an Raphaels Seite zurück, lachend und redend, und streichelte seinem Bruder die Hände. „Daß du nur wieder okay bist, Raph!“ jubelte er begeistert.

„Ja, ja, ist ja schon gut, Leo!“ Raphael bewegte sich vorsichtig und versuchte, seine vom langen Stillhalten steifen Glieder zu strecken. „Krieg dich wieder ein, okay?“ Aber er strahlte.

„Du, hör mal, Raphie.“

Leonardo hüstelte, während er behutsam mit Hand anlegte und dem anderen aufhalf.

„Also das, was ich neulich gesagt habe, äh, ich meine, du weißt, daß wir dich nicht brauchen und all der Käse. Ich, äh ...“ Er stockte.

Raphael schüttelte den Kopf und versuchte ein Lachen. „Leo, vergiß es!“

„O Mann, wir haben dich so vermißt.“

Einer den Arm um den anderen geschlungen, blieben sie stehen und sahen den anderen entgegen, die sich laut durcheinanderredend unter dem Türbalken drängten.

„Das ist ja schöner als die Kartoffelchip-Werbung“, sagte Donatello mit einem merkwürdigen Kratzen in der Kehle und rannte in seiner Begeisterung Michelangelo über den Haufen, der bereits auf seinen Bruder losgestürmt war.

„Hey, Jungs, der Kniefall wär’ wirklich nicht nötig gewesen“, meinte Raphael und blinzelte April zu. „Pizza?“ Kein Zweifel, das Sorgenkind der Familie befand sich auf dem Wege der Besserung.

Ausgerechnet diese Tatsache aber wurde den Turtles in den nächsten Tagen zum Prüfstein ihrer Besonnenheit und Kraft. Jeder von ihnen hatte Raphaels Ringen mit dem Tod erkannt, jeder von ihnen hatte im Wechselbad der Hoffnung und der Angst von einem Abend zum anderen Morgen gelebt. Keiner von ihnen aber hatte auch nur flüchtig daran gedacht, Raphael im Stich zu lassen. Er war krank, er brauchte sie, und außerdem lautete die erste Lehre, die Splinter ihnen mitgegeben hatte: „Haltet zusammen!“

Jetzt, wo Raphael wieder gesund wurde, ging ihnen plötzlich alles nicht schnell genug. Sie waren endlich wieder zu viert und glücklich darüber, aber ein Ganzes waren sie noch immer nicht geworden. Ein quälender Zweifel blieb, eine Ungewißheit, die sie nicht länger ertragen konnten. Wann endlich würden sie wissen, was mit Splinter geschehen war? Wann endlich würden sie ihn finden?

Ein zermürbendes Warten begann, jeder von ihnen hoffte, daß der nächste Tag vielleicht der letzte ihres ungewollten Landaufenthalts war.

Für Donatello war die Zeit der Späße und gemeinsamen

Tüftelei mit Casey vorbei. Zwar liebte er es immer noch, an der Werkbank zu sitzen und allerhand Krimskrams für April zu reparieren oder sich auszudenken, aber er war nicht mehr recht bei der Sache. Manchmal konnte es geschehen, daß er sein Werkzeug in eine Ecke pfefferte und in einem Anfall von Zorn zerbrach, was ihm nicht sofort gelang.

Nein, er war nicht eifersüchtig auf Raphael, der ihm den neuen Freund ausgespannt hatte. Casey war ja im Moment wirklich besser bei Raphael zu gebrauchen. Unermüdlich ging er mit diesem im Haus hin und her, stützte und feuerte ihn an, je nachdem. Vor allem aber war er ein geschickter Masseur, der Raphaels verhärtete und verspannte Muskulatur unbarmherzig durchknetete und höchstens noch tiefer durchgriff, wenn dieser die Nase schon voll hatte.

„Quietsch nicht, du grüner Wackelpudding", bekam Raphael dann zu hören, „oder die schwarzen Sackgesichter löffeln dich beim nächsten Mal weg, mit oder ohne Waldmeistergeschmack." Und er massierte ihm noch einmal den feuerroten Nacken.

Auch die anderen hatten sich verändert. Leonardo, der seinen Wachposten an Raphaels Seite nun los war, versuchte angestrengt, seine unruhig umherirrenden Gedanken auf einen Punkt zu bringen und nach Splinters Beispiel zu meditieren. Aber ohne die richtige innere Einstimmung wollte ihm nichts gelingen, und diese nötige Ruhe erreichte er nicht, weil er die verzweifelte Sorge um den Meister einfach nicht in den Griff bekam.

Nur Michelangelo war seiner Form der Problembewältigung treu geblieben. Sein Sparringsraum im Stall war im Laufe der Zeit immer besser ausgerüstet worden. Wenn er sich bis zur völligen Erschöpfung darin ausgetobt hatte, gab es sogar ein Plätzchen, an dem er den mühsam erkämpften inneren Frieden auskosten konnte. Hoch oben auf dem Dachfirst der Scheune, neben dem knarrenden Wetterhahn, saß er oft wie im Traum, das Gesicht dem Mond zugewandt und offen für den Wind, der sich anfühlte wie eine streichelnde Hand, wie ...

„Splinter!“ Die Gewalt der Bewegung schleuderte ihn fast vom Dach, so heftig hatte Michelangelo die Arme ausgestreckt.

Eines Tages ertrug Leonardo es nicht länger im Haus. Immer war irgend etwas in Bewegung darin, immer irgendein Geräusch, und wenn es nur vom klappernden Geschirr oder einer zuschlagenden Tür kam.

Wie oft hatte er sich aus der Abgeschiedenheit und ewigen Nacht ihres Lebens unter New Yorks Straßen fortgesehnt. Und nun? Es ließ sich nicht leugnen, er hatte Heimwch nach der Stille und der Weitläufigkeit der Kanaltunnel, in der ein Turtle so oft untertauchen und allein sein konnte, wie er nur wollte. Er schlich sich hinaus.

April, die ihn fortgehen sah, grübelte vor sich hin. Auch ihr fiel allmählich die Decke auf den Kopf. Der Zwangsurlaub dauerte mittlerweile fast zwei Wochen, und ihr Tagebuch war vollgeschrieben mit Episoden aus diesem höchst ungewöhnlichen und dennoch herzerfrischend selbstverständlichen Zusammenleben. Seitenweise hatte sie die Freunde gezeichnet, Witziges ebenso eingefangen wie Ernstes.

Doch, sie konnte ihn verstehen, den Turtle mit der blauen Maske. War er nicht der heimliche Anführer? Mußte er nicht endlich etwas unternehmen, endlich eine Lösung finden? Aber was? Nein, leicht hatte Leo es nicht. Die Zeit lief, und Raphaels Fortschritte waren nicht mehr zu übersehen.

Der hatte inzwischen begonnen, mit Michelangelo und Donatello im Stall zu trainieren. Oft war Casey mit von der Partie und heizte die Stimmung mit Hilfe seines riesigen Baseballschlägers gehörig auf. In diesen Stunden war aller Kummer vergessen, und der fröhliche Lärm erfüllte den Hof. Schon bald aber würden sie alle genug davon haben und ihn fragen: „Was machen wir jetzt, Leonardo?“

Ja, bis dahin mußte er eine Antwort parat haben. Es mußte doch eine Möglichkeit geben. Nachdenklich sah April dem Turtle nach.

Der Wald rings um das Farmhaus hatte alles das, was Leonardo brauchte. Es war still darin, wenn man von all den kleinen Geräuschen absah, die Vögel oder Insekten und anderes kleines Getier verursachten. Die schmalen, tunnelähnlich von Wipfeln umschlossenen Wege erinnerten an das vertraute Netz der Abwasserstraßen. Und wenn das Sonnenlicht durch die Blätter gefiltert wurde, kam das milde, vom Schatten der Baumstämme durchbrochene Licht wie durch Schächte zu Leonardo herunter.

Aufatmend lehnte er sich mit dem Rücken an eine der riesigen Robinien, die er besonders liebte, und schloß die Augen, als wolle er mit Stamm und Wipfelgrün verschmelzen. Ruhe, endlich kehrte Ruhe in ihn ein, und sein Atem begann flach zu gehen im Strom der Gedanken.

Weit entfernt in einem unauffälligen Lagerhaus hob plötzlich eine alte Ratte den Kopf, als habe inmitten aller Qual eine Hand sie berührt.

„Leonardo!"

Es war nur ein Wispern, doch es schlug in die Seele Leonardos ein, als habe er einen Stromschlag erfahren. Mit einem Atemzug, der seine Brust zu sprengen drohte, brauste ein Glücksgefühl in ihm auf, das seinen Füßen Flügel zu verleihen schien.

„Er lebt!" Sein Schrei erreichte die anderen in der Farm wie ein Fanfarenstoß. „Splinter lebt!" Mit strahlendem Gesicht kam Leonardo in die Küche gerannt. Erstaunt und ein wenig besorgt, tauschten die Brüder mit Casey einen raschen Blick. War alles zuviel geworden? Spielten Leos Nerven nicht mehr mit?

Donatello faßte sich ein Herz. „Das wissen wir doch, Lennie", meinte er beruhigend. „Natürlich tut er das. Wir alle glauben, daß er lebt!"

Mit einem Ruck wischte Leonardo Donatellos begütigende Hand von der Schulter. „Aber ich glaube es nicht nur", rief er, „ich weiß es." Die Begriffsstutzigkeit der anderen ärgerte ihn.

„Hä?" Ungläubig starrten die anderen ihn immer noch an. Doch irgend etwas in Leonardos Miene duldete keinen Widerspruch.

„Noch heute nacht", sagte er, „werdet ihr alle ihn sehen. Wir treffen uns auf der kleinen Lichtung, sobald es dunkel ist. Sucht schon mal Feuerholz. Es wird kalt." Ohne sich um das aufbrausende Gemurmel der anderen zu kümmern, ging er hinaus.

Splinter nahm die Kraft, die er gebraucht hatte, um Leonardos suchende Gedanken zu erreichen, zurück und versenkte sich erneut in den Schwebezustand zwischen Sein und Nichtsein, der ihn allein am Leben erhielt. Nur ein paar Wortfetzen erreichten sein Bewußtsein noch, doch sie reichten aus, die verausgabte Energie sofort zu erneuern.

Es waren Tatsu und der Shredder, die da sprachen.

„Das Imperium wächst, Meister Dschingis", erklärte Tatsu.

„Irgendwas Neues von der Ratte?" lautete dessen Antwort.

„Nichts ... Sie will nicht sprechen."

„Und diese Wanze, die uns zu den Schildkröten geführt hat?"

„Wird immer noch vermißt. - Ich verstehe das nicht. Warum machen Sie sich solche Sorgen wegen dieser grünen Biester?" fragte Tatsu unwillig. „Die sind doch seit Tagen nicht mehr gesehen worden. Bestimmt sind sie längst auf und davon, auf Nimmerwiedersehen." Er machte eine Handbewegung.

„Etwas an der Art, wie die Ratte sich ihrer Gefangennahme widersetzt hat und wie du den Kampfstil dieser Schildkröten beschrieben hast, beunruhigt mich", sagte die kalte Stimme. „Da ist etwas Bekanntes, irgend etwas Dunkles aus der Vergangenheit."

Während jetzt Splinters Geist endgültig in sich selbst eintauchte, um Kraft zu sammeln für das, was geschehen würde, wurden die Turtles in immer heftigerer Unruhe umhergetrieben, und der Holzhaufen inmitten der kleinen Waldlichtung hinter der Farm wuchs und wuchs.

Casey und April wagten nicht zu fragen, was da passierte, denn die verschlossenen Mienen der vier ließen keine Neugier zu. Trotzdem spürten auch sie die Spannung, die in der Luft lag, und machten sich jeder auf seine Weise Gedanken.

Die friedliche Zeit auf der Farm war wohl vorüber. Hatte die Gegenwart sie eingeholt? Hieß es wieder „Auf in den Kampf"? Und wenn ja, wie würde er diesmal enden?

April beschloß, lieber etwas zu unternehmen, als tatenlos auf die Stunde Null zu warten. Sie hatte begonnen, das alte Haus wieder in Ordnung zu bringen, immerhin war es zur Zeit ihre einzige Habe, und wer konnte wissen, ob und wann sie wieder Arbeit fand. Zu tun gab es mehr als genug.

Erst der Brandgeruch über dem Wäldchen trieb sie wieder ins Haus zurück. Seit der Nacht, als ihr Elternhaus in Schutt und Asche gelegt worden war, konnte sie kaum noch das Feuer im altertümlichen Küchenherd ihrer Großmutter ertragen. Blindlings stolperte sie, so schmutzig und verschwitzt, wie sie war, in die Stube.

Casey blickte verwundert von den Mohrrüben auf, die er mit einem von Raphaels Dolchen geschabt hatte.

„Ist was?" fragte er vorsichtig und ließ den Dolch sinken.

Abwehrend schüttelte April den Kopf. Sie hatte den Streit immer noch nicht vergessen, als es zwischen ihnen beiden zum ersten und letzten Mal um das Thema Hilfeleistung gegangen war. Bis jetzt hatte sie Wort gehalten. Nicht einmal eine Tür hatte sie diesem unmöglichen Mister Fettnapf für sie zu öffnen erlaubt. Und so sollte es auch bleiben.

Energisch begann sie, im Waschbecken zu planschen

und zuletzt, ihre von der recht mühsamen Arbeit schmerzenden Schultern zu kneten.

Casey hatte so getan, als gebe er sich mit Aprils Nein zufrieden. Im stillen aber schüttelte er den Kopf über den Starrsinn dieses wohl dickschädligsten Mädchens, das ihm jemals begegnet war. Verstohlen sah er ihr zu, wie sie sich über dem schlichten Steinbecken wusch, das in diesem alten Gemäuer das Badezimmer ersetzen mußte.

Wenn sie bloß ein bißchen weniger bockbeinig wäre, dachte er und mußte plötzlich lachen. Wahrscheinlich hatte sie sich ja dasselbe von ihm auch schon oft genug gewünscht.

„Soll ich?“ fragte er, als sie mit leicht verzerrter Miene nach ihren Schultern griff, und wartete die Antwort gar nicht erst ab. Er hatte genug von diesem albernen Katz-und-Maus-Spiel.

Rascher, als April erwartet hatte, griff er zu und drückte sie trotz ihrer Gegenwehr auf einen Stuhl zurück.

„Sitz still!“ Sein Ton war rauh, doch die Hände waren sanft, als er die hinderlichen Spaghettiträger ihres Hemdchens beiseite schob und mit festen Strichen ihren Nacken zu massieren begann. Es tat gut, und allmählich ließ auch die Anspannung in April nach.

„Hast du wirklich als Profi Baseball gespielt?“ fragte sie nach einer Weile.

Casey nickte und merkte erst an Aprils abwartender Haltung, daß sie seine zustimmende Bewegung nicht bemerkt haben konnte. „Ja“, sagte er dann. „Bis ich verletzt worden bin. Das war, das war – vor noch nicht einmal einem Jahr.“

„Das tut mir leid für dich“, murmelte April und blickte vorsichtig zu ihm auf, um seine Reaktion zu sehen.

Casey lächelte schon wieder. „Damals war's schlimm für mich“, gab er zu. Und dann schloß er das Fenster, weil der Wind sich drehte und Rauch herübertrieb.

„Was sie wohl machen, dahinten?“ überlegte April und

trat neben ihn. Sie legte die Stirn an die Scheibe, als könne sie dann bis in den Wald schauen.

„Neugierig?" Casey schmunzelte.

„Schon."

„Weißt du was? Ich auch." Er lächelte sie von der Seite an.

Komisch, dachte April, eigentlich ist er gar nicht so blöd, und war froh, daß Casey nicht Gedanken lesen konnte.

Die Turtles hatten währenddessen ganz vergessen, daß es April und Casey überhaupt gab. Eingesponnen in ihre verzweifelte Angst um den Lehrer, den sie liebten, saßen sie im Kreis um das lodernde Feuer.

„Also, Leo, wenn du mich nur wegen nichts hier rausgeschleppt hast, dann ..." Raphael starrte den Bruder über die Flammen hinweg an.

„Nur keine Sorge", mischte Donatello sich ein, ehe Leonardo antworten konnte, und schüttelte eine Tüte mit seinen Lieblingsbonbons, „ich hab' voll vorgesorgt."

Doch Leonardos feste Stimme erstickte das aufkommende Gelächter im Keim. „Pack das weg!" befahl er barsch.

Ungeduldig wartete er ab, bis Donatello die knisternde Tüte verstaut hatte. „Und jetzt werdet ihr alle eure Augen schließen und euch konzentrieren."

Raphael muckte auf: „Was soll der Quatsch?"

Doch ein Blick Leonardos brachte ihn zum Schweigen: „Ich sagte, konzentriert euch. Stark!"

Endlich schlossen sich alle acht Augen. Minuten vergingen, in denen das Knistern des Feuers und das einsame Rufen einer Eule die einzigen Lebenszeichen auf der Waldlichtung waren.

Eine leise Unruhe, wie die Spur eines Wasserläufers auf einem stillen Teich, begann Leonardos Versunkenheit zu stören, da plötzlich wuchs es aus den Flammen auf: durchscheinend, unantastbar, reiner Geist, das Bildnis Splinters .

„Ich bin stolz auf euch, meine Söhne", sagte er. „Heute

nacht habt ihr die letzte und größte Wahrheit der Ninja gelernt, auch ohne mich. Daß nämlich die allerhöchste Meisterschaft nicht aus dem Körper, sondern aus dem Geist kommt. Zusammen gibt es nichts, was dieser starke Geist nicht erreichen kann."

Die Turtles atmeten schwer, als erfordere die Anspannung ihrer Konzentration ein Höchstmaß an körperlicher Kraft, doch keiner von ihnen zuckte auch nur mit den Augenlidern. Irgendwo dahinter schien sich Splinters Gesicht zu spiegeln, und um nichts in der Welt wollten sie auch nur den Bruchteil einer Sekunde dieser kostbaren Nähe verlieren.

„Helft einander. Verlaßt euch aufeinander", fuhr Splinter eindringlich fort. „Und erinnert euch immer an die wahre Kraft, die euch verbindet. Denn diese Kraft ist dieselbe, die mich heute nacht zu euch gebracht hat. Dieselbe auch, die mich nun wieder zurückbringen wird. Nur eines noch, ich liebe euch alle, meine Söhne."

Die Turtles saßen wie in Stein gehauen. Fest hielten sie die Augen geschlossen, doch Splinters Geistkörper war verblaßt und von ihnen gegangen. Sie mußten es endlich begreifen. Einer nach dem anderen schlug die Augen auf, und wortlos blickten sie sich an.

Splinters Lichtgestalt und die Worte, die sie vernommen hatten, wurden in den nächsten Tagen zum Kraftspeicher der Turtles. Ungeduldiger denn je erwarteten sie Raphaels vollständige Wiederherstellung. Von morgens bis abends trainierten sie im Stall, verfeinerten ihre Ninja-Kampftechnik, übten sich in der Kunst des Unsichtbarmachens und stählten ihre Muskeln auf alle erdenkliche Weise im unermüdlich ausgetragenen Zweikampf.

Leonardo war ihnen alles in einem: Trainer, Partner, Gegner und vor allem ihr schärfster Kritiker. Nicht der geringste Fehlgriff, keine winzige Unsicherheit im Umgang mit Waffen und Fäusten entging ihm, wenn er auf einem Pfosten des Weidezauns saß, den er als Beobachtungsplatz in den hartgestampften Lehmboden des Stallgebäudes gerammt hatte.

Selbst nachts gönnten sie sich kaum Ruhe, bis jeder von ihnen das sichere Gefühl hatte, in Topform zu sein, auch Raphael.

Leonardo aber trainierte zusätzlich in aller Heimlichkeit. Eine Idee hatte sich in ihm festgesetzt, die ihm keine Ruhe mehr ließ, die Idee einer Nahkampftechnik, so verblüffend einfach und wirkungsvoll zugleich, daß der Angegriffene mit ihrer Hilfe nahezu unschlagbar wurde.

Eines Tages, als er Michelangelo und Raphael beim Boxtraining zusah, schien ihm die Zeit reif, seine neue Fertigkeit unter Beweis zu stellen.

„Hey, Jungs, hört auf, aufhören!" rief er plötzlich mittendrin.

Schwer atmend ließen die Brüder die Fäuste sinken.

„Was gibt's?" Raphael verbarg nicht, wie ärgerlich er über die Störung war.

„Ihr solltet einander nicht zu besiegen versuchen", mahnte Leonardo in dem ruhigen Ton, den er neuerdings immer anschlug. „Das kostet zuviel Kraft. Habt ihr vergessen, was Splinter sagte?"

„Mann, wir kämpfen immer so", maulte Michelangelo. „Was hast du denn plötzlich dagegen?"

„Wenn das so weitergeht, Leo, wirst du uns noch befehlen, Brausepulver von deinen Fingern zu lutschen", beschwerte sich nun auch Raphael. „Du trägst reichlich dick auf, was?" Er balancierte einen Dolch auf der Handfläche.

„Schon gut, seht lieber mal her!" winkte Leonardo ab. Mit einem Sprung landete er von seinem Pfosten aus mitten im Boxring und zog die Augenschlitze seiner blauen Halbmaske nach hinten, bis er nichts mehr erkennen konnte. Dann zückte er sein Schwert und nahm Kampfhaltung ein. „Okay, jetzt greift mich an", befahl er. „Alle drei auf einmal."

„Hast du sie noch alle, Leo?“ Raphael wich entsetzt einen Schritt zurück und warf den anderen einen verwirrten Blick zu.

Donatello schüttelte ebenfalls den Kopf. „Mann, du kannst dich so doch nicht wehren!“ meinte er.

Statt zu antworten, verpaßte Leonardo Raphael einen Schlag mit der flachen Klinge. „Los, macht schon!“

„Hey!“ Raphael wurde langsam sauer. „Wohl ’n Hirnriß, Leo? Mann, das tut doch weh.“

Da, schon wieder ein Treffer!

„Leo, ich warne dich!“ Lange würde Raphael sich diesen Schwachsinn nicht mehr bieten lassen. Schon jetzt brannte sein Hinterteil wie Feuer.

Leonardos Grinsen wurde breiter, und schneller, als Raphael hinschauen konnte, klatschte ihm der dritte Schlag auf den empfindlich gewordenen Hosenboden. „Kommst du jetzt endlich?“ lachte er ihn aus.

Das war zuviel. Wenn Leo unbedingt Blindekuh spielen wollte, sollte er sein Vergnügen haben. Und wie! Mit einem Wutschrei zückte Raphael einen seiner beiden Dolche und warf sich dem Bruder entgegen.

Wie der Blitz kam Leonardos Abwehr, und klirrend flog der Dolch in einen Haufen säuberlich aufgeschichteter Feldsteine.

Einen Augenblick stand Raphael fassungslos. Dann aber, vorsichtiger geworden, zog er lautlos den zweiten Dolch und winkte seinen Brüdern, mit ihm gemeinsame Sache zu machen. Zu dritt, doch nur mit halber Kraft, stürmten sie auf ihn ein und waren im Handumdrehen ihre Waffen los. Einfach so, mir nichts, dir nichts passiert, und Leonardo stand da mit diesem Siegeslächeln und hatte nicht den geringsten Kratzer abbekommen. Die Überraschung war komplett.

„Der absolute Wahnsinn!“

„Ätzend!“

Michelangelo und Donatello konnten es kaum fassen. Mit einem breiten Lachen quittierte Leonardo die Bewunderung in ihren Stimmen und wandte sich zu Raphael um. Von ihm wollte er es hören, ganz besonders von ihm.

Der aber rang noch immer nach Worten. „Ich werd' nicht wieder", stotterte er endlich und schob seine Augenbinde verkehrt herum. „Wenn ich den Trick nicht auch bald draufhabe, will ich Grashüpfer heißen."

Leonardo strahlte wie eine frisch geputzte Bratpfanne. „Also los, alle mal herhören", begann er. „Ich bring's euch bei." Doch so einfach, wie sie es sich vorgestellt hatten, war die Geschichte freilich nicht, und die Brüder hatten so manche harte Nuß daran zu knacken.

Gerade Raphael, der so begierig gewesen war, die neue Technik als erster zu erlernen, tat sich am schwersten damit und hatte seinen selbst erdachten Spitznamen bald weg.

Grashüpfer hier und Grashüpfer da, von allen Seiten rief es nach ihm. Und wenn er auch so tat, als lache er darüber am lautesten, saß die Blamage doch tief.

Ja, am Ende eines langen Trainingstages voller Mißerfolge wurde der Wunsch nach einem einzigen kleinen Sieg so übermächtig, daß er seine Augenbinde kaum merklich verschob. Viel sah Raphael zwar nicht unter dem haarfeinen Spalt hindurch, doch es reichte aus, Michelangelos Trefferzahl zu verringern und endlich, endlich selbst einen ersten Schlag zu landen. Mit einem Jubelschrei sprang er in die Höhe und ließ seine Dolche Pirouetten drehen, ehe er sie zurück in die Scheiden schob.

„Bist ja doch nicht so blöd, wie du aussiehst, Grashüpfer", lobte Michelangelo und rieb seine schmerzende Schulter.

Wie stolz Raphael vom Platz ging!

Michelangelo aber hatte es eilig, ins Haus zu kommen. Die Schulter war doch härter geprellt, als er zunächst vermutet hatte. Ein paar Streicheleinheiten von Casey zur Massage würden jedenfalls nichts schaden.

Im Haus war alles still, erstaunlich still sogar. So still wie damals im Kanal, als Splinter …

Mit einem Ruck, die Nunchakus kampfbereit, riß Michelangelo die Wohnzimmertür auf. Da saßen sie auf der Sofalehne, April und Casey, friedlich vereint zwischen allerlei bunten Pastellbildern, und hatten tuschelnd die Köpfe zusammengesteckt.

Michelangelo versuchte in großer Verlegenheit, die Nunchakus hinter dem Rücken zu verbergen. „Hi, ihr Turteltäubchen", grüßte er und blieb unsicher zwischen Tür und Angel stehen. „Ich, äh, ich wollte, ich dachte, was wäre, wenn und so …" Er verhaspelte sich hoffnungslos.

„Himmelsackzementnochmal!" donnerte Casey los und rückte so unauffällig wie möglich ein Stückchen weiter von April ab. „Wie oft hab' ich euch Jungs gesagt, ich hasse es, wenn ihr euch so anschleicht!"

„Wenn ich Schuhgröße Kohlenkasten hätte wie du, würde ich auch so laut daherwalzen", gab Michelangelo ungerührt zurück. „Sag mal, kannst du dich vielleicht mal um meine Schultern kümmern?"

Casey zeigte lachend alle Zähne. „Da küß mir doch einer die Goldplombe", rief er und klatschte in die Hände, „die anderen sind verschimmelt! Hast du's vernommen, Neil-O-Pony, dieser grüne Knabe pochte hilfeheischend an deine ärmliche Pforte." Er verdrehte die Augen.

„Hör schon auf!" April mußte wider Willen mitlachen. „Tut's sehr weh, Mikey?"

Michelangelo sah Casey groß an. „Meine Schulter tut verdammt weh, Kumpel …", sagte er dann mit Grabesstimme.

Eilig sprang April auf, um aus einer der Schubladen in ihrem Zimmer ein Massageöl zu holen. Stolz hielt sie es in die Höhe. „Ist es nicht allerliebst anzusehen und noch so viel drin?" Sie schüttelte das Fläschchen.

Aber Michelangelo wehrte mit beiden Händen ab. „Du willst mich doch wohl nicht umbringen, Schwesterherz?

Guck mal“, und dabei hielt er eine fast leere Schachtel schwarzer Schuhcreme in die Höhe. „Feinstes Schildkröten-Wachs“ stand darauf.

April bekam einen Schluckauf vor Lachen. „So schlimm kann's mit der Schulter ja nicht sein“, meinte sie und hickste, „wenn du jetzt schon vorhast, 'ne kesse Sohle aufs Parkett zu legen. Wie wär's mit dem berühmten Schildkröten-Panzer-Plattler, holidohiho?“ Sie probte einen mißglückten Jodler.

Einzig Casey blieb wortkarg. Wenn er als Masseur gefordert wurde, gab's keine halben Sachen.

Dankbar seufzend nahm Michelangelo auf einem Hocker Platz. Wie gut es tat, die verzerrten Muskeln zu lockern!

„Wer hat dir denn da so voll auf den Punkt gelangt?“ fragte Casey einmal und griff mit beiden Händen zu.

„Ich!“ kam es von der Tür, ehe Michelangelo antworten konnte, und Raphaels Schatten verdunkelte den Raum.

„Hey, affenturbomäßig stark!“ Casey legte anerkennend den Kopf schief. „Ich krieg' zwar nicht mit, was das für ein neues Spielchen mit euch ist, aber hast du's jetzt gecheckt?“ Erwartungsvoll sah er Raphael an.

Der murmelte nur etwas Unverständliches, und Leonardo, der dem Kampf als Schiedsrichter beigewohnt hatte, schwieg. Aber er bedachte Raphael mit einem so sonderbar funkelnden Blick, daß diesem unbehaglich zumute wurde.

Hatte Leonardo etwas bemerkt?

Raphael schlug die Augen nieder. Die Freude von eben wollte ihm plötzlich nicht mehr schmecken. Bis in den Schlaf hinein verfolgte ihn das schlechte Gewissen. Unruhig versuchte er lange, endlich richtig einzuschlafen. Schließlich warf er verdrossen die Bettdecke zurück und erhob sich so leise wie möglich.

„Raph?“ fragte da eine Stimme durchs dunkle Zimmer.

Leonardo, immer wieder er! Raphael schniefte durch die Nase. Mochte der andere es nun für eine Antwort halten oder nicht.

„Kannst du auch nicht schlafen?“

„Blöde Frage!“

„Wenn es wegen heute nachmittag ist, du weißt schon.“ Leonardo hielt kurz inne, als warte er auf etwas. „Ich kann's verstehen, Raph, echt. Wollt' ich dir bloß sagen.“

Raphael blieb unschlüssig im Dunkeln stehen. Jetzt hätt' ich mal so 'ne richtig satte Wut auf den alten Besserwisser gehabt, fuhr es ihm durch den Kopf, und nun? Wieder nichts! „Ja“, sagte er lahm, „okay.“ Was sollte er auch anderes antworten? Sich aufregen und alles abstreiten, sich entschuldigen, knierutschen oder so? Am besten, er blieb wenigstens jetzt bei der Wahrheit.

„Ich bin eben einfach nicht clever genug“, murmelte er unglücklich. „Was soll's? Wenn's keine Schwachköpfe gäbe, könnte man die Schlaumis gar nicht erkennen.“

Leonardo räusperte sich unterdrückt, um die anderen nicht zu wecken. „Ich, äh, wenn du willst, ich könnt's dir ja noch mal zeigen“, bot er an. „Exklusiv und extraordinär sozusagen, geschlossene Veranstaltung nur für dich.“

„Wieso extraordinär?“ Raphael schob sich durch die spaltbreit geöffnete Tür hinaus ins Mondlicht. „Ich bin auch nicht schlimmer als andere.“

„Was ist, soll ich nun oder soll ich nicht?“ fragte Leonardo, der nicht die geringste Lust hatte, sich noch nach Mitternacht um Wortklaubereien zu zanken.

Raphael nickte. „Von mir aus“, stimmte er zu. „Wenn du unbedingt willst.“ Aber im Grunde freute er sich über das Angebot. Beide liefen leise zum Stall hinüber. Nur der Mond sah zu, wie Raphael seine Nachhilfestunde erhielt.

Weil er immer mit dem eigenen Jähzorn und anderen einander heftig widerstreitenden Empfindungen zu kämpfen hatte, fiel es Raphael schwer, sich mit allen Sinnen auf einen unsichtbaren Gegner zu konzentrieren. Die Kraft des inneren Sehens war bei ihm am schwächsten ausgeprägt und nur mit höchster Willensanspannung zu erreichen.

Jetzt, im Mondlicht, kam er besser damit zurecht, denn die Geräusche des Tages und vor allem seine Brüder lenkten ihn nicht ab. Ihr Schwatzen und Tuscheln, wenn sie ihm bei seinen ungeschickten Versuchen zusahen, war ihm immer wie heimlicher Spott vorgekommen. Jedesmal hätte er dann vor Scham in Tränen ausbrechen können, froh, daß seine Augen hinter der Binde verborgen waren.

„Konzentriere dich!“ hörte er jetzt Leonardos Stimme. „Es ist wie Meditieren. Und laß nichts anderes in dich rein als die Gedanken an deinen Gegner.“

Raphael stand ganz still. Mit aller Kraft ließ er Leonardos Bild vor seinen inneren Augen entstehen, bis ein Summen seine Ohren erfüllte und der Kopf zu bersten schien. Da endlich schob er sich heran, schwach, deutlicher werdend von Sekunde zu Sekunde – Leonardo, seine Schwerter zum Streich gehoben.

Und Raphael parierte den ersten Schlag.

Wie durch Watte erreichte ihn die Stimme des Bruders: „Es ist die Kunst des Unsichtbaren, Raph.“

Splinter! dachte Raphael. Und in dem allmählich verebbenden Summen in seinem Kopf hörte er es wie damals: „Ihr seid auf dem Höhepunkt eures Könnens, meine Söhne. Nur eine letzte, entscheidende Lektion fehlt noch. Aber das muß warten.“

Staunend sah er Leonardo an, der geduldig wartend auf einem Baumstumpf Platz genommen hatte. „Wie hast du es ohne Splinter gelernt?“ fragte er dann.

Leonardo zögerte. Sollte er wirklich dieses letzte Geheimnis auch lüften, nichts zurückhalten, nachdem er die anderen schon alles gelehrt hatte, was er immer noch und immer wieder als ein Wunder an sich selbst erfuhr? Wie erwartungsvoll der Bruder ihn ansah!

Leonardo seufzte. „Es war, als du so krank warst“, begann er langsam nach Worten zu suchen. „Alle dachten, du schaffst es nicht. Dein Schild war total mürbe, und es gab keinen grünen Fleck mehr an dir, nur rot, blau, lila, alle Regenbogenfarben."

„Und du? Hast du es auch gedacht?" fragte Raphael und setzte sich ihm gegenüber.

Leonardo verneinte und nickte fast gleichzeitig. „Ich wollte es nicht denken, weißt du. Ich dachte, wenn ich nicht daran glaube, daß du durchkommen kannst, ist es aus. Und dann habe ich es gemerkt."

„Was?"

„Ich weiß auch nicht", sagte Leonardo. „Es war wie Strom oder so. Es ging durch mich durch oder aus mir raus oder irgendwie so, und in dich rein. Ich hab' mir vorgestellt, wie es in deine Arme und in deine Beine, in den Kopf, den Panzer, einfach überallhin fließen mußte. Und das war, als ob ich in dich reingucken könnte, jeden Tag." Seine Stimme klang unsicher.

Raphael machte ein ungläubiges Gesicht.

„Und du meinst, die Kraft hat's gebracht?" staunte er.

„Ich weiß es nicht", murmelte Leonardo. „Es war nur so, daß ich es in mir gemerkt habe, wie's dir besserging. Wenn ich mir zum Beispiel deinen Arm vorgestellt habe, konnte ich genau sehen, da war's schon okay und da noch nicht, und die Kraft war manchmal rot und manchmal blau in mir drin und manchmal so heiß, daß ich dachte, das halte ich nicht aus. Aber ich hab's doch ausgehalten, und am anderen Morgen war dein Panzer wieder ein ganz klein wenig fester."

„Kapier' ich nicht", gab Raphael es auf.

Leonardo zuckte mit den Schultern. „Ich glaube, ich auch nicht. Aber ich kann erreichen, daß die Kraft wieder durch mich durchläuft und auch, daß sie auf andere überspringt. So wie eben, als ich dir erklärt habe, wie man das macht, was Splinter die Kunst des Unsichtbaren nennt."

Raphael ließ seine Dolche zwischen den Fingern wirbeln.

„Stimmt", sagte er. „Jedenfalls hab' ich's jetzt geschnallt, ganz egal, wie du das hingezaubert hast. Und das andere, na ja, vielleicht geht mir ja auch irgendwann mal der Nippel durch die Lasche.“ Mit einem herzhaften Gähnen stand er auf. „Komm, alter Hexenmeister, kneif deine inneren Augen und deine äußeren und sicherheitshalber auch alle Hühneraugen zu, und heidi! ins Kissen. Morgen zeigen wir den anderen, was ’ne Harke ist.“ Er ging zur Tür.

Leonardo stand auf. Prüfend strich er über die Schneiden seiner Schwerter. Sie waren rasiermesserscharf. „Du warst das letzte schwache Glied in der Kette, Raph“, sagte er langsam. „Wir sind soweit. Es kann losgehen.“

„Wann?“

„Morgen, übermorgen vielleicht.“ Leonardo lächelte. „Komm, ich bin müde.“ Und leise legten sie sich wieder in ihre Betten.

Leonardos Ankündigung hatte Raphael aber auch für den Rest der Nacht einen höchst unruhigen Schlummer beschert. Er träumte von New York. Leuchtreklameblitze und der Dunst des Hudson River tauchten die Bilder seiner Fantasie in gespenstisches Licht, und Leonardo war darin aufgestiegen wie ein Phantom, aus dessen Fingerspitzen Laserstrahlen zischten.

Gegen Morgen war er endlich tief eingeschlafen und wachte erst auf, als das Frühstück schon auf dem Tisch stand und Casey wie jedesmal mit dem Kochlöffel im Topf klapperte und dazu schrie: „Essen fassen, Jungs, oder wir schmeißen es weg.“ Leonardo und die anderen saßen schon bei Tisch, als er schlaftrunken und ungewaschen die Treppe herunterpolterte.

Michelangelo blinzelte ihm zu. „Ein Schläfchen am Abend, erquickend und labend, ein Schläfchen am Morgen bringt Kummer und Sorgen“, reimte er und bestrich ein Brötchen mit Erdbeermarmelade. „Na, wie wär’s mit uns beiden, Grashüpfer? Kleines Schachmatt gefällig?“

„Wechsle lieber die Marmeladensorte“, spöttelte Raphael ungerührt zurück. „Du wirst einen Vitaminstoß brauchen, wenn ich dir heute die Flötentöne beibringe." Aber er war nicht recht bei der Sache. Wie konnten die anderen so ruhig dasitzen? Hatte Leonardo noch nichts gesagt? Wußte noch keiner davon? Oder waren die einfach nur so verdammt cool, während ihm vor Aufregung das Frühstücksei im Hals klebenblieb? Unlustig kaute er auf seinem Brötchen herum und schoß Leonardo immer wieder überredende, fragende, ungeduldige und allmählich zornig werdende Blicke zu. Was hatte er davon, daß er alle auf die Folter spannte? Und bei dieser Überlegung vergaß Raphael ganz, daß die anderen schlichtweg ahnungslos waren.

Mit dem letzten Schlückchen Kaffee, das irgendeiner in der Runde geräuschvoll geschlürft hatte, schob Leonardo endlich den Stuhl zurück und stand auf. „Ich denke", sagte er und sah einen nach dem anderen an, „wir sind fertig hier."

„Fertig? Wie meinst du das?" Casey hatte den bedeutungsschweren Unterton in Leonardos Stimme nicht überhört.

„Es wird Zeit zurückzugehen." Leonardo stellte nichts zur Diskussion, nichts in Frage. Wie selbstverständlich hatte er die Rolle des Anführers übernommen, und etwas Neues, Starkes in seinem Blick verriet, daß dies mehr war als nur eine Aufgabe.

Zurück.

April hatte es immer gewußt, eines Tages würde es soweit sein. Aber zurück, wohin war das? Ihr Haus, ja selbst ihr Job, waren Opfer des Foot-Clans geworden. Gab es für sie überhaupt ein Zurück?

Leonardo schien Gedanken zu erraten. „Wir wohnen bei uns", sagte er. „Platz", er lächelte zum ersten Mal, „Platz haben wir massig genug."

Casey schenkte April einen unsicheren, besorgten Blick. „Sie werden uns finden", murmelte er. „Willst du nicht lieber hierbleiben?" Das hätte er lieber lassen sollen.

April wirbelte mit einem Fauchen herum. „Ich? Hier? Bist du noch zu retten?"

„Ich schon." Casey wirkte grimmig. „Aber du vielleicht nicht."

Sein ungewohnter Ernst nahm Aprils Empörung den Wind aus den Segeln. Wie konnte sie wütend sein, wenn er sich einfach nur um sie sorgte? Aber hierbleiben, untätig miterleben, wie diese Ameisen im schwarzen Dogi mitsamt ihrer Burg dem Erdboden gleichgemacht wurden? Das ging auf keinen Fall.

Hilfesuchend griff sie nach Leonardos Hand. „Sag du ihm, daß ich mitkommen muß, bitte."

Der Turtle nickte knapp. „Chagadak, Schwester, abgemacht."

„Verdammt", brauste Casey auf, „bist du auf einmal der King hier oder was?" Er hieb mit der Faust auf den Tisch.

Leonardo schüttelte den Kopf. „Laß Dampf ab, Kumpel", sagte er. „Wir werden sie finden, ehe sie uns finden!" Er ließ sich auf dem Sofa nieder.

Casey warf April einen Blick zu, der Bände sprach. „Mach, was du willst", knurrte er und versuchte, den alten Ton wiederzufinden, der zwischen ihnen geherrscht hatte. „Aber heul mir hinterher nicht vor, du brauchst eine Perücke, wenn dein Skalp an ihrem Gürtel baumelt." Und er zog sie an den Haaren.

„Nein, Darling", flötete April, „bestimmt nicht, Darling."

Casey wandte sich angewidert ab. Darling! Darüber würden sie ein andermal reden, unter vier Augen.

Michelangelo, der die ganze Zeit von einem zum anderen geschaut hatte, versetzte Donatello einen derben Stoß. „Ich sehe was, was du nicht siehst! Mann, und dabei hätte ich ihretwegen sogar 'n Stück kalte Pizza mit Anchovis verputzt." Er schniefte laut und schielte zu April hinüber.

„Mach dir nichts draus, Kleiner", tröstete ihn Donatello und streichelte ihm den blanken Kopf. „Aus jeder Traumfrau wird mal ’ne Ehefrau. Hauptsache, es ist nicht deine.“ Empört rannte Casey aus dem Zimmer. Prustend vor Lachen stoben die Turtles hinter ihm her. Wer konnte schon wissen, wann sie wieder einmal Zeit für eine Partie Crickett haben würden?

Für Danny Pennington waren die vergangenen Tage die längsten seines Lebens.

In der Anfangszeit war ihm sein Zusammensein mit den Foot-Brüdern wie ein Spiel erschienen. Krimis hatten ihn schon im Fernsehen fasziniert, und wenn er mit den anderen zusammen New York unsicher gemacht hatte, war er sich oft wie im Film vorgekommen. Es war aufregend gewesen, ein Abenteuer, aber seltsam unwirklich. An dem Tag erst, an dem er der Polizei ins Netz gegangen und ein Fall der Verbrecherkartei der Stadt geworden war, hatte sich sein Leben von Grund auf verändert. Aus dem Fernsehbonzen-Sohn war ein kleiner Miesling geworden, einer mit langen Fingern, dem keiner mehr traute. Trotzdem war er darüber nicht unglücklich gewesen. Zugegeben, das alte Leben war verloren. Aber hatte er nicht zugleich ein neues begonnen, und zwar in einer Familie, in der man ihn ernst nahm? War das nicht mehr, als er seit dem Tod seiner Mutter erfahren hatte?

In eine dunkle Nische des verbotenen Heiligtums gekauert, eingepfercht zwischen Kisten, deren Inhalt er mitgeholfen hatte zu „managen“, wie es im Haus hieß, zerpflückte Danny immer von neuem die kurzen Minuten mit der alten Ratte.

Er verstand sich selbst nicht mehr. Warum hatte er sie überhaupt an sich herangelassen? Warum war er nicht weggelaufen, als sie zu reden anfing? Warum war er erst jetzt auf die Idee gekommen, daß sie sich vielleicht nur an ihn herangemacht hatte, um einen Fluchthelfer zu gewinnen?

Danny schnaufte verächtlich durch die Nase und ahmte

die Sprechweise der alten Ratte nach: „Alle Väter sorgen sich um ihre Söhne!“

So ein Käse, dachte er. Das ist gelogen, und zwar doppelt und dreifach.

Am liebsten hätte er es laut hinausgeschrien, zumindest laut genug, um ganz New York und einen bestimmten Mann damit zu wecken. Ach was, zu wecken! Zu schütteln, ihm das Innerste nach außen zu stülpen, bis es klar und offen dalag, für jeden sichtbar: Aus diesem und jenem Grund mache ich mir nichts aus meinem Sohn!

Doch im Haus des Shredders schrie man nicht, sondern baute Mauern aus Schweigen um sich selbst, wenn man down war. Außer, man hieß Daniel B. Pennington und war ein sentimentaler Spinner, der den Mund nicht halten konnte. Oder war er das etwa doch nicht?

Hatte die alte Ratte wirklich etwas Besonderes, nicht nur weil sie groß war und sprechen konnte? Hatte sie tatsächlich etwas Unbeschreibliches an sich, etwas merkwürdig Mächtiges, etwas, das man spürte, sobald sie einen mit einem einzigen Blick zu durchdringen schien?

Ratlos und unglücklich über all die Zweifel, die ihn da befallen hatten, war Danny irgendwann aus seinem Versteck geklettert. Er hatte dabei einen Bogen geschlagen, um nicht noch mal auf die Ratte zu treffen, und sie nur aus den Augenwinkeln angesehen. Wenn er es nicht besser gewußt hätte, hätte er gedacht, sie sei tot. Schaudernd wandte er sich ab.

In genau diesem Moment griff es wie mit Stahlklammern in sein Genick, und eine Stimme sagte: „Hab' ich dich, Wanze!“

Danny wagte keine Bewegung. „Sie, Sie wollten mich sprechen, Meister Tatsu?“ Der Versuch, tapfer zu klingen, mißlang völlig.

„Wir sprechen uns bereits!“ Ein Stoß mit dem Knie in den Rücken verlieh der Drohung Nachdruck genug. „Los, beweg deine Knochen!“

Danny stolperte und schlug mit dem Knie schmerzhaft auf die Kante eines Blechcontainers. Er schrie auf. Doch Tatsus Faust lockerte sich nicht.

„Weiter, Schwachkopf!“

Danny gehorchte, doch sein Magen zog sich vor Angst zusammen. Was hatten sie mit ihm vor? Ihn wie die alte Ratte an die Wand hängen? Ihn umbringen?

„Warum?“ fragte er.

Ein Knurren, gefolgt von einem derben Schlag, war die einzige Antwort.

Mit dem Mut der Verzweiflung riß Danny sich los, duckte sich in einer Rolle unter Tatsus Arm weg und hatte schon fast die Deckung einer der Kistenwände erreicht, als ihn ein Fußtritt von den Beinen und, Kopf voran, zwischen das Diebesgut fegte.

Außer sich vor Wut über den unverhofften Widerstand des Jungen, sprang Tatsu ihm nach. Kartons, Teppichrollen, prallvolle Säcke und Geräte, alles flog durch die Gegend, was Tatsus Weg versperrte.

Nur eine Reihe gestapelter Waren lag noch zwischen ihm und Danny, als eine Hand von rückwärts in Tatsus Drachen-Dogi griff und eine entsetzte junge Stimme schrie: „Aufhören, Meister Tatsu, aufhören, bitte! Bitte!“

Wie eine lebende Kampfmaschine wirbelte der Japaner in einer vollendeten klassischen Luftpirouette herum. Sein Ellenbogen schmetterte gegen die Rippen, sein Fuß in einem furchtbaren Schwinger gegen die Schläfe des Gegners, ehe Tatsu diesen überhaupt bewußt wahrgenommen hatte.

„Tommy!“ In Dannys Kopf war es ein Schrei, doch sein Mund formte nur lautlos die Buchstaben.

Wie in Zeitlupe sah er den Freund zur Seite kippen, gegen irgendeine Kante prallen und fallen. Wie entsetzlich still er liegenblieb ...

Alle Angst um die eigene Sicherheit fiel von Danny ab.

Nichts zählte, nur Tom. Mit drei, vier Sprüngen war er bei ihm, legte die Finger an seinen Hals, wie man es ihn gelehrt hatte, um den Puls zu fühlen. Doch Tom brauchte keine Hilfe mehr.

Blankes Entsetzen im Blick, sah Danny zu Tatsu auf.

Dessen innere Anspannung ließ langsam nach, und mit der Ernüchterung kam das Begreifen. Einen schmächtigen Burschen sah er vor sich liegen, fast noch ein Kind. Nein, ein Gegner war das nicht gewesen, nicht für einen Meister seines Faches wie Tatsu. Mit diesem Sieg war also kein Lorbeer zu gewinnen.

Mit einem Schulterzucken warf Tatsu das leise Bedauern ab, das der Anblick des toten Jungen in ihm hervorgerufen hatte.

Einer mehr oder weniger, dachte er, was soll's? Was macht das schon? Hätte er seine Finger nicht in anderer Leute Angelegenheiten gesteckt ... Heftig zerrte er Danny schon wieder auf die Füße.

Tom, dachte Danny nur: Tom.

Willenlos ließ er sich mitzerren, ohne zu begreifen, wohin. Den Shredder bemerkte er erst, als Tatsu sich verneigte und Danny dabei ebenfalls zu einer Verbeugung zwang.

„Diese Launen der Natur, diese mißratenen Spielereien des Bösen, diese grünen Möchtegern-Schildkröten ..." Der Shredder sprach, als müsse seine Stimme die Luft scheibchenweise zum Einatmen vorbereiten. „Wo sind sie abgeblieben, du Laus? Wie konnten sie vor den Augen unserer Soldaten verschwinden? Antworte, wenn dir dein Leben lieb ist!"

Danny hatte Mühe, die Bedeutung der Worte überhaupt zu begreifen. Sein einziger Freund war tot, ermordet von Tatsu! Und dieser wandelnde Blecheimer da vor ihm sprach von grünen Schildkröten.

Eine mit den Augen kaum nachvollziehbare Bewegung

des Shredders, und Dannys Finger zuckten zu der heißen Spur, die plötzlich seine Wange zerschnitt.

„Antworte!"

Als habe das Blut an seinen Fingern Dannys Lebenswillen neu geweckt, kam eine wilde Entschlossenheit in ihm auf. Eine Idee nahm mehr und mehr Gestalt an. Tommy, dachte er, du hast es nicht umsonst getan, ich verspreche es.

Tatsus Faust im Nacken schien Dannys Wirbel zu zermalmen, als er den Jungen mit dem Kopf bis vor die Füße des Shredders niederzwang. „Seinen Meister läßt man nicht warten", knurrte er und lockerte den Griff gerade genug, um den Schmerznebel über Dannys Denken zu lüften.

„Antworte! Wie konnten sie entkommen?"

„Sie, ja, also, sie haben einen Zauber", sagte Danny langsam. „Sie können sich damit unsichtbar machen. Es hängt, äh, es hängt mit ihren Panzern zusammen. Und der Zauber macht auch riesenstark, unbesiegbar." Er befeuchtete seine trockenen Lippen.

Der Shredder schwieg. Nur seine sonst so undurchdringlich wirkenden Augen blieben manchmal an Danny hängen, zweifelnd, unsicher und glitzernd vor Habgier.

„Wo sind sie?" fragte er dann.

„Ich weiß es nicht!"

Danny zögerte kaum merklich. Sollte er wirklich alles auf eine Karte setzen? Aber da war wieder Tommys Gesicht mit dem blutigen Mal an der Schläfe vor seinen Augen. Nein, er, Danny, würde nicht kneifen. Verlaß dich drauf, Tommy!

„Ich weiß es echt nicht", wiederholte er und unterdrückte mit Mühe einen Schmerzensschrei, als sich der Druck der unbarmherzigen Faust in seinem Nacken verstärkte. „Aber ich kann es rauskriegen." So, jetzt war es heraus.

Wie man junge Hunde am Nackenfell hochzieht, stellte Tatsu Danny einfach auf die Füße.

Schweigend forschten sie ihn mit Blicken aus. Der Shredder und Tatsu senkten ihre Augen wie Echolote in seine

Seele. Doch Danny hielt stand. Zitternd, in Schweiß gebadet, auf nichts konzentriert als die Erinnerung an Toms Gesicht.

Wie sie dabei miteinander Kontakt hielten, erkannte Danny nicht. Dennoch mußte es ein geheimes Zeichensystem geben, denn plötzlich übernahm Tatsu die Rolle des Fragestellers.

„Wie willst du es rauskriegen?"

Danny verzog keine Miene. Wie oft hatten Tom und er solche oder ähnliche Verhöre während des Durchhaltetrainings über sich ergehen lassen! Nein, er würde nichts von seinen Plänen preisgeben!

„Wie?" Bösartig klang es. Tatsu verschränkte die Arme vor der Brust, als müsse er sich selber binden. Doch im Widerspruch dazu huschte der Abglanz eines amüsierten Lächelns über seine Züge. Er mochte es, wenn seine Schüler Erfolge vorwiesen. Und im Verhör gegen den Shredder zu bestehen - alle Achtung!

Danny schob die Hände in die Hosentaschen, um ihr Zittern zu verbergen.

„Einfach so", sagte er gespielt leichthin. „Ich kann's rauskriegen. Das ist alles."

Der Shredder schwieg wie zuvor, aber er mußte wieder ein Zeichen gegeben haben, denn Tatsu gab nach.

„Beweise es!" befahl er, schon weniger barsch. Abwartend sah er zu seinem Herrn und Meister auf. Dieser hatte sich längst wieder völlig in der Gewalt, die schrägen Augen verrieten nichts mehr. Eine knappe Bewegung des Helms, kaum ein Nicken in Dannys Richtung, dann schlug er den Radmantel enger um sich und ging.

Tatsu starrte ihm eine Weile ebenso schweigend hinterher wie Danny. Als er sich zu dem Jungen umwandte, war sein Ausdruck ebenso undurchdringlich wie der des Shredders. „Geh!" befahl er scharf. „Und vergiß nicht, wir sind überall."

Danny verstand die Drohung nur zu gut. Der kleinste

Fehler, und sie würden ihn schnappen, die Spione der Foot auf seiner Spur. Trotzdem zuckte er nur leichthin mit der Schulter, ehe er sich übertrieben langsam zum Gehen wandte. Solange sie ihn brauchten und solange sie ihm trauen mußten, weil es keine andere Chance gab, das Ziel zu erreichen, so lange würde ihm nichts geschehen, nicht einmal dann, wenn Tatsu vor Wut glühte. Er durchquerte widerwillig die Trainingsräume. Die Stelle, an der Tom gefallen war, lag leer, als Danny dem Ausgang zu strebte. Kein Blutströpfchen verriet, was dort vor wenigen Minuten erst geschehen war. Man hatte frisch geputzt, den Boden mit Sand gescheuert. Es knirschte unter Dannys Füßen. In Gedanken sah er sie vor sich, wie sie Tom an Beinen und Schultern gepackt, in eine Decke gerollt und fortgeschafft hatten. Irgendwo am Hudson, vielleicht im Central Park oder an einer Autobahn würde man ihn finden. „Polizei tappt im Dunkeln" würde es in den Zeitungen wieder heißen. Die Foot hinterließen keine Spuren.

Die Nachtluft draußen war kalt und windig. Eine Bö fegte Danny entgegen, die ihn fröstelnd die Arme unterschlagen ließ. Der schwarze, eng anliegende Dogi war dünn wie eine zweite Haut. Aber zurück? Im Umkleideraum die eigenen Sachen holen? Danny schüttelte den Kopf. Er hatte die Entscheidung bereits gefällt. Nur einmal noch wollte er das Lagerhaus betreten, aber noch war es nicht soweit. Betont langsam und als habe er ein festes Ziel, machte er lange Schritte. Er wußte, die Verfolger waren hinter ihm, auch wenn er sie weder hörte noch sah. Es mußte ihm gelingen, sie abzuschütteln. Bloß wie?

Die U-Bahn fiel ihm ein. Wenn es irgendwo gelingen könnte, dann dort. Er war sonst nicht besonders geschickt darin, Verfolger abzuschütteln, nicht ohne Tom.

Dannys Schritte wurden länger, bis er schließlich in einen zügigen Trimm-Trab verfiel. Er wollte jetzt nicht an den Freund denken. Er mußte einen klaren Kopf behalten.

Auf der Treppe zum U-Bahnschacht hörte er sie dann zum ersten Mal hinter sich. Sie waren zu zweit, höchstens zu dritt, und sie mußten müde sein. Wie sonst war es zu erklären, daß einer von ihnen gegen einen der vielen Abfallkörbe gestoßen war? Das Scheppern des Metalls dröhnte durch die Tunnelröhre wie ein Gong.

Dort oben also waren sie, gut zwanzig Schritte von ihm entfernt. Es mußte reichen! Dannys Atem ging keuchend, und das Stechen in seinen Seiten schien sich über den ganzen Körper verteilt zu haben. Gerade jetzt aber durfte ihn nicht das allergeringste Geräusch verraten.

Den Arm vor den Mund gepreßt, um den Atem zu dämpfen, huschte er auf zwei Telefonhäuschen zu, die Rücken an Rücken zu beiden Seiten des Bahnsteigs standen. Die Enge zwischen den beiden geschlossenen Rückwänden reichte kaum für seinen schmalen Körper aus, doch als er endlich hineingeschlüpft war wie der Korken in den Flaschenhals, war er zum ersten Mal zufrieden mit seiner dürren Schlaksigkeit.

Es war allerdings nicht genügend Platz, um vernünftig durchzuatmen. Beklemmende Angst machte sich mit der wachsenden Atemnot breit, und das Verlangen nach einem einzigen, tiefen Atemzug mit frischer Luft fing an, sein Denken zu beherrschen. Aber er gab nicht nach. In wenigen Minuten mußte ein Zug einlaufen. Wie alle Foot-Leute hatte er den Fahrplan auswendig im Kopf, denn es konnte unter Umständen lebensnotwendig sein, eine Bahn zu erwischen, ohne kostbare Sekunden mit dem Studium der Abfahrzeiten zu vergeuden. Im einsetzenden Gedränge würde er seine Chance nutzen.

Danny lehnte seinen Kopf an die Zellenwand zurück, um seine Uhr besser im Auge behalten zu können, denn er hatte die Arme hochgeschoben. So war es leichter, aus dem Schacht wieder ins Freie zu gelangen.

Einmal sah er auch einen der Verfolger. Nur ein Schatten

war es, unvorsichtig in den Lichtkegel einer der Lampen des Schachts gehuscht. Wer es nicht besser wußte, hätte ihn für eine optische Täuschung gehalten. Es mußte der Anführer gewesen sein, denn er hatte mit beiden Armen Zeichen gegeben; die rechte Faust für rechts, die linke Handfläche für links. Es konnte nur bedeuten, daß er je einen seiner Leute in den U-Bahntunnel aussandte, um die verlorene Spur dort zu suchen.

Lautlos lachte Danny in sich hinein. Die mußten an ihrem Verstand zweifeln, die drei. Immerhin hatten sie gesehen, daß er in den U-Bahnschacht hineingelaufen war. Daß er nicht zurückgerannt war, wußten sie ebenfalls. Er hätte also an ihnen vorbeikommen müssen. Aber wo steckte er dann?

Auf die Idee, zwischen den Telefonzellen nachzusehen, würden sie nie verfallen. Kein Mensch käme auf den Gedanken, daß sich mehr als eine Katze dort verstecken könnte. Und wenn Tom ihm nicht eines Tages gezeigt hätte, wie man die seitliche Verschalung der Zellen mit einem Griff löste und dahinterschlüpfte, hätte auch Danny nichts davon geahnt.

Tom, immer wieder Tom. Danny schloß die Augen.

Lange ehe der Zug tatsächlich einlief, spürte Danny sein Kommen schon am Vibrieren der Metallwände an Brust und Rücken. Mühsam und vorsichtig zugleich, begann er, sein Versteck zu verlassen. Es war nicht leicht, sich aus der Enge zu befreien, ohne verdächtige Geräusche zu verursachen und noch schwieriger, unbemerkt zwischen den Zellen herauszutreten.

Eine Frau, die unbedingt telefonieren wollte, hätte Dannys Pläne dann fast zum Scheitern gebracht. Sie hätte ihn gesehen, und ihr Alarmgeschrei hätte ihm nicht nur die Foot, sondern auch die Polizei auf den Hals gehetzt. Ein Teenager im schwarzen Dogi war nach April O'Neils letzter Sendung für alle Welt ein Alarmsignal.

Noch länger auf eine nächste U-Bahn warten? Dannys Nerven begannen zu flattern.

Da, den Hörer schon in der Hand, besann die Frau sich auf einmal anders. Vielleicht hatte sie Angst bekommen, den Zug zu verpassen, jedenfalls eilte sie zur Bahnsteigkante. Fast gleichzeitig mit ihr verließ Danny die Telefonzelle.

Er hatte richtig kalkuliert. Niemand beachtete im allgemeinen Schieben und Drängeln einen dünnen jungen Burschen mit schmuddeligen schwarzen Hosen und einem ebensolchen Rolli. Unbemerkt mogelte er sich unmittelbar hinter der Lok in den vordersten Wagenabschnitt und drängte sich dann im eiligen Zickzack weiter nach hinten vor.

Zufrieden sah Danny wenig später auch die drei Foot-Leute im Wagen auftauchen. Sie hatten ihre schwarzen Rollkragenpullover zur Tarnung mit der hellen Innenseite nach außen übergestreift, doch Danny kannte einen von ihnen flüchtig aus dem Haus. Sie gaben sich keine Mühe mehr, Dannys Blicken auszuweichen und harmlos zu tun, im Gegenteil, sein Bekannter hob grüßend die Hand. Für Danny war klar, warum. Die Meldung über seinen Aufenthaltsort war weitergeleitet. An jeder Haltestelle der U-Bahn würde ihn ein neues Beschattungsteam in Empfang nehmen, wenn, ja wenn ...

Wieder fiel Tom ihm ein. In jeder freien Minute hatten sie nachts das sogenannte U-Bahn-Spiel gespielt. Es bestand darin, daß sie sich einen möglichst menschenleeren oder im Einstiegsbereich freien Wagenabschnitt auswählten und versuchten, an der Vibration unter ihren Füßen zu erkennen, wann die Fahrt weiterging. In allerletzter Sekunde, oft so knapp, daß die automatisch schließende Tür ihre Kleidung streifte, hatten sie den Sprung ins Freie riskiert. Tom war dabei allerdings immer viel gewandter und kaltblütiger gewesen.

Danny schüttelte den Gedanken an Tom ab und konzentrierte sich. Gleich mußte es soweit sein. Mit zwei Sätzen, zu schnell für die drei ein paar Sitze weiter vorn plazierten Foot, war er an der Tür und draußen. Noch während er sprang, schlossen sich die Hälften der Tür hinter ihm.

Geschafft! Drinnen im blitzschnell Geschwindigkeit aufnehmenden Zug sah Danny die Foot toben. Zu spät! Er grinste. Für diesmal war er ihnen entkommen. Niemand würde ihn oben am Eingang zum U-Bahnschacht erwarten.

Viel Vorsprung würden sie ihm aber nicht lassen, die nächste Haltestelle war nur Minuten entfernt, kaum genug, um endgültig zu verschwinden.

So schnell er konnte, jagte er den Weg zurück, den er gekommen war. Stetiger Regen hatte eingesetzt, und das Straßenpflaster spiegelte das Licht aus Schaufenstern und Leuchtreklamen zurück. Im schmierigen Ölfilm, der sie überzog, verwandelte sich die Straße unter dem Einfluß der Nässe in eine Rutschbahn. Danny bog schlitternd in eine dunklere Seitengasse ab, verschwand im Gewirr eng verschachtelter Altbauten und hatte sein Ziel erreicht.

Vorsichtig preßte er sich in den Schatten eines Torbogens und bändigte die keuchenden Atemzüge hinter der vorgehaltenen Hand. Doch so angestrengt er auch spähte und lauschte, nichts war zu entdecken. Nur der eigene Herzschlag schlug ihm gegen die Rippen, daß es schmerzte. Immer in der ängstlichen Erwartung, doch noch einen der huschenden Schatten zu bemerken, löste Danny sich endlich von der Hauswand.

Der Deckel glänzte schwarz im Nieselregen und ließ sich nur schwer bewegen. Danny ächzte vor Anstrengung und verwünschte seine Finger, die nicht stark genug waren, den Deckel in den beiden Grifflöchern zu packen und über den Rand des Einstiegs hochzuheben.

Was nun? Ja, vielleicht ging es so.

Hastig zerrte er den Gürtel, sein Erkennungszeichen als

Foot-Bruder, aus den Hosenschlaufen und schob ihn unter den Metallsteg, der die Grifflöcher überspannte. In der Schlaufe fanden beide Hände genügend Halt, und endlich ruckte der Kanaldeckel an.

Danny schob ihn nur so weit beiseite, daß er gerade einsteigen konnte. Die seitlich im Schacht für die Kanalarbeiter montierte Trittleiter war naß und glitschig, langsam stieg er hinunter, bis nur noch sein Kopf zu sehen war. In aller Eile machte er den Gürtel los, hängte ihn sich um den Hals und schob und zerrte, bis der Deckel leise knirschend über ihm in den Stützring zurückglitt.

Aufatmend blieb Danny eine Weile still auf der obersten Eisensprosse der Trittleiter stehen. Er wußte nicht, war ihm übel von der überstandenen Anstrengung oder von der Schwüle, die ihm da aus New Yorks Unterwelt entgegenschlug.

Die letzte Pizza aus Aprils altertümlichem Backhäuschen draußen im Hof des Farmhauses war restlos verputzt. Ein paar Krümel lagen noch verstreut auf dem Tisch, aber über die machte Donatello sich gerade gedankenverloren her. Ungewöhnlich sorgfältig tupfte er Bröselchen um Bröselchen auf, indem er den Zeigefinger mit Spucke befeuchtete und alles, was daran haftengeblieben war, in den Mund schob.

Michelangelo sah ihm schon eine ganze Weile dabei zu, als er plötzlich breit zu schmunzeln begann. „Hey, Don, fühl doch mal sicherheitshalber nach, ob dir schon ein paar Schwanzfedern am Hintern sprießen!“ kicherte er. „Was für ’n Huhn soll denn bei der ganzen Pickerei aus dir werden?“ Er beugte sich weit über den Tisch.

„Vielleicht ’ne eierlegende Wollmilchsau mit Pizzageschmack“, stimmte Raphael vergnügt ein. „Oder ein seltenes Krötenhalsperlhuhn, das täglich vier bis sechs Eier legt, frisch auf den Tisch.“

„Gackdag – gackagack-dack!“ kakelte Donatello zurück und bewegte die angewinkelten Ellenbogen hoch und runter, als pumpe er Luft zum Fliegen. „Paß nur auf, daß ich nicht gleich ein Hühnchen mit dir rupfe.“

April hielt sich bei dem Spektakel gequält die Ohren zu. „Hört doch endlich mal auf, ihr Superdauerschwätzer!“ protestierte sie. „Wie soll sich bei dem Lärm auch bloß ein einziger vernünftiger Mensch konzentrieren können?“

„Hab' gar nicht gewußt, daß du so was bist!“ Donatello klopfte die Hände ab und blies aus alter Gewohnheit über den Tisch, um die Platte zu putzen. April schüttelte nur den Kopf.

„Hast du diese dämliche Liste noch nicht endlich durch?“ maulte Casey von der gegenüberliegenden Tischseite. Er langweilte sich nämlich. „Ich will jetzt los, Miß Ordnungsfimmel, verstehst du?“

„Ja doch, ja doch“, wehrte April ab und machte einen letzten Haken neben der Eintragung auf der Liste aller Dinge, die zu erledigen sie sich vorgenommen hatte. „Ich will dieses Haus nicht noch einmal so vorfinden wie vor unserem Aufenthalt hier. Und ehe ich die Hälfte vergesse, schreibe ich lieber auf, was mir irgendwann mal eingefallen ist. Das Prinzip müßte selbst einem wie dir einleuchten.“

„Entzückend, Baby!“ seufzte Casey und stand auf. „Können wir jetzt?“ Er hielt ihr betont zuvorkommend die Tür auf. Die Turtles standen schon wie eine Riege am Lieferwagen, da blieb April, den Finger an der Nase, plötzlich stehen. „Wir haben etwas vergessen.“ Das schlug ein wie eine Bombe.

„Was?“ Fünfmal Empörung in nur einem Schrei.

„Wir haben vergessen, daß wir morgen gegen zehn Uhr früh in New York sind, wenn wir jetzt losbrummen, und daß ihr vier verhinderten Laubfrösche dann im Auto zu sehen sein werdet.“ April blickte von einem zum anderen und grinste kläglich. „Hatte vielleicht nur ich das vergessen?“

Betretenes Schweigen.

Casey fand - natürlich - als erster die Sprache wieder. „Recht hast du, Superhirn“, meinte er bissig und setzte sich in die offene Fahrertür. „Aber wie, bitte, stellst du es dir vor, tagsüber zu fahren? Glaubst du, unsere vier Kumpels sind dann weniger grün als frühmorgens?“

Diesmal war es an April, verlegen nach unten zu schauen. Sie kratzte sich am Kopf. „Wir brauchen ein Versteck für sie“, sagte sie schließlich und marschierte zurück zum Haus. „Vielleicht finden wir drinnen etwas Passendes.“ Ächzend und nörgelnd folgten ihr die anderen. Hieß das jetzt etwa noch einen Tag dableiben?

Das Haus wirkte fremd mit all den tücherverhangenen Möbeln. Ein strenger Lavendelgeruch erfüllte jeden Raum. April hatte Dutzende von Leinenbeutelchen auf der vorsintflutlichen Nähmaschine ihrer Großmutter genäht und mit den ringsum im Garten wild wuchernden Blüten gestopft.

„Gegen Motten“, hatte sie erklärt und sich auch durch Casey nicht beirren lassen, der behauptete, ein wahrhaft seine Umwelt liebender Mensch gönne selbst den kleinsten Lebewesen etwas Gutes zwischen die Beißerchen. April stemmte die Arme in die Seiten und sah sich um.

„Wenn du von etwas Passendem sprichst, spukt dir doch sicher schon eine Idee unter deiner hübschen Putzwolle herum“, meinte Casey, der hinter April eingetreten war.

„Putzwolle?“ fragte April empört und bekam rote Wangen. „Weißt du, wieviel Papilloten ich mir dafür reingedreht habe?“

„Genau 1001, Scheherazade“, feixte Casey. „Erzähl mir ein Märchen, und ich find’ dich schön.“ Er hob schmachtend die Hände aufs Herz.

„Könnt ihr denn nie flirten, ohne zu zanken?“ Michelangelo hatte sich ebenfalls ins Haus gedrängt und hob schnuppernd die Nase. „Mann, hier drinnen muffelt’s, ich weiß nicht, wie, aber echt schon ziemlich vermodert.“

„Kommt lieber mal her“, rief April aus dem Nebenzimmer und verkniff sich einen Blick unter den bereits mit einem Kopfkissenbezug zugehängten Spiegel. „Ich hab’ da so eine Idee.“

„Wenn sie Idee sagt, meint sie Arbeit für zehn Mann“, stöhnte Casey und zockelte voll böser Vorahnung hinter Michelangelo und seinen Brüdern drein. Damit lag er gar nicht so falsch. April hatte das Leintuch von einem breiten Schrankbett abgestreift. „Hier“, sagte sie und klopfte auf das Bett, „ist das nichts?“

Verständnislos blickten die anderen von ihr zum Bett und umgekehrt. Ihre Blicke sprachen Bände.

April genoß ihre Rolle. „Wir könnten es in den Wagen stellen. Es ist nicht zu lang und nicht zu hoch. Wenn man es an der Seitenwand anbringt, müßte es prächtig klappen.“

„Klappen?“ Casey kratzte sich am Ohr. „Du meinst, wenn sie darauf liegen?“

„Wir?“ Die Turtles fragten wie das Echo im Berg.

„Klar“, sagte April fröhlich. „Ich erklär’s euch, wie ich’s meine. Wir bringen jetzt erst mal diese schmale Kommode ohne Schubladen ins Auto. Sie ist genauso groß wie das Bett und aus demselben Holz, wie ihr seht. Dann stellen wir das Bett davor, aber so, daß es nicht abrutschen kann.“

Casey, der an den Fingern mitgezählt hatte, lächelte in gespielter Ergebenheit. „Job Nummer drei, Jungs, hab’ ich’s nicht gleich gewußt?“ Er sah in die Runde.

April tätschelte liebevoll das Schrankbett. „Es ist sagenhaft bequem“, pries sie es an, „außerdem vierturtlemäßig breit. Und ihr könnt es hochklappen und seid in der Kommode dahinter bestens versteckt. Das heißt ...“

Mit einer vergnügten Geste lud sie Casey zum Liegetest ein. „Das heißt“, fuhr sie dann fort, „sobald du diesen Schieberegler am Kopfende betätigst, das geht ganz einfach, schau her, so ...“ Mit einem Ruck klappte das Bett um, Casey inbegriffen.

„Verdammt, du hinterlistige Emanze, laß mich raus!“ Es klang wie mit Pellkartoffeln im Mund und von irgendwo weit her. Die Turtles standen wie versteinert. April aber lachte Tränen, als sie Casey aus der Versenkung entließ.

„Wie war das doch gleich?“ fragte sie, immer noch lachend. „Putzwolle?“ Und dabei zupfte sie ihm ein paar dicke Staubwölkchen aus dem zerzausten Haar.

Casey rang nach Worten. „Wart's nur ab, du Gewitterhexe“, sagte er und rappelte sich auf. „Wart's nur ab!“ Dann ging er hinaus, den Werkzeugkasten zu holen.

So leicht, wie April es sich vorgestellt hatte, war es dann allerdings nicht, einen klapprigen Lieferwagen mit zwei Rückbänken in ein komfortables Wohnmobil zu verwandeln. Alle vier Turtles mußten mit zupacken, und selbst dann noch schwitzte Casey wie der Teufel im Ofenloch.

Die erste Hürde war das Entfernen der Rückbänke, die Metallteile der Bodenverankerung waren nämlich verrostet. Die Männer mochten zerren und schieben, nichts rührte sich. Ein rostlösendes Mittel einzukaufen war es zu spät.

„Bleibt nur, die Dinger abzusägen“, meinte Casey und wischte sich den Schweiß von der Stirn. „Hoffentlich gibt's ein Eisenblatt in dieser Werkzeugkiste von anno dazumal!“ Zu zweit schleppten die Turtles das alte Ding an. Doch Aprils Großvater, aus dessen uraltem Lieferwagen die Werkzeugkiste stammte, hatte vorgesorgt. In der Zeit der sogenannten Prohibition, als Herstellung, Transport und Verkauf alkoholischer Getränke in den USA durch Bundesgesetz verboten waren, hatte er auf der alten Farm nicht nur selbst eine Schnapsbrennerei unterhalten, sondern auch Schmuggeltransporte durchgeführt. Werkzeug für jeden irgend kalkulierbaren Notfall war daher vorhanden.

So fand Casey in einer schmalen Blechschachtel, säuberlich in Ölpapier eingeschlagen, was er brauchte.

„Don und Mike, ihr beide seht inzwischen zu, daß ihr eine Bodenplatte zusammengezimmert bekommt“, kommandierte er und reichte den beiden einen Zettel mit Maßangaben. „Wenn ich die alten Mottenkojen hier überhaupt rauskriege, müssen wir den Boden abdecken, weil man sich sonst an den scharfen Eisenleisten die Füße aufreißt.“

Da fiel April etwas ein. „Oben auf dem Dachboden gibt's ein paar stabile Türen“, sagte sie, „vielleicht, wenn man die passend zuschneidet ...“

Casey gab keine Antwort. Um an die Trageisen der hinteren Sitzbank heranzukommen, hatte er seine langen Beine wie ein Schlangenmensch verdreht und lag fast zwischen den Polsterreihen. Raphael und Leonardo hatten die Heckklappe geöffnet und versuchten, von dort an die andere Seite der Bank zu gelangen. Noch rührte sich nichts. Seufzend warf April einen Blick auf die Uhr. Vier schon, bis zum Dunkelwerden blieben noch etwa fünf Stunden. Ob sie es schaffen würden bis dahin?

Donatello und Michelangelo hatten inzwischen den Dachboden gründlich durchgestöbert. Die beiden Türblätter, von denen April gesprochen hatte, waren aus festen Brettern gezimmert und tatsächlich gut zu verwenden. Auch Casey nickte zufrieden, als die Turtles damit ankamen.

April, die die Szene vom Schlafzimmerfenster aus beobachtet hatte, atmete erleichtert auf. Zumindest dieser Punkt würde ihnen kein Kopfzerbrechen bereiten. Sie trat einen Schritt zurück und betrachtete die alte Kommode, die ohne Schubladen irgendwie zahnlos wirkte. Eigentlich viel zu schade zum Kaputtmachen, dachte sie, und ging trotzdem mit Säge und Schmirgelpapier zu Werk. Die Stege zwischen den Schubladen mußten fallen, wenn das Versteck für die Turtles perfekt werden sollte.

So vergingen Stunden. Unter Ächzen und Stöhnen waren die Rückbänke entfernt und die scharfen Schnittkanten der im Boden verschraubten Trageisen abgefeilt worden. Nach einigem Hin und Her lagen die beiden Bodenplatten leidlich gerade im rückwärtigen Wagenteil, und Casey hatte sich eine Lattenkonstruktion ausgedacht, an der die alte Kommode wie ein Hängeschrank rutschsicher befestigt werden konnte. Als die Turtles das Schrankbett hereinwuchteten und den Klappmechanismus auslösten, paßte höchstens noch eine Brieftasche zwischen Bett und Wand.

„Bestens, Jungs!“ freute sich April. „Super! Jetzt noch ein paar Dübel rein und die beiden Schrankteile verklammert, und mein Schlafzimmer für alle Fälle ist perfekt. Beeil dich, Casey! In spätestens zwanzig Minuten ist es zappenduster.“ Sie sah prüfend nach der Sonne über dem Wäldchen.

„Paß bloß auf, daß bei mir nicht schon gleich zappenduster ist!“ gab Casey beleidigt zurück. „Hast du dir überhaupt schon mal überlegt, wieviel Stundenlohn mir zusteht, Frau General?“

„Wieso Stundenlohn?“ lachte April ihn aus. „Du arbeitest für Kost und Logis, steht doch im Vertrag. Stimmt's, oder hab' ich recht?“ Sie verschränkte die Arme.

„Hey, Leo!“ Casey robbte ein Stück unter dem Wagen hervor, wo er die Muttern mit Fett abgeschmiert hatte, die die Fußbodenplatten hielten. „Du hattest vollkommen recht, neulich, alter Junge. Die Mieze hier kann echt ohne Probleme mit nach New York. Wer bei der anbeißt, kaut garantiert für den Rest seines Lebens auf der Felge.“

„Aber nur, wenn er noch Milchzähne hat wie du“, konterte April und ließ, rein zufällig, den Schraubenzieher auf Caseys dicke Zehe fallen. Danach brachte sie sich lieber für ein Weilchen in Sicherheit, denn Casey tobte wütend auf einem Fuß hüpfend hinter ihr her.

Pünktlich zum Einbruch der Dunkelheit war die Turtle-Falle, wie Casey seine Bettkonstruktion getauft hatte, einsatzbereit. Aufatmend packte er das Werkzeug zusammen.

„Und jetzt?“ fragte Leonardo und sah alle an.

„Will ich erst mal duschen“, gab Casey zurück. „Dann hau' ich mir ein paar Speckeier in die Pfanne und mich selbst aufs Ohr. Und morgen früh um sechs geht's los. Abgemacht?“

„Chagadak!“ Leonardo nickte. „Ein bißchen Wasser und Seife könnten uns auch nicht schaden.“ Er sah an sich herunter.

„Hallo, Süße, schmeiß mal ’n Kessel Wasser an, dein Harem will baden!“ schrie Casey zum Haus hinüber, wo Aprils Schatten hinter dem erleuchteten Küchenfenster zu sehen war.

„Schon passiert!“ kam es zurück. „Wer will, der kann.“

Duschen und Baden waren nämlich auf der Farm ein echtes Ereignis. Da es kein Badezimmer mit den nötigen Einrichtungen gab, hatte Casey gleich zu Beginn ihres Landaufenthaltes sein Erfindertalent glänzen lassen und eine Duschvorrichtung gebaut. Zu diesem Zweck hatte er auf dem Dachboden ein Kanonenöfchen an den Kamin angeschlossen und einen langen Schlauch durch ein Loch im Fußboden bis in die ehemalige Speisekammer nach unten geführt. Das obere Schlauchende hatte er schließlich an einen riesigen Entsafterkessel angeschlossen, in dem das Duschwasser auf dem Öfchen erwärmt wurde. In das untere Schlauchende hatte er zum Schluß eine Gießkannentülle geschoben und mit einer Schelle festgeklemmt.

Wer immer nun duschen wollte, stieg in einen ausrangierten Wäschezuber aus Großmutters Zeiten, der seinen Platz unter dem Schlauch gefunden hatte, und ließ das Wasser laufen. Die Wassermenge konnte leicht mit Hilfe einer Schlauchklemme geregelt werden. Die Temperatur leider nicht. Und so hatte immer ein zweiter Duschkandidat Wasserdienst, um in den halbvoll mit Heißwasser gefüllten Kessel die entsprechende Menge Kaltwasser nachzufüllen.

Die Aussicht auf eine warme Dusche verdrängte jetzt sogar Caseys Hunger, der nach getaner Arbeit seinen Magen rumoren ließ. Händereibend eilte er in die Badestube und warf April unterwegs eine Kußhand zu. „Manchmal bist du sogar zu etwas zu gebrauchen, Zuckerschnecke“, rief er ihr gönnerhaft zu.

April zog es ausnahmsweise vor, nicht zu antworten, ja, sie wandte nicht einmal den Kopf.

„Auch gut, auch gut“, brummte Casey und verschwand endgültig hinter der Tür.

Darauf hatte April ja nur gewartet. Rasch nahm sie die randvolle Gießkanne von einem Hocker und sprang Donatello hinterher, der sich anschickte, die steile Hühnerleiter zum Dachboden hinaufzuklettern, um seinen Wasserdienst anzutreten.

„Laß, Don, ich mach' das heute!“ April setzte ihr reizendstes Lächeln auf. „Casey hat noch was gut bei mir, wegen vorhin am Auto.“ Sie zwinkerte mit einem Auge.

„Klar, verstehe.“ Donatello zeigte sofort Verständnis. „Mixt ihm wohl ein Extraduftwasser oder so, damit du ihn besser riechen kannst?“

„So ungefähr.“

Das Wasser in der Kanne schwappte bedenklich, als April auf dem Dachboden ankam. Schon von der Bodenluke aus sah sie, wie ungeduldig Casey unten am Schlauch zupfte zum Zeichen, daß er fertig eingeseift und duschbereit sei.

Langsam und genüßlich goß April den Wasserkessel aus ihrer Kanne voll und schlug mit dem Kochlöffel gegen die Kesselwand. Zweimal gegongt hieß: Warmwasser marsch! So war es ausgemacht.

Erwartungsvoll lauschend beugte April sich vor. Da, ein Schrei: „Verdammt, welcher Idiot läßt mir Eiswasser runter? April! Wenn du es bist?! Ich leg' dich übers Knie! Ich zupf' dir die Haare einzeln aus!“

April lachte zufrieden in sich hinein.

„Hi, Sportsfreund!“ rief sie nach unten. „Richtig geraten, hier ist April!“ Um sicherzugehen, daß er sie auch verstand, neigte sie sich ein wenig über die kinderfaustgroße Öffnung für den Schlauch, die Casey in den Dachboden gebohrt hatte. „Für diesmal sind wir quitt. Paß auf, ich schick' dir was gegen Seifenschaum.“

Caseys wütende Antwort ging zuerst im Wasserplätschern unter, als April die richtige Temperatur aus einem Eimer Heißwasser, den sie schon vorher erhitzt und neben dem Kanonenöfchen bereitgestellt hatte, und dem Rest aus der Gießkanne mischte. Danach erstickte der Rest im Scheppern des Duschwasserkessels, den April getreulich zweimal schlug.

Erst auf der Treppe fiel ihr etwas ein, woran sie noch nie auch nur einen Gedanken verschwendet hatte: Für diesmal sind wir quitt, hatte sie gesagt. Für diesmal! Würde sie Casey Jones in New York überhaupt wiedersehen?

Donatello erwartete sie schon am unteren Treppenabsatz. „Das war wohl Trick siebzehn aus Pfarrer Kneiffs Wunderwasserkneifkur gegen Verkniffenheit?" grinste er. „Müßt ihr zwei euch eigentlich immer benehmen wie Katz' und Hund?"

„Frag den Hund!" gab April zurück und verschwand in ihrem Schlafzimmer.

„Ich glaub', mein Hahn legt Eier!" sagte Donatello entgeistert und blickte Michelangelo fragend an. „Kapierst du das?"

„Weiber!" war alles, was der dazu rausbrachte.

Hatten die Turtles erwartet, eine Fortsetzung der Wasserspiele zwischen Casey und April am Abendbrottisch zu erleben, wurden sie bitter enttäuscht. April schien mit ihren Gedanken weit weg, und auch Casey schwieg sich aus. Diese Stimmung war nicht gerade aufmunternd.

Raphael stand als erster auf. „Unheimlich spannend dieser Abend heute abend", warf er über die Schulter zurück. „Ich geh' in die Heia. Hat einer was dagegen?"

„Ich nicht, wer noch?" Auch Leonardo trollte sich, und die beiden anderen folgten nach.

April schob schweigend das Geschirr zusammen, um es unter dem Wasserhahn abzuschwenken, und ebenso schweigend griff Casey nach dem Geschirrtuch. Der Ausdruck aber, mit dem er sie dabei angesehen hatte, verfolgte April bis in den Schlaf. Und als sie morgens aufwachte, war die Erinnerung daran schon wieder da.

„Das hat dir gerade noch gefehlt, April O'Neil", sagte sie zu sich selbst und schwang die Beine aus dem Bett. „Wo du doch vom Baseball null Ahnung hast." Sie streifte das Nachthemd über den Kopf und zog sich an.

Die Sonne färbte den Himmel rosa, als April nach einer Weile den schweren Riegel vor die Haustür ihrer Farm schob und abschloß. Noch einmal sah sie sich um. Wie friedlich alles war! Nebelfetzen stiegen aus den Tälern der Hügelkette vor dem nahen Bergland. Wie Schleier schwebten sie um die dunkel bewaldeten Kuppen, silbrig vom Sonnenlicht. Im Hickory-Nußbaum neben dem Haus zwitscherte und trillerte es so laut, daß darin das asthmatische Tuckern des Lieferwagens fast unterging. Das alte Haus aber schien zu schlafen, die Fensterläden zugeklappt, und die Gondelschaukel, die Casey repariert hatte, schwang leise im Wind, als träume sie.

Ein Hupton riß April aus ihrer Betrachtung. Casey, natürlich! „Kommst du endlich?"

Sein unvermeidliches Rotorflügelkäppi auf dem Kopf, ein T-Shirt, so schrill, daß einem davon die Augen tränten, am Leib, strahlte er ihr hinter dem Lenkrad hervor entgegen. „Ich hab' gedacht, bis du soweit bist, kann der Motor schon mal warmlaufen, Lollipop. Von Kochen war allerdings keine Rede."

Lollipop! Das fing ja wieder gut an! „Kannst du mich nicht einfach mal mit meinem Namen anreden wie jeder andere normale Mensch?" seufzte April, schob den Schlüssel ins Handschuhfach und stieg ein.

Sorgfältig umrundete Casey die Schlaglöcher der Hausauffahrt. „Tu' ich doch, Neil-O", murmelte er. „Und außerdem, bin ich etwa jeder?" Er sah sie aufmerksam von der Seite an.

„Nee, und normal auch nicht“, gab April kopfschüttelnd zurück. „Wie konnte ich das vergessen?“ Sie sah betont gelangweilt aus dem Fenster.

„Vielleicht würdet ihr mal kurz aufhören zu flirten und einem armen, halbverhungerten Ninja-Turtle eine milde Gabe da aus diesem Henkelkörbchen zukommen lassen?“ ertönte es hinter ihnen. Michelangelo schob den Vorhang aus Küchenhandtüchern beiseite, den April provisorisch an eine Paketschnur zwischen Fahrerhaus und Schlafabteil gespannt hatte.

April reichte ihm den Korb hinüber. „Nimm ihn gleich ganz nach hinten“, meinte sie und beschloß, von jetzt an ganz cool zu bleiben und sich durch nichts und niemanden mehr ärgern zu lassen. „Sind sowieso bloß noch ’n paar Pizza-Crackers drin!“

„Pizza-Crackers?“ Michelangelo ließ sich mitsamt dem Henkelkorb rücklings aufs Bett fallen. „Jungs, habt ihr gehört, sie hat Pizza-Crackers für uns! Lauter kleine köstlich-knusprig-knackige ...“

„Hey, Fans“, ließ sich Donatellos verklärte Stimme vernehmen, „wißt ihr, was ich zu Hause zuallererst mache? Ich bestell ’ne Pizza, ’ne riesengroße, so groß wie ’n Wagenrad und alles dreifach drauf, Schinken und Zwiebeln und Tomaten und Oliven und Käse und ...“ Er wurde unterbrochen.

„New York, wir kommen!“ Diesmal schob Raphael den Kopf nach vorn ins Fahrerhaus. „Wie weit ist es noch?“

Es war schon dunkel, als Aprils Lieferwagen in die enge Seitengasse einbog, in der die Turtles den Haupteingang zu ihrem unterirdischen Labyrinth gewählt hatten. Wie immer in diesem verlassenen Winkel blies der Wind um Hausecken und Schornsteine, daß es nur so pfiff, und außer einem einsamen Straßenköter war keine Seele zu sehen.

„Und du bist sicher, wir sind hier richtig?“ Casey wandte sich zweifelnd nach April um.

„Siehst du den Dolendeckel da vorn? Gleich hinter der unbewohnten Bruchbude links am Straßenrand?“ April zeigte voraus. „Das ist er. Da geht's rein.“

Casey schluckte. Wohl war ihm nicht bei dieser ganzen Sache. Freiwillig hinunter ins Kanalsystem! Wenn ihm das einer vor einem Vierteljahr erzählt hätte, hätte er nur gelacht.

Und jetzt?

„Gehst du mit?“ fragte er betreten.

„Na klar!“ April schien erstaunt über eine so dumme Frage. „Es ist ganz witzig da unten.“

„Witzig? Na, ich weiß nicht.“ Casey schüttelte sich wie ein Hund.

April zeigte sich davon ungerührt. „Stell am besten den Motor ab, und laß den Wagen das letzte Stück im Leerlauf runterrollen“, schlug sie halblaut vor und spähte an den Fenstern zu beiden Seiten der Straße empor. „Muß ja keiner wissen, wo wir halten.“

Casey erinnerte sich noch gut an die Zeit, in der er selbst als Dreikäsehoch in einer ähnlich heruntergekommenen Straße wie dieser gelebt hatte. April hatte recht, bei jedem Auto, das man vor dem Haus anhalten hörte, waren sie zum Fenster gespurtet, neugierig, argwöhnisch. Wer mochte das sein? Zu wem mochte der wollen? Was hatte der vor?

„Ich bleib' bei der Abrißbude stehen“, sagte er und steuerte den Wagen nach rechts. „Da guckt keiner.“

Gleichzeitig stiegen sie aus und schoben die Seitentür auf.

„Heim, süßes Heim!“ rezitierte Donatello und breitete in übertriebenem Entzücken die Arme aus, doch die Freude in seinem Gesicht war echt. Ein wenig kreuzlahm kletterten die vier nacheinander aus ihrem Bett und streckten die knackenden Glieder.

„Mann, als blinder Passagier kann's dich auch nicht schlimmer treffen“, meinte Raphael und schüttelte seine

Beine, als hätte er Knoten darin gehabt. „Ich sag' euch, der einzig glückliche Mensch auf der Welt ist der Regenwurm."

Casey hatte sich indessen ein wenig in der Gasse umgeschaut. Schmal genug war sie und schmutzig und finster oberdrein, aber sie als ein Kanalsystem der New Yorker Unterwelt zu bezeichnen? Da war er wohl wieder einmal Aprils Verrücktheiten aufgesessen, was? „Hey, Leute", rief er halblaut und kam näher, „es ist super hier. Also, ich fühle mich sehr wohl, wirklich, ich könnte mir vorstellen, sogar ganz gut vorstellen, daß ich ..."

Das Klappern eines Dolendeckels unterbrach seine Lobesworte, und Casey wandte sich um. Sollte April doch...? Tatsächlich, bis auf Michelangelo waren alle bereits verschwunden, und selbst der steckte schon bis zum Bauch in einem Kanalabstieg. Casey glaubte zu träumen.

„Kommst du jetzt, oder kommst du nicht, Kumpel?" Ein wenig Ungeduld schwang in der Stimme mit, als er Casey winkte.

Dieser gab sich innerlich einen Ruck. Wenn April es dort unten aushalten konnte, würde er es wohl auch schaffen. Mit zusammengebissenen Zähnen kletterte er hinter den anderen her, deren Lachen und Schwatzen ihm von irgendwo aus dem Tunnelsystem entgegenschallte, und wartete dann, bis Michelangelo über ihnen den schweren Dekkel wieder geschlossen hatte.

„Warum steigt ihr ausgerechnet hier ein?" fragte er und versuchte, sich das Grauen nicht so deutlich anmerken zu lassen, das ihn beschlich.

„Hier ist es am trockensten", erklärte Michelangelo und zeigte auf eine dunkle Markierung entlang der Tunnelseiten. „Hochwasserzeichen. Die findest du überall in den Kanälen dieser Gegend. Das bedeutet, früher muß das Wasser in diesen Röhren genauso hoch gestanden haben wie in den meisten anderen dort weiter drüben. Jetzt ist die ganze Ecke hier stillgelegt. Wahrscheinlich zu unmodern oder so, oder ein bißchen baufällig." Er stieg über eine leere Waschpulverpackung.

„Baufällig?" Casey zog automatisch den Nacken ein.

Michelangelo sah es und lachte. „Eins ist sicher, wenn's dich hier erwischt, sparst du dir die Kosten für deine Beerdigung. Komm, es wird dir schon bei uns gefallen." Er zog den anderen am Ärmel.

Casey gehorchte, aber um nichts in der Welt wäre er wie der Turtle einfach durch den dreckigen Bach gestapft, der sich durch die Mitte des Kanalrohrs schlängelte.

Michelangelo, der Casey mal mit, mal ohne Anlauf hopsen sah, amüsierte sich darüber. „Ist doch bloß Regenwasser", sagte er beruhigend. „So richtiges Schmutzwasser wird in unserer Gegend schon ewig nicht mehr weitergeleitet. Dafür gibt's die neuen Röhren, die noch keine Risse haben und durch die nichts ins Grundwasser verschwindet." Er bog nach rechts ab.

„Sicher ist sicher", knurrte Casey und folgte ihm vorsichtig. „Weiß der Geier, was für Viehzeug hier unten alles kreucht und fleucht. Neulich stand mal irgendwo, es soll jede Menge Krokodile und Schlangen und sogar Piranhas geben. Also echt, du, dann doch lieber 'ne Springprozession mit zwei vor und einem zurück als hinterher nur noch ein Bein oder 'n künstlichen Ausgang am Allerwertesten."

„Turtles", gab Michelangelo zu bedenken. „Die gibt's hier auch, hast du vergessen? Aber von denen liest man ja auch nichts in der Zeitung." Er lachte, daß es von den Wänden widerhallte.

„Kann aber alles noch werden", warnte Casey.

April, die Casey und Michelangelo hinter sich bemerkt hatte, blieb wartend stehen.

„Na", rief sie und knuffte Casey in den Bauch. „Gefällt's dir nicht, oder hat nur dein Make-up versagt?"

Casey wirkte tatsächlich merkwürdig blaß unter seinem Rotorflügelkäppi. „Oh!" rief er betont erstaunt. „Oh, es ist super, super! Gar kein Ausdruck! Zuerst 'ne Farm aus der Vergangenheit, daß du dir vorkommst wie 'n Typ aus der Zeitmaschine, und jetzt das hier." Er machte eine weit ausholende Geste. Schaudernd spürte er die Gänsehaut auf seinen Armen kommen und gehen. „Kannst du mir mal verraten, warum ich nie Typen kennenlerne, die ganze Wohnanlagen mit Kamin und Marmorfußboden besitzen?"

April zuckte mit den Schultern. „Nimm's leicht", meinte sie. „Wolkenschlösser sind tausendmal schöner. Wenn du willst, schenk' ich dir eins." Sie lehnte sich leicht an ihn.

„Aber nur, wenn du mit zur Einrichtung gehörst", gab Casey mit merkwürdig rauher Stimme zurück.

Donatello war den anderen vorausgeeilt, als könne er es nicht eine Sekunde länger erwarten, endlich zu Hause zu sein. Die mit Brettern vernagelte Balkentür sah aus wie immer. Mit einem tiefen Atemzug, der all seine innere Erregung und Anspannung verriet, stieß Donatello sie weit auf.

„Wir sind da!" verkündete er.

Vor Caseys Augen schien sich tatsächlich alles das aufgetan zu haben, was er bis zu diesem Zeitpunkt mit dem Begriff Unterwelt verbunden hatte: Ein großes, düsteres Loch, ähnlich einem Burgverlies für lebenslänglich eingekerkerte Gefangene. Keine Spur von einem Wohnzimmer des 20. Jahrhunderts! Das Loch war dazu noch vollgestopft mit Gerümpel, dessen man sich selbst auf dem Sperrmüll schämen müßte, und das alles in einem Durcheinander, als habe man kurz einen mittleren Hurrikan darüber herfallen lassen. Fiel das denn keinem anderen auf?

„Oh!" Aprils Schreckensruf war Musik in Caseys Ohren.

„Mit besten Grüßen, eure Foot-Ganoven!" sagte Leonardo bitter und blickte sich ebenso fassungslos wie beim ersten Mal in dem um, was von seinem Zuhause übriggeblieben war.

„Die müssen wahnsinnig gewesen sein vor lauter Begeisterung, daß sie das Versteck gefunden haben", meinte

April. „Und dann sind sie total ausgerastet, als die Vögel ausgeflogen waren.“ Sie stieß mit dem Fuß eine Glühbirne beiseite.

„Soll das heißen, sie haben Splinter nur gekascht, weil wir weg waren?“ mischte Donatello sich ungläubig ein.

April nickte. „Woher sollten sie wissen, wie wichtig er für euch ist? Er sieht nach nichts Besonderem aus, auf den ersten Blick, nicht wahr?“

„Stimmt“, gab Leonardo widerstrebend zu. „Auf den ersten Blick nicht. Man könnte ihn wirklich für eine ziemlich abgewrackte Ratte und sonst nichts halten.“

„Das ist die Chance für uns und ihn“, sagte April eifrig und ließ sich auf ein zerfetztes Polster sinken. „Sie werden ihn nicht zu hart anpacken. Und solange sie nicht ahnen, daß ihr ohne ihn nur noch die Hälfte wert seid, werden sie ihn auch nicht umbringen.“ Das sollte ermutigend klingen.

„Und alles nur, weil ich zu dämlich war aufzupassen“, murmelte Raphael in Erinnerung an seinen Fehler verzweifelt.

„Hör schon auf, dich zu bejammern, Raph!“ knurrte Michelangelo und blinzelte, um die Tränen zurückzuhalten. „Schmeiß lieber mal den Riemen auf die Orgel und pack mit an! Was glaubst du, was Splinter sagt, wenn er seine Souterrainwohnung so vorfindet wie jetzt?“

Zum ersten Mal mischte auch Casey sich wieder in die Unterhaltung ein. „Ich schätze, es wird schwer, eine gute Putzhilfe in einen Abwasserkanal zu kriegen“, brummte er und schob seine Rotorflügelkappe in die Hosentasche, als fürchte er, sie in all dem Wirrwarr auf Nimmerwiedersehen zu verlieren. „Warum versucht ihr's nicht mal mit kleinen Robotern? Die sollen heutzutage schon 'ne ganze Menge wegputzen, hab' ich gehört.“

„Wenn du jetzt nicht gleich aufhörst, dich zu beschweren, sollten wir vielleicht damit anfangen, dich wegzuputzen!“ schimpfte April halblaut und hoffte, die Turtles wären viel zu sehr mit sich selbst beschäftigt, um ihnen zuzuhören. „Es ist schließlich nur für eine Nacht."

„Nur eine, wieso?" fragte Casey. „Und dann, wo pennen wir dann?" Er war ganz perplex.

„Kommt ganz drauf an, ob du dir 'n Ticket für Wolke Nummer sieben bei Petrus oder eins für Aschenkübel Nummer sechs bei Kollege Pferdefuß verdient hast oder nicht", grinste Donatello, der doch mit einem Ohr zugehört hatte. „Morgen hauen wir dem Hasen auf die Löffel, also leg schon mal deinen Stock ins Salz." Er stellte eine Stehlampe auf, die wie durch ein Wunder nicht zerbrochen war.

„Ich verstehe bloß nicht, warum wir uns nicht sofort an die Arbeit machen!" rief Raphael und schob Splinters Ohrensessel in eine Ecke.

Leonardo griff beruhigend nach seinem Arm. „Es war eine lange Fahrt, Raphie", sagte er geduldig, „und bevor wir rausgehen und bei der Foot-Gang Reklame machen, daß wir wieder da sind, könnten wir alle 'n paar Stunden Schlaf gebrauchen."

Widerwillig mußte Raphael einsehen, daß Leonardo recht hatte. „Ja, ja", lenkte er seufzend ein, „hast ja recht, hast ja recht. Ich wollte nur ..." Und dann begann er in wütender Hast aufzuräumen.

Die anderen griffen auch ordentlich zu. „Don", rief April und packte einen undefinierbar zertrümmerten Gegenstand, „wo gibt's hier einen Abfalleimer oder so?"

„Ha'm wir nicht, führ'n wir nicht, krieg'n wir auch nicht wieder rein", witzelte Michelangelo. „Wie wär's mit dem Sessel da drüben ohne Innenleben? Geht 'ne Menge Zeugs rein in den, oder nicht?" Er deutete auf ein häßliches Monstrum.

„Kann mir einer verraten, wo man hier am besten mit Ausmisten anfängt?" Casey sah sich ratlos um. „Am besten, wir machen ein Riesen-Osterfeuer draus, und unser April-Scherz zischt auf dem Besen drum herum." Er wartete auf die geharnischte Antwort. April stemmte auch bereits die Hände in die Hüften und setzte zu einem gepfefferten Kontra an, da drang plötzlich ein leises Klirren an ihre Ohren.

„Was war das?“ Michelangelo fragte für alle.

Raphael deutete so unauffällig wie möglich mit dem Kopf auf einen wurmstichigen Vitrinenschrank, der trotz seiner zertrümmerten Glasscheiben aufrecht in einer Ecke stehen geblieben war. „Von dort“, knurrte er und zog beide Dolche, gleichzeitig. „Da drinnen war's!“

Die Waffen zücken und lautlos auf den Schrank zuspringen, waren eins für die Turtles. Während Donatello und Michelangelo jeder einen Knopf der verschlossenen Türen des Schrankunterteils ergriffen, blieb Casey kaum Zeit genug, sich schützend vor April aufzubauen. Drohend hob er seinen riesigen Schläger aus Baseballzeiten. Einen letzten Blick noch warf Leonardo rundum. Alle fertig? Ein kurzes Nicken.

Aufgerissen die Schranktüren!

Und?

Ein Kind, nur ein schmutziger, vor Angst schlotternder Bengel saß darin.

„Danny?“ Fassungslos schob April Casey beiseite. Es war Danny Pennington, ohne Zweifel. Aber was ...

Zögernd senkten die Turtles die Waffen.

Danny, der die Bewegung mißverstanden hatte, schrie auf: „Nicht, nicht schießen!“ Die Hände hielt er erhoben.

Schießen? Raphael begriff zuerst. Mit einem nur mühsam beherrschten Lachen schob er Leonardos Schwert beiseite, dessen Spitze immer noch drohend auf den Schrank gerichtet war. „Ich glaube, das Ding ist nicht geladen, Kleiner!“ sagte er lässig.

Leonardos Mißtrauen war nicht so rasch zu beseitigen. Wer weiß, dachte er, vielleicht ist der Vorgartenzwerg da im Schrank gar nicht so ohne, wie er tut, und soll uns hier bloß ausspionieren?

„Du kennst ihn?“ fragte er April scharf und hob die Spitze des Schwertes wieder an.

„Ja.“ April schüttelte immer noch verständnislos den Kopf. „Es ist Danny, der Sohn meines Chefs, äh, meines Exchefs. Er hat mich neulich besucht, als ihr ...“

„Ja, richtig, stimmt. Ich erinnere mich. Er hat mich im Spiegel gesehen“, unterbrach sie Donatello. „Und er hat ein Gesicht gemacht, als wär’ er ’nem grünen Männchen vom Mars begegnet.“

Danny brachte noch immer kein Wort heraus. April, die ihre eigene erste Begegnung mit den Turtles noch nicht vergessen hatte, verstand seine Angst nur zu gut und hatte Mitleid. „Komm raus da!“ Freundlich hielt sie ihm die Hand entgegen. „Wir tun dir nichts.“

Danny gehorchte nur zögernd. Alles war soviel schrecklicher, als er es sich vorgestellt hatte. Vor allem die Turtles! Sicher, er hatte sie schon gesehen, er hatte sogar gegen sie gekämpft. Aber damals waren sie ihm kleiner vorgekommen, kleiner und weniger gefährlich.

April starrte auf Dannys gesenkten Kopf hinunter und versuchte vergeblich, eine logische Erklärung dafür zu finden, wie ein Teenager auf die verrückte Idee kommen konnte, ausgerechnet in der Kanalisation Zuflucht vor was auch immer zu suchen. Irgend etwas stimmte hier nicht. Aber was?

„Was machst du denn eigentlich hier unten?“ fragte sie schließlich ein bißchen ungeduldig.

„Mich interessiert viel mehr, von wo der Bursche überhaupt gekommen ist!“ fügte Michelangelo knurrend hinzu.

„Tja, Bruderherz, da bin selbst ich überfragt“, sagte Donatello und schob sich neugierig näher. „Fragen wir doch den Kleinen mal!“ Sie bauten sich vor Danny auf.

Der wich entsetzt zurück, bis er den Schrank im Rücken spürte. „Ich, ich“, stotterte er fassungslos. „Ich bin von zu Hause weggelaufen.“ Das klang nicht sehr überzeugend.

„Weggelaufen?“ April sah Charles Pennington förmlich vor sich, sein ganzes vornehm-gestelztes Gehabe in Unordnung aufgelöst. Gut, er hatte einen Dämpfer verdient für die Art, in der er ihr mitgespielt hatte, aber so? Nein, nicht so. „Na, du bist mir ja ein ganz sauberes Früchtchen“, sagte sie gedehnt. „Dein Vater dreht doch durch vor Sorge.“

Die Hand schon am Telefon, dessen offene Sprechzelle zersplittert am Boden lag, wandte sie sich zu Raphael um. „Geht das Ding überhaupt noch?“

„Nein!“ Wie elektrisiert sprang Danny auf. „Nicht anrufen! Hören Sie, bitte, hören Sie, lassen Sie mich nur diese eine Nacht über hierbleiben!“ Es klang verzweifelt.

April zögerte. Eine Nacht mehr oder weniger, kam es darauf ...

„Bitte, Miß O'Neil!“ Mit feinem Gespür für geringste Veränderungen empfand Danny seine Chance. „Wir werden ihn morgen anrufen, gleich ganz früh“, beteuerte er. „Bitte! Ich verspreche es.“ Er hob eine Hand zum Ehrenwort.

„Danny!“ rief ihn April zur Ordnung. Selten hatte sie so in der Zwickmühle gesteckt. Hier der Sohn mit irgendwelchen Problemen, dort der Vater, der vor Sorgen den Kopf verloren haben mußte – wem sollte sie es denn nun recht machen?

„Hör zu, Danny!“ Noch einmal setzte sie an. „Ich weiß, daß dein Vater nicht gerade das Gelbe vom Ei für dich ist, aber ...“

Casey hatte schon seit Dannys Auftauchen im Schrank genug von diesem komischen Heiligen, an dessen Mission er nicht glauben konnte. Irgend etwas war faul an dieser Geschichte, das mußte selbst ein Gehirnamputierter merken. Aber mit dem Gesäusle, das April dauernd anstimmte, würde sie niemals rausfinden, was. Man sah ja direkt, wie der Kleine da vorn sie um den Finger wickelte. Gleich würde er sie wie ein Jo-Jo daran springen lassen. Na, da hatte er die Rechnung aber ohnen einen gewissen Cassedy Michael Jones gemacht.

„Hey, ihr zwei Flüstertüten", rief er und schob April reichlich unsanft zur Seite. „Wartet, wartet, wartet, wartet! – Okay? Also – was soll dieser Quatsch mit ‚ich will die Nacht hier verbringen', hä?" Sein Gesichtsausdruck sprach Bände, als er angewidert einen Blick in die Runde schickte. „Du mußt doch was auf dem Kerbholz haben, wenn du um jeden Preis ausgerechnet hier unten hausen willst, Freundchen. Los, raus mit der Sprache!"

Danny duckte sich, als wolle er mit einem Sprung auf und davon, und setzte stotternd zu einer Antwort an, als Donatello schallend zu lachen begann.

„Mann, o Mann, Casey, du bist ja 'n Klaustrophobiker."

Wie angestochen fuhr Casey herum. „Brauchst du 'ne Faust im Schnabel, oder wie?" fauchte er. „Ich bin noch nie scharf auf Jungs gewesen, wenn du das meinst. Noch nie, verstanden!?"

Donatello lachte nur noch lauter.

Kreidebleich vor Wut, hob Casey den Schläger. „Nimm das sofort zurück, du grüne Stinkmorchel, oder es passiert was!"

Auch April erstickte nun fast an ihrem Lachen.

„Hey, hey!" kicherte sie und lehnte sich schwach geworden an die Wand. „Wohl noch nie 'n Wörterbuch von innen gesehen, wie? Klaustrophobiker heißt, daß du Angst in geschlossenen Räumen hast, aber nicht, daß du scharf auf kleine Jungs bist." Sie wischte sich die Tränen aus den Augenwinkeln.

Damit traf sie bei Casey natürlich genau den Punkt, an dem es weh tat.

„Angst? Ich?" schrie er und wandte plötzlich allen Zorn, den er Danny hatte spüren lassen wollen, gegen April.

„So was denkst du von mir? So was?"

April begriff kaum, wie ihr geschah. „Ja, aber, ich ...", stotterte sie. „Verflixt! Von mir kam doch das blöde Wort überhaupt ..."

Doch Casey hörte gar nicht hin. Mit Riesenschritten stapfte er zur Tür. „So 'n Quatsch, hey! Ich muß mir doch von euch nicht anhören, daß ich Angst habe! Von euch doch nicht!"

Schon verschwand er im Kanal. Und die Zurückbleibenden hörten nur noch: „Ich werde im Lieferwagen schlafen. Basta!"

Wie auf ein Stichwort hörte Casey daraufhin wieder alle hinter sich herlachen. Doch nur Aprils Stimme schien immer lauter zu werden.

Die Nacht war kalt, als er sich aus dem Kanalschacht hinaus ins Freie schob. Tief atmend blieb er eine Weile stehen und genoß den Wind auf dem Gesicht und den Anblick des Sternenhimmels über ihm.

„Und doch hat einer 'n Rad ab, wenn er da unten bleiben will", murmelte er. „Da kann Miß Klugscheißer sagen, was sie will. Und dieser Grünschnabel erst recht. Bei dem stimmt's hinten und vorne nicht. Holzauge, sei wachsam, kann ich da nur sagen."

Fröstelnd schlug er ein paarmal die Arme um sich und schloß dann den Lieferwagen auf. Was hatte er nicht alles für diese Frau getan? Sich zuerst fast zu Hackfleisch machen lassen, dann geschuftet wie ein Stier und das ganz umsonst, nur damit sie es auf ihrem vergammelten Bauernhof behaglich hätte, mit ihren grünen Kumpels war er ein Herz und eine Seele gewesen - und jetzt das!

„Angst vor geschlossenen Räumen!" äffte er Aprils Stimme nach und wickelte sich bis zur Nasenspitze in eine der Decken ein, unter denen die Turtles auf der Reise geschlafen hatten. Es war hart und unbequem auf den Sitzen im Fahrerhaus, aber sie hatte es ja nicht besser gewollt, dachte er. Es geschähe ihr gerade recht, wenn er jetzt krank würde und sich erkältete oder vielleicht sogar die Schwindsucht holte. Jawohl! Sie würde schon sehen, was sie davon hätte, wenn er totenbleich und ausgemergelt gegen die Foot antreten würde und ihr dann seinen letzten Blutstropfen vor die Füße legte und mit dem allerletzten Atemzug noch sagen würde: „Für dich!“ Dann, ja, dann würde ihr leid tun, was sie da eben gesagt hatte. Aber dann könnte sie ihre blonde Mähne noch so schön auf Papierschnipsel drehen, dann wär's zu spät. Jawohl, viel zu spät! Casey bedauerte sich selbst furchtbar.

Unglücklich und einsam schlief er endlich ein.

April tat Caseys Verschwinden schon leid, noch ehe diesem all die fürchterlichen Dinge zugestoßen waren, die er sich selbst als Denkzettel für sie herbeigewünscht hatte.

„Meine Güte“, kicherte sie, als das Scharren des Dolendeckels verriet, daß Casey tatsächlich seine Ankündigung wahr gemacht hatte und zum Auto zurückgekehrt war. „Wir haben ihn wirklich zu doll auf den Arm genommen. Aber nein, er sah auch zu komisch aus mit diesem wütenden Gesicht. Sollten wir ihn nicht zurückholen?“ Sie sah ihre Freunde an.

Raphael drückte sie beruhigend auf einen der leidlich heil gebliebenen Stühle nieder. „Er ist doch froh, daß er 'ne Ausrede hatte, Baby!“ meinte er. „Der pennt draußen wie in Abrahams Schoß, oder wie das Dings heißt. Mach dir keine Sorgen. Wenn einer Experte für Ausflippen ist, dann ich. Okay?“ Er lächelte ihr zu.

„Okay.“ April atmete einmal tief durch, um das immer wieder in ihr aufquellende Lachen zu beherrschen. „Aber in einem hatte er recht: Was ist faul mit dir, Danny Pennington?“

Erschrocken zuckte der Junge zusammen. Während des allgemeinen Gelächters hatte er sich in eine Ecke verkrümelt, den Kopf auf die Knie gelegt und gehofft, sie würden ihn vergessen.

„Wieso?“ fragte er jetzt hastig. „Was soll los sein?“

April zog ihren Stuhl näher zu ihm heran. „Du sagst, du

bist ausgerissen. Du willst nicht, daß ich deinen Vater verständige. Du willst unbedingt Zeit gewinnen", zählte sie auf. „Warum?"

Danny blickte starr auf die drei Finger, an denen April seine Problempunkte abgezählt hatte.

„Es tut mir leid", sagte er, um nur irgend etwas zu reden.

„Es wird dir gleich leid tun, Bürschchen!"

Leonardo sah nicht aus, als würde er lange mit sich spielen lassen.

Danny nickte scheinbar einsichtig. „Okay, okay, du bist der Boß. Okay, Mann?" Er hob abwehrend die Hände.

„Laß die albernen Sprüche", mahnte April, die auf Leonardos Stirn schon Falten wachsen sah. „Erzähl mir lieber, was wirklich passiert ist!"

Danny räusperte sich. Er war noch nie besonders gut in Aufsatz gewesen. So schnell eine gute Story zu erfinden war reichlich viel verlangt. Aber die grüne Schildkröte vor ihm würde nicht mehr lange warten.

„Ich, äh, ich hatte Krach mit meinem Dad", fing er endlich an. „Ich hatte wohl was gemacht, was er nicht gut fand oder so. Ist ja egal, was. Jedenfalls wollte er mich verprügeln, und da bin ich ab. Unterwegs bin ich dann in so 'n Haufen mit schwarzen Anzügen reingestolpert. Die hatten gerade eben irgend 'nen Wagen in der Mache. Plötzlich tauchte Polizei auf. Ich saß in der Patsche. So." Danny zeigte mit der Handkante bis zu den Ohren. „So hoch. Die Typen nahmen mich mit, und dann kam Dad angerauscht, holte mich wieder raus und wollte mir gewaltig ans Leder. Da bin ich eben weg." Er zuckte mit den Achseln.

„Aber wieso ausgerechnet hierher?"

Dannys Augenbrauen schossen in die Höhe. Mann, die stellte Fragen!

„Das, das war, ja also, das war so 'n Zufall", sagte er unsicher und sah sie nicht an. „Da kamen welche raus, und dann bin ich eben rein."

„Welche raus?“ Leonardo horchte auf. „Was für welche?“

„Na, solche schwarze Typen“, murmelte Danny. „So mit Masken und so. Die auch das Auto ausgeräumt hatten, wo ich hopsging.“ Seine Sprechweise wirkte irgendwie nicht echt.

„Waren sie allein?“ Leonardo fragte hastig, voll unvermittelter Hoffnung. Vielleicht hatte der Ausreißer da beobachtet, wie Splinter entführt wurde?

Danny zögerte. Ein Wort von ihm würde genügen und …

Die Verlockung, jetzt auf der Stelle alle Sorgen abwerfen zu können, war groß. Aber nein, er hatte etwas versprochen.

Tom! dachte er. Ich schaff' es schon, ich schaff's für dich!

„Was ist, waren sie allein oder nicht?“ drängte Leonardo.

„Ich hab' sonst keinen gesehen.“ Danny hielt dem Blick der großen schwarzen Augen in rotem Feld der Halbmaske ruhig stand. „Echt, da war kein anderer mehr.“

Enttäuscht wandte der Turtle sich ab. Es wäre ja auch zu schön gewesen, schon am ersten Abend ihrer Heimkehr eine Spur zu Splinter zu entdecken.

Doch da war noch etwas, was Danny die Turtles wissen lassen wollte. „Sie kommen auch immer nur allein hier runter“, sagte er.

Raphael sprang auf: „Was, hierher? Wann? Wie oft? Wie viele?“

„So ziemlich jeden Tag mal“, gab Danny zurück, als müsse er überlegen. „Meistens drei, vier oder mehr von ihnen. Sie starren überall rein und hauen wieder ab.“ Er zeigte auf die zertrümmerten Möbel.

„Warst du deswegen im Schrank?“ fragte April verständnisvoll. Sie hatte sich inzwischen wieder auf ein Polster gesetzt.

Danny nickte. „Ich dachte, sie würden mir eine Menge unangenehmer Fragen stellen so wie, wie …“ Er druckste herum.

„Wie ich?“ April verzog das Gesicht. „Dein Vater hat mich

zwar gefeuert, aber neugierig bin ich trotzdem noch.“ Sie reckte das Kinn vor.

„Waren sie heute schon da?“ wollte Michelangelo wissen und sprach unwillkürlich leiser als zuvor.

„Kurz bevor ihr dann kamt“, antwortete Danny. „Ich dachte schon, sie wären es wieder. Manchmal waren welche dabei, die noch mehr kurz und klein hacken wollten, als es schon ist.“

„Also ist für heute nacht Schluß“, murmelte Leonardo und beendete das Verhör. „Gut! Das heißt, wir können uns alle aufs Ohr hauen und ’n bißchen Kraftstoff tanken. Wache brauchen wir keine. Wenn wir die Tür zuschließen, reicht’s.“ Er stand auf.

„Zuschließen ist gut!“ Donatello grinste und schnickte mit einem Finger gegen die aufgebrochene Zunge des Verschlußsystems.

„Dann eben nicht“, meinte Michelangelo und hob einen Flaschenhals auf. „Der alte Glasscherbentrick vor der Tür wird’s auch tun. Oder sind wir etwa alle schwerhörig geworden?“

„Was für ein Glasscherbentrick denn?“ fragte April.

„Wir streuen einfach ’ne Handvoll Splitter vor die Tür, antwortete Donatello, der seine Freude an Aprils Verwunderung hatte. „Wenn einer drauftritt, knirscht es entweder unter den Sohlen, oder man schneidet sich. Lärm gibt’s immer.“

„Prima Idee!“ lobte April. „Und woher kriegt ihr die Scherben?“ Sie schaute sich um.

„Wenn du und Casey jetzt Polterabend hättet, kämen wir mit den Splittern hier garantiert ins Guinessbuch der Rekorde“, frotzelte Raphael und wartete gespannt auf die Antwort. Schau an!

April ärgerte sich über die Röte, die ihr blitzschnell ins Gesicht stieg. „Quatschkopf!“ fuhr sie Raphael an, aber es klang nicht echt. Raphael schmunzelte nur.

Zwischen den zertrümmerten Resten ihrer Wohnungseinrichtung fanden die Turtles Scherben in Hülle und Fülle, davon kehrten und sammelten sie hastig soviel in einen Pappkarton, bis er fast voll war. Michelangelo machte sich daran, diese mit Hilfe eines abgebrochenen Stuhlbeins, das er wie ein Nudelholz benutzte, zu zerkleinern.

April sah seine grimmige Miene dabei und begann zu lachen. „Seid mir nicht böse, Jungs“, meinte sie und holte etwas aus ihrer Tasche. „Aber ihr seht so witzig aus hier in all dem Drunter und Drüber. Ich muß das einfach zeichnen.“ Sie packte einen Bleistift aus.

„Wieso zeichnen?“ nörgelte Michelangelo. „Mach lieber ’n Foto. Vielleicht entdeckt uns ja einer vom Film oder so.“

„Witz komm raus, du bist umzingelt“, meinte April nur. „Kannst du mir verraten, womit ich dich fotografieren sollte? Meine Kameras, Filme, alles ist abgekokelt. Vergessen, Mann?“

„Besser, du vergißt es auch!“ rief Leonardo und schob ihr einen Tisch mit nur zwei Beinen hin, den sie wie ein schräges Pult auf ihre Knie stützen konnte. „Wer von uns ist das erste Modell?“ Er stellte sich geziert in Pose.

„Am besten, ihr tut, als ob nichts wäre“, winkte April ab, die ihr Lachen schon wiedergefunden hatte. „Ich brauch’ nur ein paar Schnappschüsse wie diese hier.“ Sie hob ein paar Blätter in die Höhe.

„Hey, Mann, die sind ja toll!“ Sofort war sie umringt.

„Dufte, das bin ja ich!“

„Ha, ha, Casey mit dem Rotor!“

„Mann, Raphie, darauf bist du schöner, als die Polizei erlaubt!“

Alles lachte, pfiff oder schrie vor Bewunderung und Vergnügen durcheinander, als April ihre gesammelten Schätze aus dem Kindertagebuch aufblätterte, das sie auf der Farm gefunden und mit ihren Erlebnissen dort zu füllen begonnen hatte.

„Danke! Danke, Jungs! Wirklich nett von euch!" April verbeugte sich nach allen Seiten und wurde nicht fertig, sich für all die Komplimente wegen ihres Zeichentalents zu bedanken.

Selbst Danny hatte sich schüchtern näher zu schieben gewagt. Fasziniert glitt sein Blick von einer der mit Wasserfarben bunt ausgemalten Tuschzeichnungen zur anderen, und heimlich nahm ein Plan hinter seiner Stirn Gestalt an.

„Sag mal, April ..." Wie selbstverständlich ging er zur vertraulichen Anrede über. „... schenkst du mir eins davon?"

April sah auf. Ihre Bilder verschenken? Daran hatte sie bisher nie gedacht.

„Bitte!" Dannys Stimme klang eindringlicher, drängender.

„Also gut." April gab nach. „Aber nur eins. Ich hab' da zwei ganz ähnliche. Wenn du mehr nimmst, bekommt die Serie ein Loch. Das möchte ich nicht."

„Nein, nein", versprach Danny eifrig. „Eins genügt ja schon. Ich nehme nur das, was du mir gibst."

April wählte zögernd ein Bild aus, das Raphael dabei zeigte, wie er seine Dolche durch die Luft wirbeln ließ. Es war ihr gut gelungen, die Kraft, Geschicklichkeit und Schnelligkeit der Bewegungsabläufe festzuhalten. Sie hielt dem Jungen die Zeichnung hin.

„Oh, danke!" Dannys Dankbarkeit und Begeisterung waren fast zu dick aufgetragen, und in jähem Mißtrauen sah April ihn an. Doch das Unechte in Dannys Betragen war schon nicht mehr zu spüren. Beruhigt gab April Dannys Lächeln zurück. Allmählich, so schalt sie sich heimlich selbst, hörst du schon die Flöhe husten ...

Michelangelo konnte sein Gähnen nicht länger unterdrücken. „Von mir aus stellt ihr noch die ganze Bude auf den Kopf", sagte er und reckte sich wohlig in alle Himmelsrichtungen. „Ich verzieh' mich ins Nest. Bin fix und alle. Total dreimal gegessen."

Donatello gähnte gleich mit.

„Besten Dank!“ Leonardo wehrte pikiert ab.

„Wosie, äh, wieso? Was war denn?“ wunderte sich Donatello und zerrte eine dünne Matte unter der Vitrine hervor.

„Na, dafür, daß du mich nicht gefressen hast“, erklärte Leonardo würdevoll.

„Quatsch mit Soße!“ lachte Raphael dazwischen. „Don wollte dir doch bloß beim Gähnen schnell vorführen, wie man mit dem Gaumensegel surft!“

April mußte mitlachen, ob sie wollte oder nicht. „Gute Nacht, Jungs“, sagte sie und warf allen eine Kußhand zu, ehe sie es sich auf dem alten Sofa so bequem machte wie möglich. „Träumt was Schönes.“ Sie rollte sich zusammen.

„Mußt du ausgerechnet jetzt davon anfangen?“ maulte Michelangelo und ließ sich mit Karacho auf seine Schlafmatte fallen. „O Mann, könnte ich jetzt was knusprig Gebackenes vertragen!“

„Schinkenstreifen“, seufzte Donatello unterdrückt. „Zwiebelchen, Tomatileins, Käsekrüstchen ...“ Der Rest erstickte in einem Grummeln wie unter einer unerwartet übergestülpten Wolldecke.

Niemand war auf den Gedanken verfallen, auch Danny einen Schlafplatz anzubieten. April war die einzige, die für das Sofa in Frage gekommen war, auf dem Danny es sich zuvor bequem gemacht hatte. Die zerfetzten Polster unter einer Decke versteckt, war es noch die beste Lagerstatt des „Hauses“. Die Turtles schliefen lieber auf dünnen japanischen Matten, die wie durch ein Wunder den Angriff der Foot-Leute unversehrt überstanden hatten. Für Danny wäre noch eine aufgeschlitzte Matratze geblieben. Als alle sich schlafen legten, hatte er so getan, als werde er sich mit einer der aus Aprils Lieferwagen mitgebrachten Decken tatsächlich auf dieser Matratze ausstrecken, in Wirklichkeit aber dachte er nicht einen Moment lang daran, überhaupt ein Auge zuzutun.

Die geschenkte Abbildungs Raphaels an sich gedrückt, saß er mit dem Rücken an eine Nische gelehnt, die ursprünglich von Splinters Bett ausgefüllt worden war, und grübelte vor sich hin.

Das Bild war der Beweis, nach dem der Shredder und Tatsu ihn ausgesandt hatten. Deutlicher als jede Wortmeldung bezeugte es, daß sich in der Turtle-Behausung Neues tat.

Nicht umsonst hatte der Shredder täglich mindestens einen seiner Spähtrupps geschickt, die die Kanäle durchsuchen und jede kleinste Veränderung melden sollten. Nichts hatten sie entdeckt, die Schnüffler. Nicht einmal ein Verdacht war ihnen gekommen, daß Danny sich vor ihrer Nase ausgerechnet im Zentrum des Feindes eingenistet hatte.

Danny wußte, daß der Shredder ihn suchen ließ. Kopfgeld, hatten die Späher untereinander getuschelt, war auf sein Ergreifen ausgeschrieben. Natürlich hätte jeder von ihnen es sich gern verdient, aber wie?

Manchmal hatte Danny in seinem Schrankversteck sich nur schwer das Lachen verbeißen können, wenn sie davon redeten, daß er wie vom Erdboden verschluckt sei. Hättet ihr bloß für fünf Pfennig Grütze im Hirn, hatte er gedacht, würdet ihr auch draufkommen, was das heißt, was ihr da faselt.

Doch zum Glück hatten die Foot-Leute keinen Lehrgang für Selbst-Denker mitgemacht, und Dannys Versteck blieb unbekannt.

In dieser Nacht war die Stunde der Entscheidung gekommen. Aber wie sollte er sich entscheiden? Welchem Versprechen mußte er treu bleiben? Dem, das er dem Clan mit seiner Unterschrift verpfändet hatte? Dem, das er dem toten Freund gegeben hatte?

Dem Clan die Treue zu halten würde bedeuten, die Abbildung des Turtles mit der roten Augenmaske abzuliefern und zu melden: „Sie sind da!“ Er war sicher, man würde ihn dann nicht für sein totales Untertauchen bestrafen. Nicht, wenn er mit einer solchen Nachricht käme. Im Gegenteil, Tatsu würde ihn voll Stolz und Anerkennung ansehen.

Tatsu! Da war er wieder, der nagende Zweifel in Dannys Seele. Tatsu hatte Tom ermordet, daran war nicht zu rütteln. Er hatte ihn umgebracht, obwohl Tom nichts Böses im Sinn gehabt noch getan hatte. Tom war einfach nur gestorben, weil er den Fehler begangen hatte, für Danny einzutreten. Damit hatte er das oberste Gebot der Clansatzung verletzt, in dem es hieß: Laß keinen an dich ran.

Danny schloß gequält die Augen. Tom hatte ihn aber an sich rangelassen, so sehr, daß er sein Leben für ihn geopfert hatte.

Die Atemzüge der Turtles wurden tiefer. Einer von ihnen schnarchte ein wenig. Und einmal hatte einer im Schlaf gestöhnt: Pizza! Danny hatte es genau verstanden. April O'Neil schlief mit dem Gesicht ins Sofa geschmiegt. Sie war wirklich nett. Ich kapier' schon, warum du in sie verknallt bist, Dad, dachte er und hätte fast gelacht. Noch besser verstand er nämlich, warum April sich nichts aus seinem Vater machte. Noch einmal wartete Danny zehn Minuten, dann stand er leise auf. Er hatte es sich geschworen, einmal, nur dieses eine allerletzte Mal noch, wollte er das Haus des Shredders betreten. Zwar wußte er immer noch nicht, was er tun sollte, eines aber war gewiß: Die Zeit zu handeln war da.

Der feine Glasscherbenstaub vor der Tür hinaus ins Freie war für Danny kein Problem. Im Gegensatz zu den erwarteten Foot-Leuten, die ahnungslos in die Falle tappen müßten, wußte er ja, daß knapp eine Handbreit vor der nach außen sich öffnenden Tür keine Glassplitter mehr lagen. Michelangelo hatte mit diesem schmalen Freiraum erreichen wollen, daß kein herausrollendes Glasteilchen zu früh Argwohn erweckte.

Für Danny wurde dieser freie Streifen aber die Chance zur Flucht. Mit einem langen Schritt stieg er nämlich über das Glas hinweg, schob die in den Angeln gut gefettete Tür lautlos auf und war im Dunkel des Kanals verschwunden. Keine Katze hätte leiser schleichen können. Trotzdem blieb er auf seiner Flucht durch die dunkle Kanalröhre mehrmals stehen und lauschte. Hatten sie sein Fehlen schon entdeckt? Waren sie ihm bereits auf der Spur? Doch kein Laut war zu hören, als nur ein sachtes Schnarchen, und zufrieden setzte Danny seinen Weg fort.

Für Casey draußen im Lieferwagen war die Welt seit Aprils Bemerkung nicht mehr in Ordnung. Er wußte selbst nicht genau, was mit ihm los war. Irgendwie hatte er erwartet, sein gekränktes Verschwinden würde wenigstens Wirkung zeigen. Die konnten ihn doch nicht einfach so beleidigen, nicht nach allem, was sie gemeinsam durchgestanden hatten und noch zu Ende bringen wollten! Irgend jemand mußte einfach kommen und ihn zurückholen, und wenn es „nur" April wäre.

„Angst vor geschlossenen Räumen!" Hätte Casey für jedesmal, wo er diese schlimmste Kränkung in Gedanken nachäffte, einen Dollar erhalten, er wäre einen gut Teil seiner Sorgen um die wieder einmal anstehende Miete für seine Wohnung los gewesen. Aprils Gelächter hallte in seinen Ohren nach und schien ihm höhnischer zu werden, je länger er sich schlaflos herumwälzte.

Ja, wurde er denn dieses Weib nie mehr aus dem Kopf los? „Hypnotisiertes Kaninchen!" schalt er sich selbst. „Aus der Hand fressender Obertrollo!"

Aber es half nichts. Ob er die Augen schloß oder aufriß, Aprils lachendes Gesicht war einfach da.

Einmal dachte er kurz daran, sich in das Klappbett zu schmeißen, in dem er es weich und warm gehabt hätte und sicher eingeschlafen wäre. Doch trotziger Zorn und die hoffnungsvolle Erwartung, eine gewisse Person käme endlich in den nächsten Minuten voller Reue angeschlichen, um bei ihm um schön' Wetter zu bitten, hielten ihn davon ab.

Als dann das leise Scharren eines Kanaldeckels an seine Ohren drang, war Casey hellwach. Das Herz schlug ihm vor plötzlicher Aufregung wie toll gegen die Rippen, während er sich kunstvoll zurechtrückte, um tiefen, behaglichen Schlaf vorzutäuschen. Rasch noch das Käppi über die Augen gestülpt und unter dem Rand hervorgeblinzelt!

Da, tatsächlich! Der Kanaldeckel bewegte sich. Eine schmale Hand schob sich über den Rand, eine zweite.

Voll Genugtuung begann Casey zu lächeln.

Jetzt der Kopf. Aber was war das? Dunkles Haar? Seit wann trug sie eine Perücke?

Quatsch! Das war nicht April. Nie und nimmer! Das war dieser Bengel, dieser Ausreißer, wie hieß er doch gleich? Charles, nein, Dan, Danny, richtig. Der war's. Was hatte der Bursche vor? Wollte er etwa zu ihm?

Casey schob sich unmerklich etwas höher, um besser sehen zu können.

Nein, zu ihm wollte Aprils Schürzenzipfel ganz bestimmt nicht. Im Gegenteil, er schien alles daransetzen zu wollen, unbemerkt auf und davon zu rennen.

Casey lachte grimmig in sich hinein. Hatte die Zuckerschnecke sich doch tatsächlich über den Löffel balbieren lassen und war dem kleinen Schwindler voll auf den Leim gekrochen.

Zugegeben, raffiniert schien er zu sein, der Bursche. Auf den Trick mit dem Gürtel, um den schweren Kanaldeckel anzuheben, mußte erst mal einer kommen.

Casey verzog anerkennend den Mund. „Mr. Clever persönlich", schmunzelte er. „Aber einer ist immer noch 'n Stückchen cleverer, Kumpel. Und diesmal hab' ich das As im Ärmel."

Aha, jetzt schaute er sich um, ob die Luft rein wäre. Brav ein paar Extrasekunden für den Lieferwagen und plötzlich – weg war er.

In Windeseile schob Casey die warme Decke herunter und sprang aus dem Auto. Mit angehaltenem Atem lauschte er hinaus in die Nacht. Dannys Schritte waren kaum mehr als ein verschwommenes Huschen, doch es reichte aus, Casey die Laufrichtung anzugeben. Rasch schwang er sich den Golfsack mit seinen Schlägern auf den Rücken und nahm die Verfolgung auf.

Tut mir leid, Mädchen. Ganz kurz nur zuckte es ihm durch den Kopf. Dein Auto kann ich nicht mehr abschließen.

Und dann hatte er selbst April vergessen.

Danny hatte einen ausdauernden Hundetrab angeschlagen, den er während des Konditionstrainings in seiner Gruppe gelernt hatte. Häuserzeilen, Straßenzüge, alles blieb hinter ihm zurück, ohne daß er mehr davon bemerkte als schattige Stellen, die ihm Deckung gaben und Vorsprünge, hinter denen er wartete, daß die Luft wieder rein wurde.

Irgendwann während einer solchen Zwangspause hörte er den Verfolger. Aus irgendeinem Grund mußte dieser zu spät erkannt haben, daß vor ihm kein Schrittgeräusch mehr zu hören war, in dem das seine unterging.

Mit weichen Knien lehnte Danny sich an die Hauswand, die ihm Schutz vor einem Liebespaar geboten hatte, das ihm Arm in Arm über den Weg gelaufen war. Nicht einen Augenblick zweifelte er daran, daß es die Foot-Leute hinter ihm waren. Sicher, er hatte nur einen von ihnen gehört, aber sie traten nie einzeln auf. Der Shredder hatte sie auf ihn angesetzt. Sie hatten ihn aufgestöbert. Fertig.

Einmal eins ist eins, dachte Danny, so einfach. Und was jetzt?

Geschickt waren sie, das mußte er ihnen lassen, ihr Gruppenausbilder hatte ganze Arbeit geleistet. Danny lauschte angestrengt, aber weil er stehengeblieben war, hielten auch sie inne.

Erst wenn er weiterliefe, würden sie sich wieder in Bewegung setzen, im gleichen Schritt und Tempo wie er selbst.

Verzweifelt blickte er sich um. Sie durften ihn nicht schnappen und vor den Shredder zerren. Er mußte vor ihnen dort sein, allein. Aber wie?

Ein paar hundert Meter weiter hinter ihm stand Casey sprungbereit. Was war da vor ihm los? Warum, zum Teufel, lief der Bursche nicht weiter? Worauf wartete er noch?

Kein Geräusch verriet ihm, was geschehen war. Und die Dunkelheit der spärlich beleuchteten Wohnstraßen, die Danny auf seinem Fluchtweg eingeschlagen hatte, ließ keinen Blick über zwanzig oder mehr Meter Entfernung zu. Es dauerte ein paar Sekunden, bis Casey begriff, daß ein plötzlich einsetzendes, sich zunehmend rascher entfernendes Knirschen und Scheppern von Metall auf Metall mit Danny zu tun haben könnte. Alle Vorsicht außer acht lassend, jagte er in den Lichtkreis der Straßenkreuzung, hinter der das Scheppern verklang.

Ein Fahrrad! Der Bursche hatte ein Fahrrad organisiert.

Casey stand und ließ seinen Frust in einem Schwall Schimpfwörter abkühlen. Nun war guter Rat teuer. Selbst wenn er rannte, was das Zeug hielt, würde es ihm nicht gelingen, mit einem schnellen Drahtesel zu konkurrieren. Blieb nur, hinterherzuhetzen, die Ohren auf Sturm zu stellen und die ungefähre Zielrichtung nicht zu verlieren, in die der Bursche sich bewegte.

Von wegen Angst in geschlossenen Räumen! dachte Casey noch einmal und rückte den drückend schweren Golfsack höher.

Da riskiert hier einer den Allerwertesten für dich, und du? Lachen, ja, das kannst du. Aber wart's nur ab, Rotz und Wasser wirst du noch heulen. Und dann, was glaubst du, wer dann lacht? Ha, das kannst du aber glauben, das glaub mir mal! So in Gedanken mit April rechtend, rannte er los, dem allmählich bedenklich leiser werdenden Metallknirschen hinterher.

Als Danny plötzlich das Fahrrad gesehen hatte, das irgendein freundlicher Mensch für ihn an eine Mülltonne angekettet hatte, war ihm ein Stein von der Seele geplumpst. Das Vorhängeschloß war mit ein bißchen Werkzeug, das er wie alle Foot-Leute stets bei sich zu tragen hatte, selbst für den ungeschicktesten aller Einbruchskünstler schnell geknackt. Schwieriger war es da schon mit dem Krach, den das reichlich altersschwache Velo mit Sicherheit veranstalten würde.

Vorsichtig hatte Danny seine Schuhe ausgezogen, am langen Schnürsenkel verknotet und um den Hals gehängt. Er war sicher, auf Socken würde er kaum noch zu hören sein. Um auch das geringste Knarren auszuschließen, hatte er seinen schwarzen Rollkragenpullover um das Fahrradgestänge gewickelt. Ein prüfender Blick zurück, nein, die Foot-Leute hatten nichts gemerkt. Nun das Fahrrad geschultert und abmarschiert!

Danny schwankte unter dem Gewicht seiner Eroberung hin und her. Von Leichtmetall konnten die Hersteller jedenfalls noch nichts gewußt haben, aber er hielt durch.

Kurz vor der erleuchteten Kreuzung, die Casey wenig später nach ihm fluchend erreichte, hatte Danny das Rad abgesetzt, sich eilig angezogen und war losgefahren. Das erwartete Knattern der alten Tretmühle hatte er mit seinem übermütigen Pfeifen fast übertönt.

Casey pfiff allmählich auch, aber mit schmerzenden Lungen. Verdammt wenig Kondition, alter Junge, dachte er tadelnd. Vor einem Jahr hätte dir so 'n Abendspaziergang nicht die Bohne ausgemacht. Aber vor einem Jahr war sowieso alles anders gewesen. Baseball! Nichts Wichtigeres hatte es in seinem Leben gegeben, er war ein Talent gewesen. Man hatte überall von ihm gesprochen und geschrieben, die ganze High Snobiety hatte seinen Namen geseufzt. Eines Tages, ein Foul, Casey erinnerte sich nicht mal mehr, durch wen. Und dann das Aus. Nie wieder Baseball.

Casey schüttelte ärgerlich über sich selbst den Kopf. Was sollten die alten Geschichten? Schnee von gestern. Was heute anlag, zählte und nur das. Und wie stand es mit dem Heute? In fünf Jahren würde er dreißig, das war eigentlich alles, was er mit ziemlicher Sicherheit wußte.

Unsicher blieb Casey jetzt stehen. Fabrikgebäude, weiter hinten ein paar große Supermärkte, Fuhrparks von Lastwagen, Baumaterialien ...

Wo mochte die kleine Kanaille bloß abgeblieben sein? Bis hierher ins Industrieviertel hatte er leidlich Kontakt halten können, immer das Quietschen des Fahrrads in den Ohren oder doch so, daß es irgendwann wieder aufgetaucht war. Dann plötzlich war es einfach weg gewesen. Endstation?

Irgendwo in dieser Gegend mußte der Bengel stecken. Suchend sah sich Casey um. Fragte sich nur, wo?

Nun, er würde ihn schon aufstöbern. Auch wenn er dazu jeden dieser Riesenbunker in der Gegend in seine Einzelteile zerlegen müßte, er würde ihn finden. Dann aber wehe dir, Bürschchen!

Das gestohlene Fahrrad trat sich schwer. Irgend etwas stimmte nicht mit dem Vorderrad, wo das Schutzblech am Reifen rieb und ein kleiner Achter die Lenkung erschwerte. Trotzdem war Danny sicher, seine Verfolger abgehängt zu haben, und das machte ihn froh.

Er hatte auf seiner Fahrt bewußt Umwege in Kauf genommen, zweimal sogar eine Zeitlang die völlig entgegengesetzte Richtung eingeschlagen, um die Foot-Spitzel irrezuführen.

Als Danny das Industrieviertel erreichte, war es kurz vor Mitternacht. Zum letzten Mal blieb er lauschend stehen, aber kein verräterisches Geräusch war hinter ihm zu hören.

Stolz machte sich in Danny breit. Er hatte es geschafft, ausgetrickst hatte er sie, die Halunken. Hatten sie ihn bis jetzt nicht am Wickel, hier, wo er sich auskannte wie in der eigenen Hosentasche, würde es ihnen nicht mehr gelingen, ihn zu schnappen.

Trotzdem beschloß er, das Fahrrad sofort loszuwerden.

Sollte es doch einem der Foot gelungen sein, in seine Nähe zu kommen, könnte das Fahrgeräusch ihn womöglich verraten. Eilig schob er sich mitsamt dem Rad zwischen ein paar dicht miteinander verwucherte Büsche und stand in einem Innenhof. Fast jeden Tag spielten hier ein paar Kinder Fußball, die würden sich über die Klapperkiste freuen und bestimmt nicht nachfragen, wo sie hergekommen war.

Eine Viertelstunde später sah Danny das Lagerhaus vor sich, das still und dunkel dalag. Niemand, der zufällig vorbeikam, hätte ahnen können, was sich hinter diesen doppelt schallisolierten Mauern abspielte.

Jetzt, um diese Zeit, war nur noch eine zwischen dichtem Buschwerk verborgene Seitentür geöffnet. Wer es nicht besser wußte, mußte den Eindruck haben, daß das Lagerhaus an dem von der Straße abgewandten Ende von einem verwildernden Grüngürtel umgeben und nicht zugänglich war. Selbst ein streunender Hund, der sich dorthin verirrte, hätte den verborgenen Eingang nicht entdeckt, der sich im Ziehharmonikaprinzip dem Mauerwerk einfügte. Er glitt nur dann auf unsichtbaren Rollen zu einem schmalen Durchschlupf auseinander, wenn man das geheime Sesam, öffne dich kannte. Die gesamte Lagerhalle war von einem breiten Kiesgürtel umzogen, der als Wassersperre diente. Dicht neben dem getarnten Eingang lagen mehrere dickere runde Kiesel in einem vermeintlich zufälligen Grüppchen beisammen. Berührte man einen davon in einem bestimmten Klopfrhythmus, schwang die Tür lautlos auf und sofort wieder zu.

In der Regel gab es an dieser Tür keine Wächter, denn ihr

Geheimnis konnte nur durch Verrat mißbraucht werden. Und Verrat? Niemand hätte die Clanfamilie verraten, weil es gleichbedeutend mit dem eigenen Todesurteil gewesen wäre. Dennoch konnte es geschehen, daß die Notpforte, wie dieser Geheimeingang genannt wurde, nächtliche Hüter bekam. Dann nämlich, wenn eine Gruppe neu hinzugeworbener Foot-Rekruten in der Ausbildung auffällig geworden war.

Es war Tatsus liebste Schikane, zur Strafe Nachtwache schieben zu lassen, und da er selbst zu kontrollieren pflegte, wagte niemand, dabei nachlässig zu sein.

Zögernd blieb Danny stehen. Er hatte Angst. Was wäre, wenn tatsächlich Wachen eingeteilt worden waren? Sie hatten Auftrag, jeden Ankömmling vor Tatsu oder zumindest vor den diensthabenden Gruppenführer zu bringen. Und der würde dann ein scharfes Verhör durchführen, denn Zapfenstreich war um 22 Uhr. Wehe dem, der über die Stränge schlug! Tatsus Strafrepertoire schien unerschöpflich.

Aber der Countdown lief, denn die Spitzel würden seine Spur wiederfinden, es war nur eine Frage der Zeit.

Auf, Danny, los geht's! gab er sich selbst lautlos Befehl. Das rote Stirnband, Kennzeichen der Clanzugehörigkeit, steckte vorschriftsmäßig in Dannys Gürtelschlaufe. Seine Hände zitterten, als er es über der Stirn zurechtrückte. Noch einmal tief durchgeatmet und den Stein berührt.

Di-da-di-dad! Wie ein Morsezeichen sollte es wirken.

Genau drei Sekunden lang öffnete sich der Türspalt, lang genug für huschende Schatten.

Mit zitternden Knien warf Danny sich unmittelbar neben der Tür an die Wand, die sich knapp hinter ihm mit einem saugenden Geräusch schloß. Wächter? Gab es sie?

Nein, Gott sei Dank, keine Waffe richtete sich drohend gegen seine Kehle, keine Hand drehte brutal seine Arme auf den Rücken. Er war allein.

Danny brauchte eine Minute, sich zu fassen. Die Angst

hatte von ihm Besitz ergriffen, gerade das aber war jetzt Gift. Ruhe würde er jetzt brauchen, Kaltblütigkeit, wenn er gewinnen wollte. Leise tastete er nach der Tuschzeichnung des jonglierenden Turtles in seinem Brustbeutel. Sie war noch da!

Danny straffte sich energisch. Bis hierher hab' ich's gepackt, Tommy, dachte er. Ich wollte, du wärest hier.

Nachts, wenn das Rattern, Klicken und Sirenengeheul der Spielautomaten verstummt war und das Brausen Hunderter durcheinanderschwatzender Stimmen fehlte, lag eine ungewohnte, unheimlich wirkende Stille über dem Haus. Danny bemühte sich, ja kein verdächtiges Geräusch zu machen. Zwar wußte er, daß die meisten der Foot-Leute um diese Zeit schliefen, doch waren zumindest die Gruppenführer gedrillt, den Schlaf von einer Sekunde zur anderen abschütteln zu können und zum Angriff überzugehen.

Da keiner der sogenannten Räume des Hauses richtige Wände hatte, sondern einfach nur aus unterschiedlichsten Materialkisten abgetrennt worden war, gab es für Danny keine Türen zu umgehen. Wenn er zum Innersten des verbotenen Heiligtums vordringen wollte, mußte er durch alle Räume schleichen. Nirgends aber durfte auch nur einer der Schläfer und Schläferinnen etwas davon bemerken.

Er wußte, in den reinen Lagerräumen patrouillierten wie üblich zwei ältere Foot-Mitglieder. Im unübersehbaren Menschengewimmel des Clans tauchten nämlich hin und wieder auch ein paar „Nestbeschmutzer" auf, die ihre eigene „Familie" bestahlen. Auch war es bereits vorgekommen, daß eine achtlos weggeschnickte Zigarettenkippe ein Feuer entfacht hatte. Danny erinnerte sich noch gut an das Höllentheater.

Wachsam belauerte er jede Bewegung der getrennt marschierenden Wächter, hielt sich klug in deren Rücken und überwand so eine der Lagerparzellen nach der anderen. Schließlich erreichte er die Schlafräume.

Im riesigen Mannschaftsschlafraum schliefen hauptsächlich die jüngsten und unerfahrensten der Clantruppen. Entlang der Wände hatte der Shredder Stockbetten bis unter die Decke einbauen lassen, jedes gerade hoch genug, einen Schläfer aufzunehmen. Wer in der Enge dieser Kojen Angst hatte, schlief auf Matten oder Hängematten, die den Mittelteil des Raumes einnahmen. Nur wenige knapp fußbreite Wege waren zwischen den Schlafmatten frei geblieben. Die Hängematten baumelten sogar dicht an dicht. Mit angehaltenem Atem schlich Danny sich durch die Reihen. Einmal stieß er eine Schläferin am Arm. Erschrocken fuhr sie auf und starrte ihn aus schlaftrunkenen Augen an. „Ist was?"

„Nichts ist", flüsterte Danny, dem das Herz im Hals schlug, und drückte sie an der Schulter zurück. „Ich brauch' bloß 'n Plätzchen zum Hinpacken."

„Ach so." Beruhigt schlief das Mädchen wieder ein.

Danny brauchte danach ein paar Sekunden, ehe er sich genug in der Gewalt hatte weiterzuschleichen. Die Knie zitterten ihm so heftig, daß er sich wirklich am liebsten kurz niedergelegt hätte, wäre nur eine Handbreit Platz gewesen.

Im nachfolgenden Raum wurde es schwierig. Hier waren die Gruppenführer versammelt. Weil sie älter als die jungen Rekruten waren, hatten sie Erlaubnis, in ihrem Schlafbereich zu reden, Karten zu spielen oder mit dem Kopfhörer Musik zu hören. Diese Privilegien waren jedoch nicht selbstverständlich, sie mußten erarbeitet werden. Und stimmte die Leistung nicht, hagelte es Verbote.

So konnte es zum Beispiel durchaus geschehen, daß neunzig der insgesamt einhundert Gruppenführer zum sofortigen Schlaf verdonnert wurden. Gegenüber einer solchen Mehrheit konnte sich dann die unbestrafte Minderheit natürlich nicht durchsetzen und mußte wohl oder übel ebenfalls die verfrühte „Nachtruhe" hinnehmen.

So groß der Eifer der Gruppenführer auch sein mochte, vor Tatsus kritischen Augen zu bestehen war nahezu unmöglich. Und so waren die Nächte äußerst selten, in denen die Gruppenführer auftrumpften. Die Kleinen nebenan hatten es oft mit Schadenfreude festgestellt.

Daher war auch in dieser Nacht das Licht im Gruppenführer-Schlafraum bereits ausgegangen. An den Atemzügen erkannte Danny jedoch, daß nicht alle schliefen. Immer wieder gab es Waghalsige, die heimlich unter der Bettdecke lasen oder sich zu dritt in eine gemeinsame Koje klemmten, um trotz des Verbotes Karten zu zocken.

Was nun? Mit hämmerndem Puls blieb er vor der Schwelle im Mannschaftsraum sitzen. Solange drüben nicht jedes Licht gelöscht war, konnte er es unmöglich wagen hindurchzuschleichen. Fieberhaft grübelte er nach einem Ausweg.

Plötzlich hatte er eine Idee und mußte fast lachen, wie einfach alles sein konnte. Leise stand er auf, beugte sich über die Schwelle vor und flüsterte mit scharfer Stimme: „Achtung, Tatsu!“

Im Gruppenführerraum reagierte man sofort. Hastiges Rumoren verriet, wie recht Danny gehört hatte. Endlich herrschte absolute Stille.

Danny grinste. Wer immer ihn nun von den Gruppenführern durch den Schlafraum gehen hören würde, niemand würde wagen, auch nur unter der Zudecke hervorzublinzeln, denn alle waren sicher, es wäre Tatsu.

Danny gab sich daher nicht einmal besonders viel Mühe, leise zu sein, als er die Schlafkammer mit betont langem Schritt durchmaß. Tatsu würde es ja auch nicht tun, so wirkte es echt.

Trotzdem atmete er tief durch, als diese letzte Hürdc genommen war. Im Innersten des Heiligtums hatte er niemanden mehr zu fürchten. Kein Clanmitglied würde wagen, es bei Nacht zu betreten, keiner außer Tatsu und dem Shredder, und die würde er rechtzeitig bemerken. Davor hatte Danny keine Angst.

Da seine Augen bereits an das Dunkel im Haus gewöhnt waren, schien ihm das Halbdämmerlicht im Zentrum des Heiligtums grell, als er eintrat. Rasch spähte er umher. Alles war wie immer. Die alte Ratte hing immer noch in Handschellen an der Wand aus Eisenträgern, wie nun schon seit Wochen, und schien mehr tot als lebendig. Ihre geschlossenen Lider verstärkten diesen Eindruck noch.

Unerreichbar für ihre Hände hatte man ein Gefäß mit Wasser, eine Art Schnabeltasse, sowie einen Kanten Brot neben sie gestellt. Der war aber so hart, daß selbst eine echte Ratte ihn verschmäht hätte. Offensichtlich zwang man dem Gefangenen hin und wieder etwas zu essen auf, damit er nicht vorzeitig starb, ehe er endlich ausgepackt hatte.

Danny schluckte schwer und tastete wie schon so oft nach der Tuschezeichnung, die April von ihrem Lebensretter angefertigt hatte. Ja, sie war noch da!

Doch das leise Papierknistern mußte die alte Ratte in ihrem Dämmerschlaf erreicht haben. Sie war zwar zu schwach, den Kopf vollends anzuheben, doch ihr Blick erfaßte Danny voll.

„Ich habe dich viele Tage nicht gesehen", flüsterte sie anstelle einer Begrüßung, und Danny spürte schon an der Art, wie sie den Mund bewegte, daß jedes Wort ihr Schmerz verursachte.

Ob man sie geschlagen hatte? Danny erschauerte. „Ich war ziemlich lange in meinem Versteck", sagte er erklärend und trat lautlos näher.

„So mußt du dich schon vor deiner Wahlfamilie und vor deinem Vater verstecken?" fragte die Ratte und schenkte Danny einen dieser langen Blicke, die ihn so seltsam berührten.

Danny atmete einmal tief ein und aus und schaute unsicher zu Boden. „Ach, ich weiß auch nicht", murmelte er. „Alles ist so schwierig. Ich wünschte, ich wüßte, was ich machen soll!"

Die Ratte gab keine Antwort. Sie hielt die Augen geschlossen, als sei ihr dieses Gespräch zuviel, als interessiere sie nicht mehr, was dieser unbekannte kleine Bursche zu sagen hatte.

Danny hätte sie am liebsten genommen und geschüttelt. Er hatte viel riskiert, als er hierhergekommen war, und er riskierte absolut alles, sogar sein Leben, weil er immer noch blieb. Begriff dieses alte Zwischending zwischen Mensch und Ratte denn nicht, wieviel ihm daran lag, mit ihr zu reden? Kapierte sie denn nicht, daß er sonst niemanden auf der Welt hatte, mit dem er so reden konnte?

Danny lachte bitter auf. Auf niemanden war Verlaß! Erst hatte die Ratte ihn kirre gemacht und ihm etwas vorgegaukelt von wegen, „ich leih' dir mein Ohr, wenn du willst", und jetzt sah sie ihn nicht mal mehr an.

Trotzdem hielt irgend etwas den Jungen davon ab fortzugehen. Ich zähle jetzt bis zehn, nahm er sich vor. Zehn Sekunden geb' ich ihr noch. Wenn sie dann noch nicht redet, ruf' ich den Shredder.

Lautlos begann er zu zählen. Bei sieben begann er langsamer zu werden, bei neun zählte er im Sekundenschritt nochmals die volle Reihe durch, ehe er die Zehn folgen ließ.

Die Ratte schwieg.

Noch drei Sekunden, dachte Danny. Eins - zwei - drei. Er hatte wie einer gezählt, der nicht bis drei zählen kann. Nichts.

Mit einem Blick, der alle Verzweiflung spiegelte, die er so lange verdrängt hatte, stand Danny aus der Hocke auf, in der er sich vor der Ratte niedergekauert hatte.

Langsam, wie von weit, weit hergeholt, öffnete die Ratte die Augen.

„Einst", raunte sie mit ihren vom Durst rissigen Lippen, „hatte auch ich eine Familie, Daniel." Es traf ihn wie ein Schlag. Sie hatte Daniel gesagt! Nicht Dan, nicht Danny, nein, Daniel. Hieß das, sie nahm ihn ernst? Gab es tatsächlich ein Lebewesen auf der Welt, das begriff, aus dem kleinen Danny Pennington war ein Erwachsener geworden? In ungläubigem Staunen starrte Danny die Ratte an.

„Vor langer Zeit", begann diese erneut zu flüstern und lehnte den Kopf ein wenig in den Nacken, um den Jungen besser ansehen zu können. „Vor langer Zeit lebte ich in Japan. Stell es dir vor, dieses Land, stell es dir vor, Daniel. Konzentriere dich. Ich helfe dir."

Ein unwiderstehlicher Zwang ging von der brüchigen Flüsterstimme aus.

Nein, dachte Danny, ich will nicht. Ich muß die Augen offenhalten. Ich darf nicht leichtsinnig werden. Doch sein Widerstand hielt nicht lange vor. Bilder schienen in seinen Kopf zu strömen, Bilder, die sich verdichteten, sich rasch und rascher aneinanderreihten, bis sie sich zuletzt wie ein Film in seiner Vorstellungskraft abspulten:

„Wenn Japaner an Grenzen denken", begann die alte Ratte ihre Erzählung, „sehen sie nicht von Menschen gezogene Linien oder Hindernisse vor sich wie die Bewohner des Festlandes. Japan ist ein Inselstaat, und seine Grenzen sind felsige Küsten, vom Meer umschlossen. Bis heute sind die Japaner ein besonderes Volk und ist ihnen ein ganz besonderes Wesen eigen - wie ihrer Heimat. Das heißt aber nicht, daß sie rückständig wären. Nein, Japan hat Hochhäuser wie die westliche Welt, bietet reibungslosen Reiseservice sowie die pünktlichsten Eisenbahnen der Welt, alles ist sauber und zuverlässig. Und doch hat der Japaner sein Leben inmitten dieser modernen Errungenschaften der Technik mit uralt überlieferten Traditionen verschmolzen. Eine dieser Traditionen ist die geheimnisvolle Kunst des Unsichtbaren, des Ninjitsu."

Die Ratte schwieg, als sammle sie Kraft zum Weiterreden. Ihre Augen aber ließen Danny nicht los, als müsse der Strom der Bilder zwischen ihren Köpfen unablässig aus ihrer Energie gespeist werden.

„Du mußt wissen“, fuhr sie nach einer Weile fort, „ich sah nicht immer aus wie jetzt. In meiner eigentlichen, angeborenen Gestalt war ich eine Ratte wie alle anderen. Nicht größer, nicht kleiner, ein wenig klüger vielleicht. Aber das hatte ich dem besonderen Umstand meiner Abstammung zu verdanken.

Meine Familie lebte seit unvorstellbar langer Zeit als Haustiere. Die ersten unserer Dynastie waren im Kaiserpalast des unsterblichen Gottkaisers gezüchtet und zu Tanzratten ausgebildet worden. Viele von uns machten sich als zuverlässige Melder von Erdbeben unentbehrlich. Und immer die klügsten, geschicktesten und mutigsten wurden ausersehen, neue Nachkommen zu zeugen.

Mein Herr hieß Yoshi und war ein vortrefflicher Meister des Schattenkampfes, wie man die Kunst des Ninjitsu auch nennt. Er liebte Tanzratten und erhielt mich eines Tages als Geschenk von einer vornehmen Dame aus dem Kaisergeschlecht, die seine Kunst verehrte.

Mein Käfig war eine kostbare Nachbildung einer dreigeschossigen Pagode, so daß ich reichlich Bewegungsfreiheit hatte. Oft aber wurde ich herausgenommen und durfte frei unser Haus erkunden. Da ich mich stets so betrug, daß man sich meiner nicht schämen mußte, nahm mich mein Meister sogar in einer Hemd- oder Jackettasche mit, wenn er Besuche abstattete.

Am herrlichsten aber fand ich die Stunden seines Trainings. Ich wurde nicht müde, seine Bewegungen zu bewundern. Da mir das Tanzen angeboren war, begann ich bald nachzuahmen, was ich sah. Mein Meister Yoshi hatte seine Freude daran und feuerte mich in meinem Eifer an.

Nach einiger Zeit war ich dann gewandt genug, in den Pausen zur Belustigung der Zuschauer aufzutreten, wenn mein Meister seine Kunst vorführte. Und mein Name wurde in einem Atemzug mit dem meines Meisters genannt.“

Die Ratte feuchtete ihre spröden Lippen mit ein wenig Wasser an, das Danny ihr in der Schnabeltasse reichte. Dann nahm sie mit einem dankbaren Lächeln den Faden der Unterhaltung wieder auf.

„Der einzig ernst zu nehmende Gegner meines Meisters war ein Ninja-Kämpfer namens Oroku Nagi. Er war ein stattlicher, großer Mann mit dem traditionellen Knoten im schwarzen Haar. Und wäre er nicht so von Ehrgeiz besessen gewesen, hätte mein Meister ihm so manches Mal geschlagen das Feld räumen müssen. Der Ehrgeiz machte Oroku Nagi jedoch oftmals blind für die kleinen, entscheidenden Listen des Schattenkampfes, so daß mein Meister Yoshi fast immer als Sieger aus ihren Begegnungen hervorging.

Eines Tages aber sollte eine Frau tödliche Feindschaft zwischen meinem Meister Yoshi und Oroku Nagi bringen. Es war die Geisha Tang Shen.

Hier in der Neuen Welt verwechselt man Geishas meistens mit Frauen, die Liebe für Geld anbieten. In Wahrheit aber ist eine Geisha eine sehr gebildete Person, die in einer langjährigen Ausbildung zu tanzen, singen, plaudern, in einer besonderen Form Tee zubereiten lernt und auch kunstvolle Blumengebinde stecken kann. Tang Shen war wunderschön. Sie trug niemals westliche Kleidung oder Frisuren. Wer sie in ihren seidenen, mit goldenen Figuren bestickten Kimonos sah, das schwarze Haar zu fantastischen Wolkenfrisuren gesteckt, in denen es von kostbarem Schmuck glitzerte, mußte sich einfach in sie verlieben.

Mein Meister Yoshi verlor sein Herz sofort an sie, als er ihr zum ersten Mal auf einer vornehmen Gesellschaft begegnete, die nach einer Kampfveranstaltung geboten wurde. Oroku Nagi war diese Verehrung natürlich ebenfalls nicht entgangen, denn er pflegte meinen Meister auf Schritt und Tritt entweder selbst zu bespitzeln oder von Angehörigen seines Clans ausspionieren zu lassen. Und kaum hatte er bemerkt, daß auch Tang Shen meinen Meister gern sah, stand sein Plan schon fest, diese Dame für sich selbst zu gewinnen.

Oroku Nagi war ein vermögender Mann, seiner Familie gehörten riesige Reisfelder und zahlreiche gutgehende Geschäftshäuser. Mangel hatte Oroku Nagi nie gekannt, und jeder seiner Wünsche war erfüllt worden. Daher glaubte er auch, Geld würde ihm alle Türen und Tore öffnen, so auch das Herz der Dame Tang Shen.

Bald begann er, ihr kostbare Geschenke ins Haus bringen zu lassen. Da sie sich weigerte, mit ihm allein auszugehen, veranstaltete er wunderbare Feste, als deren Unterhalterin er sie einlud und jedesmal fürstliche Gagen für sie bezahlte.

Mein Meister Yoshi verzweifelte fast, denn er war nicht in der Lage, mit Oroku Nagis Reichtum mitzuhalten.

Wir lebten damals in einer der wundervollsten Landschaften Japans, nahe der Stadt Miyatsu, an einer Bucht des Japanischen Meeres. Mein Meister Yoshi besaß ein kleines Haus, das er nach altem japanischem Vorbild im Stil eines Tempelchens erbaut hatte. Glöckchen schwirrten an allen vier Ecken des geschwungenen Daches im Wind, und eine breite Holztreppe führte zu einer Veranda hinauf, von der aus man weit übers Meer hinausschauen konnte.

In dieser Zeit verbrachten mein Meister Yoshi und ich viele Stunden damit, auf der Veranda zu sitzen, zu träumen und die Gedanken mit den Schiffen auf die Reise zu schikken, die wir an der Küste kreuzen sahen. Vor allem aber sprachen wir von der Dame Tang Shen. Das heißt natürlich, mein Meister sprach, und ich hörte zu, denn sprechen sollte ich erst später lernen, als ich meinen geliebten Meister längst verloren hatte."

Die Ratte senkte den Kopf, als sei nun alle Kraft von ihr gewichen. Doch als Danny schüchtern näher kam, sah er, daß eine Träne in ihrem Augenwinkel glitzerte.

„Entschuldige", sagte die Ratte mit der schwachen Andeutung eines Lächelns. „Wenn man alt wird, weint man wieder rascher als in Jugendjahren. Ich habe meinen Meister sehr geliebt, verstehst du, und ihn verloren zu haben ist der größte Schmerz meines Lebens. Damals aber waren wir einander sehr nah, und ich strengte meinen Kopf an, wie ich meinen Meister glücklich machen könnte. Die Dame Tang Shen schien ihm unerreichbar, und er glaubte sie schon an den verhaßten Rivalen Oroku Nagi gebunden. Er verlor von einem Tag auf den anderen allen Lebensmut, und schließlich begann er sogar zu kränkeln.

Viele Seiten hatte er in seinem Tagebuch mit Gedichten über seine Liebe vollgeschrieben, und auch zahlreiche Zeichnungen, die alle die schöne Dame zeigten, waren dazwischengestreut. Täglich kamen neue hinzu.

Eines Tages, als wir wieder einmal in die Stadt fuhren, um an einer Veranstaltung teilzunehmen, zu der auch die Dame Tang Shen geladen worden war, beschloß ich, ihr eines dieser Gedichte zukommen zu lassen. Zwar konnte ich nicht lesen, doch war ich sicher, daß das, was mein Meister geschrieben hatte, jedem Menschen gefallen mußte.

Wie ich gehofft hatte, durfte ich meinen Meister tatsächlich begleiten. Sein Tagebuch, von dem er sich nie trennte, trug er in einer seiner Jackentaschen. Als wir dann endlich Gelegenheit hatten, mit der Dame Tang Shen zu plaudern, gelang es mir, das Tagebuch aus dieser Tasche zu ziehen und es der Dame in den Schoß zu legen.

Mein Meister wurde sehr verlegen, als er das sah, und schimpfte, was nie zuvor geschehen war. Hastig versuchte er, das Buch wieder an sich zu bringen. Es war jedoch zu spät, denn die Dame Tang Shen hatte es bereits aufgeblättert und darin zu lesen begonnen. Auf diese Weise legte ich den Grundstein einer Liebe zwischen meinem Meister Yoshi und der Dame Tang Shen, die ein Leben lang dauern sollte."

Die Ratte verlangte erneut nach Wasser und versuchte, ihre Haltung ein wenig zu verändern. Danny hätte ihr gern geholfen, doch die Handschellen umschlossen ihre Oberarme so fest, daß sich die Haut darunter bereits zu entzünden begonnen hatte und jede kleinste Berührung unerträglich schmerzte. Die Ratte lächelte Danny dankbar zu und fuhr mit ihrer Erzählung fort.

„Natürlich blieb Oroku Nagi nicht verborgen, daß die Dame Tang Shen und sein ärgster Rivale ein Liebespaar geworden waren“, flüsterte sie.

„In der ersten Zeit verdoppelte er seine Bemühungen um Tang Shen. Seine Feste wurden in ganz Japan berühmt, jeder wünschte sich nichts mehr, als eingeladen zu werden. Und die schöne Geisha Tang Shen bekam Angebote aus allervornehmsten Kreisen, als Gesellschafterin der höchsten und einflußreichsten Persönlichkeiten aufzutreten.

So verging eine glückliche Zeit. Endlich aber begann Oroku Nagi die Geliebte meines Herrn zu bedrängen, sie möge seine Frau werden. Diese lehnte nicht ab und sagte nicht zu, sondern bat sich Bedenkzeit aus. Dahinter verbarg sich jedoch der Wunsch, zuerst mit meinem Meister zu beraten, was zu tun sei.

Mein Meister Yoshi sagte ihr, sie müsse die Wahrheit bekennen und Oroku Nagis Heiratsantrag ausschlagen. Gleichzeitig bat er sie, ihn selbst zu heiraten, da er sie liebe und nicht länger ohne sie leben wolle. Tang Shen willigte von Herzen gern ein, und schon wenige Tage später fand die Trauung statt. Ich wurde tatsächlich auch nicht vergessen und saß am oberen Ende der Hochzeitstafel.

Mein Meister Yoshi und sie hatten beschlossen, daß sie für ein Jahr ihre Hochzeit geheimhalten wollten. Nach Ablauf dieser Zeit hofften sie, genug Startkapital für die Einrichtung einer eigenen Schule zu haben. Die Dame Tang Shen würde darin Mädchen zu Geishas ausbilden, mein Meister Yoshi aber plante, die Kunst des Schattenkampfes zu lehren. Da sie beide berühmt waren, hofften sie auf zahlreiche Schüler und schmiedeten große Pläne.

Nach zwei Tagen schon mußte Tang Shen jedoch in die Stadt zurückkehren, und das Unglück nahm seinen Lauf." Die Stimme der alten Ratte war jetzt kaum mehr als ein tonloses Wispern.

„Möchten Sie noch etwas trinken?" fragte Danny und genierte sich, eine Ratte zu siezen. Doch er konnte irgendwie nicht anders.

„Nein danke, Daniel", gab diese höflich zurück. „Später vielleicht."

Als habe sie Angst, vielleicht nicht mehr alles rechtzeitig berichten zu können, was ihr wichtig war, setzte sie ihre Geschichte eilig fort.

„Ihren ersten Termin hatte die Dame Tang Shen bei einer wohlhabenden Familie, die zur Teezeremonie eingeladen hatte. Ahnungslos betrat sie mit ihrer Maiko, einem jungen Lehrmädchen, den Saal und sah sich Oroku Nagi gegenüber.

Er hatte es verstanden, sich ebenfalls eine Einladung zu verschaffen, um sich noch an diesem Abend Antwort auf seine Frage zu holen.

Heimlich sandte die Dame ihre zweite Gehilfin aus, damit sie meinen Meister Yoshi benachrichtigen und ihn bitten sollte, rasch zum Hintereingang des Hauses zu kommen. Dort, so trug sie der Maiko auf, wolle sie ihn treffen, sobald die Abendgesellschaft aufgehoben und sie selbst entlassen sei.

Leider war der Weg bis zum Haus meines Meisters sehr weit, und das Fahrrad der kleinen Maiko ging mittendrin kaputt, so daß sie es flicken mußte. Viel Zeit ging verloren, bis mein Meister an der verabredeten Hintertür endlich ankam. Da überall im Haus noch Licht brannte, nahm er an, die Teezeremonie sei noch nicht zu Ende, und wartete.

Plötzlich aber schreckte er zusammen. Eilig klappernde Schritte näherten sich.

‚Tang Shen?' rief er halblaut.

Doch es war die Gehilfin, die da angelaufen kam. ‚Rasch, beeil dich, Meister Yoshi', stieß sie außer Atem hervor und ließ alle Höflichkeitsformeln beiseite. ‚Oroku Nagi ist bei unserer Dame, und er ist entsetzlich wütend. Ein Unglück könnte geschehen.' Sie war ganz aufgelöst vor Sorge.

Mein Meister Yoshi rannte, so schnell er konnte. Er verfluchte sich selbst, unbewaffnet zu sein und wie ein Tölpel nicht gleich begriffen zu haben, daß seine Frau ihn nicht ohne Not zu sich bestellt hatte.

Ohne anzuhalten, stürmte er in die Wohnung der Dame Tang Shen und kam gerade noch rechtzeitig, um das Schlimmste zu verhüten. Die Maiko hatte recht gehabt, Oroku Nagi war außer sich vor Wut und Eifersucht.

‚Wenn ich dich nicht besitzen soll, wird dich niemand mehr zur Frau haben!' Mit diesen Worten wollte er sich gerade auf Tang Shen stürzen und sie ermorden, als mein Meister Yoshi ihm in den Arm fiel.

Der nun folgende Kampf zwischen den beiden Rivalen war schrecklich. Zwar hatte mein Meister keine Waffen, doch diesen Mangel machte er durch größere Geschicklichkeit und kühleres Blut wett. Oroku Nagi geriet dagegen in immer größere Hitze. Mit einem gewaltigen Dolchstoß wollte er schließlich den Kampf für sich entscheiden, doch Yoshi wich der Klinge in letzter Sekunde aus, und Oroku Nagi stieß ins Leere. Getragen vom Schwung der eigenen Bewegung, stolperte er über ein Bambustischchen, stürzte und fiel vornüber in den eigenen Dolch.

Er war sofort tot.

Tang Shen begann vor Erleichterung und ausgestandenem Schrecken zu weinen, und mein Meister schloß sie fest in die Arme. Unter Schluchzen erzählte sie, was geschehen war.

Die Abendgesellschaft hatte frühzeitig abgebrochen werden müssen, weil die Dame des Hauses plötzlich zusammengebrochen war und nach einem Arzt geschickt werden mußte. Man hatte Tang Shen angeboten, sie nach Hause bringen zu lassen, doch Oroku Nagi, der in ihrer Nähe stand, hatte die Frage mit angehört und sich gleich angeboten, diese Kleinigkeit zu übernehmen. Da es keinen Grund gegeben hätte, sein Angebot abzulehnen, war die Dame einverstanden. Oroku Nagi fuhr sie also in seinem Wagen nach Hause und geleitete sie anschließend bis vor die Tür. Als er sicher war, daß niemand ihn im Schatten des Daches beobachten konnte, hatte er versucht, Tang Shen zu küssen. Natürlich hatte sie sich heftig zur Wehr gesetzt, aber das machte ihm nur Spaß und größere Lust, seinen Willen bei ihr durchzusetzen und endlich ans Ziel seiner Wünsche zu gelangen. Ohne die geringste Anstrengung schob er sich mit ihr zur Wohnungstür herein und begann, an der Rückenschleife ihres Kimonos zu zerren. Dabei flüsterte er von seiner großen Liebe und daß sie ja doch schon bald heiraten würden.

Außer sich vor Angst, schrie die Dame Tang Shen den Namen meines Meisters und flehte ihn, der sie doch gar nicht hören konnte, um Hilfe an.

Augenblicklich gab Oroku Nagi sie daraufhin frei. Was das zu bedeuten habe, schrie er. Ob sie ihn zum Narren halten wolle?

Da gestand ihm Tang Shen, daß sie meinen Meister Yoshi liebe und seine Frau war. Was dann passierte, hatte mein Meister selbst miterlebt.

Jetzt tat Eile not, sie mußten schnellstens fliehen, wenn Yoshi nicht des Mordes angeklagt werden wollte.

Hastig rafften sie alles zusammen, was nötig war, und erreichten das Haus meines Meisters, noch ehe es Morgen wurde."

Dankbar nahm die alte Ratte nun ein Schlückchen Wasser aus der Schnabeltasse, die Danny ihr vorsichtig an die Lippen setzte.

„Mein Meister Yoshi", berichtete sie weiter, „und Oroku

Nagi waren Mitglieder desselben Ninja-Clans. Eines der bedeutendsten Gesetze dieses Clans lautete, daß jeder, der einen Clanbruder tötete, seinem Leben freiwillig ein Ende setzen müsse. Als Zeichen für einen solchen Befehl ließ der Clan ein rotes Tuch an die Tür des betreffenden Bruders heften und ihm den Todesdolch auf die Fußmatte legen.

Als mein Meister Yoshi an diesem Morgen erwachte, fand er die Zeichen des Clans schon bei sich vor. Tang Shen begann bitterlich zu weinen, und mein Meister schloß sich in sein Zimmer ein, um mit sich selbst zu Rate zu gehen – und mit mir, denn nur ich durfte bei ihm bleiben.

Yoshi versenkte sich in eine tiefe und lange Meditation über alles, was geschehen war. Und ich bemühte mich, es ihm gleichzutun.

‚Nein, Splinter', sagte mein Meister danach und setzte mich auf seine Schulter, ‚wir werden es nicht tun. Wir haben uns nichts vorzuwerfen.'

Die Zeit des Abschieds von Japan war damit gekommen. Uns allen war klar, daß mein Meister fliehen, ja unauffindbar sein mußte, wenn er künftig in Frieden weiterleben wollte. Zum Glück lag ein Frachter im Hafen, der noch an diesem Morgen in die USA auslaufen würde. Mein Meister hatte den Kapitän einmal nach einer Ninja-Vorstellung kennengelernt. Heimlich ließ er ihm eine Botschaft zukommen, und bald darauf traf die Bestätigung ein, daß es dem Kapitän eine Ehre sein werde, die berühmte Geisha Tang Shen mit ihren Maikos an Bord zu nehmen.

In aller Eile, doch unter Kichern und Scherzen, wurde mein Meister Yoshi nun in eine Maiko verwandelt. Dies gelang so perfekt, daß selbst ich ihn nicht wiedererkannte und mich von seinem weiß gepuderten Gesicht unter der Damenperücke täuschen ließ.

Zwei große Reisekisten enthielten alles, was meinem Meister und seiner Frau geblieben war, doch sie waren glücklich zusammenzusein und neugierig auf das neue

Leben, das sie in der westlichen Welt erwartete. Die beiden echten Maikos hatten beschlossen, sich ihrer verehrten Dame anzuschließen und Japan ebenfalls zu verlassen. Wären sie geblieben, hätten sie damit rechnen müssen, dem Clan Rede und Antwort zu stehen. Eine Aussicht, die gleichbedeutend mit Folter und vielleicht sogar dem Tod war.

Für viele Wochen wurde das Schiff, das wir bald Seelenverkäufer nannten, unsere Heimat. Der Kapitän hatte uns einen Raum neben der eigenen Kajüte zugewiesen. Darin war es zwar eng und wenig komfortabel, aber wir rückten alle zusammen und machten das Beste daraus. Ich tat mein möglichstes, Meister Yoshi aufzuheitern, doch das gelang von Woche zu Woche weniger, denn er hatte begonnen, sich Sorgen um eine Arbeit zu machen.

Der Kapitän hatte uns nämlich erzählt, daß man in Amerika keine Geishas und Ninja-Krieger brauchte, etwas anderes aber hatten mein Meister und seine Frau nun einmal nicht gelernt. Was würde aus ihnen werden, wenn die Ersparnisse aus Japan aufgebraucht wären?

Doch damit nicht genug, begann Yoshi auch wieder, über den Clan nachzudenken. Hatte Oroku Nagi nicht einen Bruder gehabt? Einen jungen Burschen, den er in der Ninjitsu-Technik ausgebildet und wie seinen Augapfel geliebt hatte?

Wie recht mein Meister mit diesen Sorgen hatte, zeigte sich erst, als wir den Boden Amerikas betraten. Der Kapitän kümmerte sich darum, daß wir wenigstens eine erschwingliche Unterkunft erhielten, von Arbeit und Einkommen aber konnte keine Rede sein. Hin und wieder fand Yoshi im Hafen Beschäftigung. Und eines Abends kehrte er zwar müde und schmutzig von dort zurück, hatte jedoch nicht nur eine Handvoll Dollars, sondern auch die Adresse eines Clans in der Tasche, den eingewanderte Japaner in New York gegründet hatten. Voller Hoffnung legte er seine sorgfältig aufbewahrte Ninjitsu-Kleidung an und ließ mich als Wache bei seiner Frau zurück, bis er wiederkäme.

Der Tag wurde uns lang, obwohl wir uns die Zeit mit allerlei Kunststückchen und Spielen vertrieben. Als es endlich bei Einbruch der Dämmerung an der Tür läutete, sprang eine der kleinen Maikos sofort auf, um meinem Meister zu öffnen. Auch die Dame Tang Shen erhob sich von ihrem Sitzkissen und strich aufgeregt ihren Kimono glatt. ‚Yoshi?' rief sie, denn es wunderte sie, daß er so lange brauchte.

Er hatte aber nur darauf gewartet, daß sie ihm neugierig entgegenkam, um sie mit einem wundervollen Blumenstrauß zu überraschen, dem ersten seit Japan.

Mein Meister hatte Glück gehabt. Der Clan war begeistert von der Aussicht, zwei so berühmte Persönlichkeiten aufnehmen zu dürfen. Man hatte versprochen, sich um Einwanderungspapiere und eine Tournee durch die USA zu bemühen, und ihm zur Überbrückung der Zwischenzeit ein Gastengagement für Auftritte im Clan angeboten.

Eine glückliche Zeit begann, in der wir alle beinahe vergaßen, was hinter uns lag.

Zwei Jahre später erreichten uns die ersten alarmierenden Neuigkeiten aus Japan. Mein Meister Yoshi hatte recht gehabt. Oroku Nagi hatte einen Bruder zurückgelassen, einen jungen Ninja-Krieger namens Oroku Saki. Ein halbes Kind noch, hatte er meinem Meister Yoshi blutige Rache für den Mord an seinem Bruder geschworen. Von Trauer und Haß angetrieben, hatte er in einem unmenschlich harten Training seine bei Oroku Nagi begonnene Ausbildung fortgesetzt und war nach einem letzten wichtigen Kampf zum besten Ninjitsu-Krieger Japans erklärt worden.

Niemand wagte, offen darüber zu reden, doch munkelte man hinter vorgehaltener Hand, Oroku Saki stehe hinter einem Haufen Gangster, die in Japan ihr Unwesen zu treiben begonnen hatten und die Polizei vor unlösbare Rätsel stellten. Den Grund für dieses Bandenwesen aber gab man damit an, daß Oroku Saki Geld brauche. Sehr viel Geld. Geld, um Rache an meinem Meister Yoshi nehmen zu können.

Zwei weitere Jahre vergingen. Von Oroku Saki erfuhren wir nur aus der japanischen Presse. Sie schrieb, er sei der wahrhaft größte Ninjitsu aller Zeiten geworden. Mein Meister Yoshi freute sich mehr als jeder andere darüber, denn er war überzeugt, daß niemand eine solche Traumkarriere aus Mordgelüsten aufgeben könne. Er gewann neuen Mut und begann, gefaßter in die Zukunft zu sehen.

Oroku Saki, so glaubte er sicher, werde Japan nicht verlassen, um einem Phantom namens Yoshi nachzujagen, dessen Aufenthaltsort unbekannt war. Um sicherzugehen, hatte mein Meister nämlich einen falschen Namen angenommen, unter dem er auch seine von nun an immer länger und zahlreicher werdenden Tourneen durch die Staaten antrat.

Um größere Programme bestreiten zu können, hatte er sich in eine kleine, aber bereits angesehene Theatergruppe eingekauft, die mit einem ausgewählten Repertoire japanischer Schauspiele an allen Bühnen des Landes zu Gast war. Doch die allmählich wachsende Berühmtheit meines Meisters schuf ihm nicht nur Freunde und Gönner. Vor allem ein Tänzer der Theatergruppe wurde ihm zum Feind. Seit Yoshi zur Truppe gestoßen war, hatte dieser Tänzer nämlich auf Soloauftritte verzichten müssen, mit denen er zuvor das Theaterpublikum in den Umbaupausen mehr schlecht als recht unterhalten hatte. Und da mein Meister Yoshi große Neigung für das Schauspielern zeigte, befürchtete der Tänzer, eines schönen Tages ganz ohne Engagement auf der Straße zu stehen.

Tang Shen, die meinen Meister stets auf seinen Reisen begleitete, beobachtete die zunehmende Eifersucht des Tänzers voll Besorgnis. Doch sooft sie ihren Mann auch mahnte und um ein wenig Vorsicht bat, wenn er alte Geschichten aus seiner japanischen Vergangenheit zum besten gab - er kümmerte sich nicht darum.

Eines Tages bemerkte Tang Shen, daß sie schwanger war.

Nun wurde ihr das Leben in ständig wechselnden Hotels zu anstrengend, und schließlich blieb sie ganz zu Hause, um sich auf das neue Familienmitglied vorzubereiten. Wie schon früher, wenn er seine Frau allein lassen mußte, befahl mein Meister mir auch an jenem verhängnisvollen Wochenende, sie gut zu beschützen, und brach zu einer Wochenendveranstaltung auf, die sein neuer Clan zu Ehren einiger angesehener Gründungsmitglieder zelebrierte.

Während Tang Shen mit ihren beiden Maikos sang und spielte, später an Babysachen zu nähen begann und nach immer neuen Namen für das Ungeborene suchte, übte ich mich in meinem Käfig im Schattenkampf. Es war ein Tag wie jeder andere gewesen, und als es gegen Abend an die Tür pochte, rechneten wir allenfalls mit einer Nachbarin, die um diese Zeit oftmals auf ein Plauderstündchen bei Tee und Kerzenlicht zu kommen pflegte.

Mariko, die jüngere der beiden Maikos, hakte voller Übermut das Türchen meines Käfigs auf, damit ich später heraushüpfen könne, um die Nachbarin auf diese Weise daran zu erinnern, daß es Zeit sei zu gehen. Wir wußten nämlich aus Erfahrung, daß sie bei meinem bloßen Anblick schon kreischend das Weite suchte.

Okumi, die zweite Maiko, aber öffnete die Tür.

Tang Shen legte die feine Handarbeit zur Seite und stand auf. ‚Wer ist es?‘ rief sie und läutete mit einem Porzellanglöckchen nach Mariko.

Ich stand in meinem Käfig und sog erregt einen fremden Geruch ein, der von der Haustür her zu mir vordrang. Den Duft aus Zimt und Sandelholz erkannte ich, der den Tänzer aus der Truppe meines Meisters umgab. Wer aber war der andere, dessen Geruch sich mit dem des Tänzers vermischte?

In diesem Moment flog die Zimmertür auf, und ein Mann sprang herein und zielte mit einem langen Ninja-Schwert auf die Brust der Dame Tang Shen. Hinter ihm sah ich den

Tänzer böse grinsen und ein rotschwarzes Bündel auf dem Boden liegen. Es war Okumi, sie hatte einen roten Kimono mit schwarzgoldener Schärpe getragen.

Tang Shen sprach kein Wort. Schützend die Arme um ihr ungeborenes Kind geschlungen, sah sie dem Fremden entgegen, als sei ein Geist vor ihr erschienen.

Der fremde Japaner verbeugte sich spöttisch. ‚Ich bringe dir Grüße, Tang Shen', sagte er mit heiserer, erkältet klingender Stimme, ‚Todesgrüße', und stieß zu.

An der Stimme hatte ich Oroku Saki, den Todfeind meines Meisters, erkannt. Noch ehe er sein Schwert aus der Brust Tang Shens ziehen konnte, hing ich beißend und kratzend an seinem Gesicht. Eine Handbewegung genügte, mich in eine Ecke zu schleudern, doch sein Schwert verfehlte mich. Halbblind vor Blut, hatte er schlecht gezielt und statt meinen Kopf nur mein Ohr gespalten. Dennoch blieb ich benommen liegen, und als ich wieder zu mir kam, war Oroku Saki verschwunden."

„Was war mit der Dame? Und ihr Meister?" Erregt rutschte Danny näher und berührte die alte Ratte am Arm. „Lebte sie noch? Was hat ihr Meister gemacht?"

Die alte Ratte schüttelte mühsam den Kopf. „Die Dame Tang Shen war tot", antwortete sie. „Oroku Saki hatte gut gezielt."

„Und das Mädchen?"

„Die Maiko? Der Tänzer hatte sie wohl auf dem Gewissen", sagte die Ratte. „Ihr Genick war gebrochen."

„Aber Meister Yoshi? Hat er denn nichts unternommen?"

„Der Verlust seiner Frau und ihres noch ungeborenen Kindes war zuviel für meinen Meister Yoshi", flüsterte die Ratte nach einer Weile endlich kaum verständlich. „Sein Geist verwirrte sich. Immer wieder glaubte er, vor Oroku Nagi fliehen zu müssen. Mariko hielt er in solchen Momenten für seine Frau, und gemeinsam mit ihr, meinem Käfig in der Hand, suchte er Zuflucht auf allen heruntergekommenen Schiffen, die aus dem Hafen ausliefen. Bei einem dieser Fluchtversuche, die er in seinem wirren Kopf unternahm, verlor er meinen Käfig. Ich war allein."

„Und was wurde aus diesem, diesem Oroku Saki?" fragte Danny gespannt.

Mühsam blickte die Ratte auf, die Augen auf Dannys Stirnband geheftet. „Ich weiß es nicht", sagte sie dann langsam. „Aber du trägst sein Drachensymbol auf deiner Stirn."

In der Zwischenzeit hatte Casey seine Ankündigung wahr gemacht und so ziemlich jedes Gebäude des Industrieviertels näher in Augenschein genommen. Nur Betriebe, in denen Nachtschicht gefahren und eifrig gearbeitet wurde, hatte er bei seiner Überprüfung ausgeklammert. Auf diese Weise war er auf das Fahrrad gestoßen, das Danny sich ausgeborgt hatte. Eine Runde im Hof, wo es abgestellt gewesen war, hatte Casey schnell überzeugt, daß es wirklich die alte Quietschchaise war, nach der er gesucht hatte. Danny mußte demnach auch in der Nähe sein. Aber wo? Und wenn er sich wirklich hier herumtrieb, warum?

Nachdenklich hatte Casey sich den Fahrradsattel untergeklemmt und in Gedanken noch mal alles Revue passieren lassen, was er von Danny Pennington wußte.

Punkt eins: Er hatte Stunk mit seinem Vater.

Punkt zwei: Er war von zu Hause ausgerissen und mußte vor seinem Vater solche Angst haben, daß er lieber in Abwasserkanälen hauste, als sich eine mehr oder weniger wohlverdiente Tracht Prügel abzuholen.

Punkt drei: Er kannte April O'Neil.

Punkt vier: Er wußte, wo sie wohnte.

Punkt fünf: Er hatte einen der Turtles in Aprils Wohnung entdeckt.

Punkt sechs: Er hatte irgend etwas an sich genommen, war abgehauen und hatte unterwegs offensichtlich gecheckt, daß er verfolgt wurde.

Punkt sieben: Er war in diesem Viertel hier untergetaucht, wo es keine Privatwohnungen und folglich auch keine Schulfreunde oder dergleichen gab.

Ein Verdacht begann sich in Casey zu regen, so ungeheuerlich, daß er den Gedanken zuerst spontan verwarf und nur zögernd zu Ende dachte.

Hatte Danny etwas mit den Foot-Leuten zu schaffen? Hatte er ihnen von seiner Beobachtung in Aprils Haus verraten? Waren April und die Turtles deshalb dort überfallen worden?

Und was zum Teufel hatte er jetzt vor?

Ein plötzliches Geräusch schreckte Casey aus seinen Gedanken auf. Es hatte sich angehört wie das Scheppern einer Blechdose, die in den Rinnstein gekickt wurde. Alarmiert duckte er sich hinter eine Buschgruppe und rannte in der Deckung eines halbhohen Mäuerchens zur Straße zurück. Diese Typen, die da nachts mit Blechdosen auf Straßen Fußball spielten, mußte er genauer unter die Lupe nehmen. Er war sicher, es dabei mit jungen Leuten zu tun zu haben. Und die Foot-Gang bestand überwiegend aus jungem Gemüse, das normalerweise um diese Uhrzeit längst hübsch ordentlich am Kopfkissen horchte. Wenn aber Danny Pennington tatsächlich mit dem Foot-Clan zu schaffen haben sollte, würden ihn diese Strategen zu ihm führen.

Die Straße lag leer und verlassen im Mondlicht, als Casey mit einem Satz über die halbhohe Mauer flankte. Schon wollte er fluchend seiner Enttäuschung Luft machen, da bemerkte er zwei huschende Schatten vor dem helleren Hintergrund einer Hauswand. Hastig sprang er ihnen nach und zückte vorsichtshalber auch gleich seinen riesigen Baseballschläger.

Doch die beiden schwarzgekleideten Nachtwandler vor ihm hatten es nicht eilig. Gemütlich schlenderten sie zwischen Hinterhöfen und Eisenbahngleisen umher, wobei einer den anderen hin und wieder mit spielerisch angedeuteten Boxhieben neckte. Einmal sah Casey das rote Stirnband im Haar des kleineren der zwei Burschen aufleuchten.

Grimmig nickte er vor sich hin. Er hatte also recht gehabt. Es waren Angehörige der Foot-Bande, und Danny schien wirklich in die Netze dieser Ganoven geraten zu sein.

Nahe der Bahngeleise, aber abseits der Hauptverkehrsstraße des Viertels schob sich ein langgestrecktes, vollkommen dunkles und fensterloses Gebäude in Caseys Blickfeld. Zu seinem Erstaunen bogen die beiden Dogi-Träger in einen Trampelpfad ein, der zwischen Dornbüschen und Brennesselstauden zum Hintereingang zu führen schien.

Casey folgte ihnen lautlos dicht auf den Fersen. An einer Weggabelung des Trampelpfades blieben die beiden Foot-Leute abermals stehen, sahen sich sichernd nach allen Seiten um und marschierten dann mitten in eine Haselhecke hinein.

Casey spähte verblüfft durch die Zweige hinter ihnen her. Während einer der beiden ungeduldig mit den Fingern an die Hauswand trommelte, tippte der andere in einem bestimmten Rhythmus auf einen Stein, und sofort schwang eine kaum schulterbreite Tür in der Wand auf.

Casey wußte genug. Entweder dieser schwarze Kasten oder keiner, zuckte es durch seinen Kopf, und im gleichen Atemzug stieß er einen grellen Pfiff aus.

Erschrocken zuckten die beiden Foot-Leute zusammen und warfen sich reaktionsschnell nach rechts und links, während sich die Tür in ihrem Rücken ungenutzt wieder schloß.

„Hey, hier bin ich, ihr Kartoffelsäcke!" rief Casey und baute sich breitspurig mit seinem Schlagstock vor ihnen auf.

Die Foot-Leute wechselten nur einen raschen Blick. Wie auf Verabredung stürzten sie gleichzeitig auf den Feind zu und versuchten, ihn in die Zange zu nehmen.

„Ihr solltet euch lieber von eurer Mutti die Nasen putzen lassen, anstatt frech zu erwachsenen Leuten zu werden", spöttelte Casey lachend und holte mit seinem Baseballschläger aus, als wäre dieser ein Bumerang.

Die Foot-Leute sahen es nur dunkel heranzischen. Blitzschnell versuchten sie noch, unter dem Schlag wegzutauchen, aber da hatte es sie schon erwischt.

„Alle neune!“ konstatierte Casey und machte sich an die Arbeit.

Im Nu hatte er den beiden die schwarze Kluft ausgezogen und ihre roten Stirnbänder in die eigene Tasche gesteckt. Als er ihnen mit ihren eigenen Schuhbändern Arme und Beine verschnürte, begannen die beiden schon wieder munter zu werden.

„Ein Schnullerchen gefällig?“ bot er freundlich an. „Mit der Frischegarantie für delikaten Geschmack aus dem Hause Barfuß & Co.?“ Damit schob Casey jedem eine Socke in den Mund und knotete diese mit der passenden zweiten am Hinterkopf fest.

Während die Foot-Leute trotz der Knebel zu rufen versuchten und in ihren Fesseln zu toben anfingen, probierte Casey die schwarzen Dogis und legte eines der Stirnbänder an.

Geziert hin und her tänzelnd, strahlte er die beiden an. „Na, Jungs, wie gefällt euch der gute, alte C.M.J.?“ fragte er. „Wie? Ihr solltet wirklich nicht so nuscheln, eh.“

Scheinbar nachdenklich sah er auf die beiden Burschen herunter. „Wißt ihr was, ich fürchte, eure Tarnung als Regenwurm ist nicht ganz up to date, Boys. Am besten, ihr verschwindet ein Weilchen in der Versenkung.“

Im nachhinein erschien ihm nämlich sein erster Plan, die beiden schön säuberlich verpackt vor der Tür liegenzulassen, doch nicht mehr sonderlich klug. Was, wenn weitere Nachzügler eintrudelten?

Zwei Mülltonnen auf der Rückseite des Hauses lenkten seine Gedanken in eine andere Richtung. Ohne sich um die Gegenwehr seiner Gefangenen zu kümmern, warf er sich einen nach dem anderen über die Schulter und lud sie, Füße voran, in die Mülltonnen hinein ab. Nur die Haarschöpfe der beiden lugten oben heraus.

„Wünsche wohl geruht zu haben, Boys“, feixte Casey und putzte sich die Hände ab, „und laßt euch nicht vom Mäuslein beißen.“

Vorsichtshalber schob er die beiden Tonnen noch bis reichlich über die Gebäudemitte hinaus, es mußte ja nicht gleich jeder das sonderbare, dumpfe Grunzen darin hören. Zuletzt schob er noch einen derben Knüppel unter die Dekkel, um die Luftzufuhr zu garantieren, und beeilte sich dann, zum Eingang zurückzukommen.

Der dicke runde Kiesel war rasch wiedergefunden. Als etwas schwieriger erwies es sich da schon, den richtigen Klopfrhythmus aus den beobachteten vier Handbewegungen herauszutüfteln. Endlich aber glitt die Tür auf und Casey hinein ins Haus.

Nur langsam begann Danny die Ungeheuerlichkeit dessen zu begreifen, was die alte Ratte da eben behauptet hatte:

„Du trägst sein Drachensymbol auf deinem Stirnband.“

Der feuerspeiende Drache mit den goldenen Flügeln im Flammenkreis - das Zeichen Oroku Sakis, eines Mörders und Diebes, der zugleich auch der berühmteste und berüchtigste Ninjitsu-Kämpfer Japans war?

Oroku Saki - waren er und Meister Dschingis, der Shredder, ein und dieselbe Person? Danny machte noch immer große Augen. Aber ja, sie mußten ein und dieselbe Person sein. Beide Japaner, beide Ninja-Krieger, beide Anführer einer unvorstellbar großen und immer mächtiger werdenden Diebesbande, die zuerst Japan und nun New York terrorisierte. Aber Mörder? Traf dies auf den Shredder zu? Danny ging noch einmal alles durch.

Sicher, Tatsu war ein Mörder, er hatte Tommy ermordet. Und der Shredder? Wollte er nicht die Turtles umbringen?

Hatte er nicht auch April O'Neils Tod mit einkalkuliert? Waren nicht er, Danny, und die anderen Foot-Leute alle als Krieger ausgebildet und mit dem Auftrag ausgesandt worden, zu kämpfen, zu siegen und zu töten?

Oroku Saki hatte aus Rache gemordet. Warum aber mordete der Shredder?

Als hätte die alte Ratte Dannys Gedanken erraten, öffnete sie die Lippen. „Mein Meister Yoshi lebt", sagte sie. „Ich weiß nicht, wo, aber er lebt. Und solange er lebt, wird Oroku Saki auf Rache sinnen. Er braucht Geld, um diese Rache zu finanzieren, verstehst du, Daniel? Und er wird jeden vernichten, der ihm dabei im Weg steht."

Danny nickte. Er hatte endlich verstanden, ohne den geringsten Zweifel verstanden. Langsam und bedeutungsvoll löste er sein Stirnband und ließ es zu Boden fallen. Er wußte endlich, wohin er gehörte, und er wußte auch, was zu tun war.

Hastig griff er nach dem Brustbeutel mit der Turtle-Zeichnung. „Ich muß Ihnen etwas zeigen", flüsterte er und faltete das Blatt auseinander. „Sie sind wieder da. Sehen Sie! Erkennen Sie ihn? Ich werde sie herbringen. Wir holen Sie hier raus." Danny war es, als habe er plötzlich wieder ein Ziel in sein Leben gebracht.

Doch die erwartete freudige Reaktion blieb aus. Statt dessen weiteten sich die Augen der alten Ratte in jähem Entsetzen, und schneller, als Danny begriff, riß sie das Bild des Turtles an sich und verschlang es auf einen Biß.

Fast gleichzeitig kam es von hinten: „Was hast du hier drinnen zu schaffen, Bursche?"

Mit einem Schreckenslaut blickte Danny sich um und mitten hinein in die schwarz glitzernden Augen des Shredders.

Schulter an Schulter mit Tatsu füllte er den Durchschlupf zum Innersten des verbotenen Heiligtums mit seinem Körper aus. Die Falle war zugeschnappt.

Angst hatte Danny immer vor ihnen gehabt, ähnlich der Angst eines Kindes vor einem überstrengen Vater. Jetzt aber überfiel ihn geradezu lähmendes Entsetzen bei ihrem Anblick.

„Antworte!"

Der Junge würgte an einer Antwort. Mit äußerster Anstrengung brachte er sie endlich hervor: „Nichts."

Es war kein Kunststück, zu erkennen, daß er log. Mit großen Schritten trat der Shredder näher. „Du wagst es, mich anzulügen?" zischte er.

Danny schlotterte an allen Gliedern.

„Nein", stammelte er. „Nein."

Als wolle er ihn mit Blicken durchleuchten, starrte der Shredder ihn an. „Du lügst nicht nur, du verheimlichst mir auch etwas", sagte er dann mit grausam kalter Stimme.

Danny schüttelte heftig den Kopf, doch es nützte nichts. Er fühlte die Augen des Shredders wie Klammern, unausweichlich, eisenstark. Plötzlich hob dieser eine Hand bis an Dannys Schläfe. Statt zuzuschlagen, begann er wie auf einer unsichtbaren Linie dessen Körper abzutasten, ohne ihn auch nur einmal zu berühren. Wie mit einem Radarschirm schien er Dannys innere Schwingungen aufzufangen.

Je näher die unheimliche Hand Dannys hinterer Hosentasche kam, desto nervöser reagierte der Junge. Der Shredder bemerkte es mit Befriedigung. Dicht über dem als kritisch befundenen Punkt stoppte die Hand, und im nächsten Moment zerrte sie einige eng zusammengefaltete Blätter daraus hervor. Nie zuvor hatte Danny seine Diebereien mehr verwünscht als jetzt. Warum, um Himmels willen, hatte er April diese Bilder klauen müssen?

Mit einem letzten prüfenden Blick in Dannys verzweifeltes Gesicht schlug der Shredder die zusammengefalteten Blätter auseinander.

Der Helm verbarg jede seiner Gefühlsregungen, als er sich Tatsu zuwandte. „Sie sind zurück!" sagte er nur, und das

Glitzern seiner Augen verriet den Triumph, der in ihm glühte.

Tatsu wartete schweigend auf den nächsten Befehl, den er als oberster Feldherr der Foot-Truppen bereits zu kennen glaubte. Doch der Shredder ließ sich Zeit. Danny sah, wie sich die auf dem Rücken verschränkten Hände Tatsus vor innerer Anspannung und Nervosität zu öffnen und schließen begannen. Da ergriff der Shredder erneut das Wort.

„Wir brechen sofort auf. Und diesmal wird es keine Fehler geben. Ich führe selbst die Truppen an."

Tatsu senkte kaum merklich den Kopf, um seinen Gehorsam anzudeuten, und verharrte so. Doch der Haß, der dem Meister aller Meister aus seinen Augen entgegenschlug, strafte diese Unterwerfung Lügen.

Niemand vermochte zu erkennen, was hinter der Maske des Shredders vor sich ging. Hatte er die innere Auflehnung seines so unversehens degradierten Befehlshabers überhaupt bemerkt? Seine Stimme jedenfalls verriet keine Regung: „Tatsu!"

Gehorsam ruckte dessen Kopf in die Höhe.

Der Shredder hielt kurz vor der Tür an, als sei ihm noch etwas gänzlich Nebensächliches eingefallen. „Ach ja, die Ratte ...", sagte er gelangweilt.

Eine böse Freude schwang plötzlich in seiner Stimme mit.

Wie einem Hund den Knochen, warf er es seinem Feldherrn hin. „Die Ratte", genüßlich zögerte er den entscheidenden Moment hinaus, „sie gehört dir. Töte sie!"

Erneut senkte Tatsu den Kopf. „Zu Befehl, Meister Dschingis!" murmelte er, doch der Shredder war schon gegangen.

Danny glaubte zu ersticken, so heftig polterte plötzlich das Herz in seiner Brust. Aber zugleich wußte er auch, dies war der Moment der Flucht, der einzige und letzte, den es vielleicht jemals für ihn gäbe.

Später konnte er gar nicht mehr sagen, wie alles gekommen war. Er erinnerte sich nur, Tatsu einen gewaltigen Stoß versetzt zu haben, der den bulligen Mann unversehens zum Straucheln brachte. In diesem einen Moment der Verwirrung war er auf und davon, eingetaucht in die sich türmenden Diebesgüter, atemlos und doch zugleich voller Wachsamkeit.

Tatsu aber dachte nicht daran, die Verfolgung aufzunehmen. „Ein schlechter Scherz, Bürschchen", sprach er in die Richtung, in der er Danny vermutete, und wandte sich ab. „Ich lache zuletzt!" Er setzte eine Pfeife an die Lippen.

Niemand hätte geglaubt, daß die riesige Halle wenige Minuten zuvor noch in tiefem Schweigen gelegen hatte, der den Aufruhr nach einem Alarmpfiff aus Tatsus Trillerpfeife miterlebte.

Wie ein Mann sprangen die Gruppenführer aus den Kissen und in die Kampfanzüge, die schwarze Maske einsatzbereit hinter dem Koppelschloß. Alles ging in rasender Geschwindigkeit.

Auch die bereits kampferprobten und erfahrenen Foot-Rekruten wußten sofort, was zu tun war. Als stünde Tatsu persönlich mit der Stoppuhr hinter ihnen, zogen sie sich an und begannen die Schlafmatten zu räumen und die Hängematten in ihren an der Decke befestigten Rollschienen beiseite zu schieben.

So mancher junge Rekrut, der sich irrtümlich eingebildet hatte, inmitten aller hektischen Betriebsamkeit doch noch eine Minute voll Schlaf zu ergattern, erntete mehr Stöße und Püffe als in Monaten zuvor, so daß ihm die Langschläferei auch ohne viel Geschrei nachhaltig ausgetrieben wurde.

Bis in den hintersten Winkel des verbotenen Heiligtums scharten sich Maskierte und Unmaskierte zum Waffenempfang. Dolche, Schwerter, Schlagstöcke, mehrschwänzige Peitschen, morgensternähnliche Kugelschleudern und dreschflegelartige Nunchakus, alles war dort in unvorstellbarer Zahl vorhanden. In strenger Ordnung wurde jedem das Passende zugeteilt. Bis an die Zähne bewaffnet, verließ Gruppe auf Gruppe den Raum, um im großen Mannschaftssaal Aufstellung zum Befehl zu nehmen.

Für einen einzigen Clanbruder im schwarzen Dogi, der in der Eile sein Stirnband vergessen haben mochte, hatte in diesem Gedränge niemand Augen noch Ohren. Es war einfach, sich unter die strömenden Massen zu mischen und sich dem Auszug zuwälzen zu lassen. Wie er es genau anstellen mußte, wußte Danny in diesen Augenblicken selbst noch nicht, aber irgendwie würde er der alten Ratte helfen. Sie durfte nicht sterben. Nur eines war klar, er mußte hier raus, unbedingt und sofort, denn wenn einer jetzt helfen konnte, dann die Turtles. Hatte April O'Neil nicht gesagt, daß diese ohne die alte Ratte nur halb so stark wären?

Schon war Danny im allgemeinen Geschiebe und Gedränge dem Notausgang so nahe gekommen, daß er hoffte, fliehen zu können, da legte sich plötzlich ein Arm von hinten um seine Kehle, und eine böse Stimme zischte: „Hab' ich dich endlich!"

Tatsu! zuckte es durch Dannys Gehirn.

Doch der Gefürchtete war es nicht. Einer der Foot, ein Gruppenführer, der Größe nach zu urteilen, zerrte ihn mit sich in den Schutz einiger Kisten.

„Hey, Mann, was soll der Quatsch?"

Danny hatte die Sprache wiedergefunden und wehrte sich strampelnd. „Laß los! Du sollst mich loslassen!"

Aber sosehr er auch trat und stieß, der fremde Arm lokkerte sich nicht. Statt dessen fühlte er sich Sekunden später hart gegen eine Kistenwand gedrängt.

„Erkennst du mich jetzt, Kleiner?" knurrte der Eisenarm und riß die Maske herunter, die sein Gesicht verborgen hatte. „Du bist mir verdammt viele Erklärungen schuldig, du kleiner ..."

Es war Casey!

Danny hätte jubeln mögen vor Glück. „Später, später!" rief er und zerrte an Caseys schwarzem Dogi. „Du mußt mitkommen! Schnell!"

„Was soll das Geschwätz? Von wegen mitkommen!" Casey schüttelte Dannys Hand wütend ab. „Wenn du nicht in zwei Sekunden mit der Sprache rausrückst ..."

„Aber sie bringen sie um! Sie bringen die Ratte um!" stieß Danny verzweifelt hervor. „Du mußt ihr helfen, hörst du, du mußt!" So verzweifelt hatte er noch nie ausgesehen.

„Die Ratte?" wiederholte Casey verblüfft. Er brauchte eine Sekunde, um zu begreifen, was Danny meinte. „Du meinst Splinter von den Turtles?" sagte er dann langsam.

„'n Groschen ist kein Starfighter", nickte Danny erleichtert und riß erneut an Caseys Arm. „Mach schon, komm!"

Der lange Baseballspieler war immer noch nicht überzeugt, doch das Drängen und die Aufregung in Dannys Stimme schienen zu echt, um nur geschauspielert zu sein. „Also gut, von mir aus", sagte er grimmig und stand von der Kiste auf. „Aber ich warne dich. Wenn du mich reingelegt hast, zieh' ich dir die Hammelbeine einzeln lang. Verstanden?"

Danny gab keine Antwort. Jede Sekunde war kostbar, entschied vielleicht darüber, ob ihre Hilfe für die Ratte rechtzeitig kam. Casey würde schon sehen, daß er kein falsches Spiel mit ihm trieb.

Eng an die Kistenwände und in die Falten der olivgrünen Tarnnetze geschmiegt, bahnten sie sich im Schutz ihrer Masken den Weg zurück ins Zentrum des Heiligtums. Lange Zeit ging alles gut. Dann liefen sie einem der Gruppenführer in die Arme. „Hey, hey, Boys, wohin?" schnarrte der und packte Dannys Schulter. Was jetzt? Danny überlegte fieberhaft.

„Waffen fassen!" gab er dann rasch zurück.

„Welche Gruppe?“ kam die nächste Frage wie aus der Pistole geschossen.

„Kim Cane 1806“, sagte Danny. Es war die Gruppe der Autoknacker, in der er zuletzt gearbeitet hatte.

„Kim Cane?“ Der Gruppenführer überlegte kurz. „Rechts halten“, knurrte er dann etwas weniger unfreundlich. „Dort drüben, Ecke Farbfernseher, muß er stecken.“ Und damit wandte er sich von ihnen ab und einer anderen Gruppe zu.

Puh! Danny atmete auf. Das war haarscharf gutgegangen.

„Eh, bist ja ganz gut drauf, Kleiner“, grinste Casey und stieß Danny anerkennend in die Rippen. „Jetzt komm schon rüber damit, wo steckt diese ominöse Ratte?“ Er hatte laut gesprochen, um den Lärm zu übertönen.

„Scht!“ Warnend hob Danny die Hand und zog Casey hinter sich her in einen schmalen, von Tarnnetzen fast verdunkelten Gang. „Da!“ Er deutete auf die Wand gegenüber.

Jetzt sah Casey es auch. Sie war also tatsächlich hier, die alte Ratte. Den Kopf wie leblos auf der Brust, die Augen unter den buschigen eisgrauen Brauen geschlossen, schien sie mit dem Leben bereits abgeschlossen zu haben.

„Wie sollen wir denn die Handschellen abkriegen?“ flüsterte Casey. „Damit etwa?“ Er hob seinen Baseballschläger ein wenig an und schüttelte den Kopf. „Dann können wir ihn gleich durch den Fleischwolf drehen.“

„Quatsch!“ brummte Danny und zog den Schlüsselbund hervor, der zu seiner Langfingerausbildung gehörte. „Einer wird schon passen.“ Er versuchte, jedes Geräusch zu vermeiden.

Die Ratte hing bewegungslos, als merke sie nicht, wie vorsichtige Hände an den Eisenklammern zu hantieren begannen, die ihre Oberarme an die Wand fesselten.

„Verflixt!“ Danny begann unterdrückt zu fluchen. „Die Schweine haben Spezialschlösser dran. Ich muß den Schlüssel zurechtfeilen. Halt mal!“ Er drückte Casey den Schlüssel in die Hand.

Hastig löste er dann eine winzige Eisenfeile aus seinem Schlüsselbund und fing an, den Bart des am besten passenden Exemplars zu verändern. Nach einer endlos scheinenden Weile gaben die Schlösser nach, und die Ratte wäre haltlos vornübergesunken, hätte Casey sie nicht in beiden Armen aufgefangen.

„Wer bist du?“ wisperte sie kaum verständlich.

„Mein Name ist Casey“, gab dieser verwirrt und fast schüchtern zurück. „Casey Jones. Ich bin ...“ Dann stockte er mitten im Satz. Hatte er wirklich dieses Wort benutzen wollen, das er glaubte, für immer aus seinem Sprachschatz gestrichen zu haben?

„Ich bin ein Freund“, sprach er es trotzdem mit fester Stimme aus.

Die alte Ratte lächelte. „Danke, Freund“, flüsterte sie und blickte zu Danny auf. „Sollten wir dieses gastliche Haus nicht verlassen?“

„Okay!“ Casey ergriff behutsam einen Arm und winkte Danny, den anderen zu nehmen. „Gucken wir mal, wo der Teufel das Loch gelassen hat.“ Wie recht er hatte!

„O Mann, da kommt er schon gerannt!“ zischte Danny in diesem Moment. Voller Entsetzen zeigte er auf eine breite, drohende Gestalt im schwarzen Drachen-Dogi, die ihnen durch den Gang entgegenkam.

„Was geht hier vor?“ Tatsus Stimme grollte wie das gereizte Brummen einer Bärenmutter, die ihr Junges verteidigt, als er die beiden vermeintlichen Deserteure seiner Truppe mit ihrem Schützling ungläubig anstarrte.

„Hier geht nichts vor, hier geht was nach, Alter“, gab Casey betont lässig zurück. „Nämlich wir. Wir gehen nach Hause. Capito, Eng-Tscheng-Beng?“ Tatsu glaubte seinen Ohren nicht zu trauen. Seine Gesichtsfarbe wurde noch eine Schattierung gelber.

Unwillig stieß er ein paar Jugendliche beiseite, die sich zu seiner Ehrenrettung auf Casey stürzen wollten.

„Unh... Ngh...“ Mehr brachte er in seiner Empörung nicht heraus, doch seine Kampfhaltung sprach deutlich genug.

Casey ahmte Tatsus Position übertrieben hin- und herschaukelnd nach. „Unh... Ngh...“, äffte er ihn dabei nach, „'n bißchen Unterricht bei Pavians könnt' nicht schaden.“

Vielleicht engte die ungewohnte Gesichtsmaske Caseys Gesichtsfeld zu sehr ein? Jedenfalls erwischte Tatsus erster Schlag ihn volle Breitseite, ehe der Baseballspieler überhaupt merkte, daß Gefahr im Anzug war.

Danny, der sich mit Splinter zwischen ein paar stabile Holzkisten geflüchtet hatte, unterdrückte mit Mühe einen Schrei, als Casey volle Kraft voraus in einen Stapel Warenhauskartons sauste.

Tatsu dagegen grunzte zufrieden und kam auf seinen Gegner zugestürzt.

Doch Casey schnellte schon wieder auf.

„Das hast du nicht umsonst gemacht, mein lieber Freund und Kupferschmied“, stieß er wütend hervor.

BANG! Caseys zweite Flugstunde war eingeläutet. Leider gelang die Bruchlandung schon weniger gut als beim ersten Versuch. „Ich hab' das Gefühl, du hörst mir gar nicht zu, Kampfhammer“, japste Casey und rappelte sich tapfer ein weiteres Mal auf. BUMM! Dritter Fehlstart!

Schwankend raffte Casey sich auf. „Unh... Ngh...“ machte er. „Wohl 'ne kleine Sprachbarriere, Orang, was?“ Doch es klang schon gepreßter. BING! BANG! BUMM! Für diesmal war selbst Caseys Wortschatz erschöpft.

Flach wie eine Flunder lag er oben auf einem Haufen Diebesgüter und kam sich vor, als hätte ihn eine Dampfwalze überrollt. Halb bewußtlos tastete er um sich, um nur irgend etwas in die Finger zu bekommen, womit er nach diesem schlitzäugigen Berserker werfen könnte. Als seine Hände einen wohlbekannten langen, schlanken Gegenstand fühlten, kamen seine Lebensgeister augenblicklich wieder in

Schwung. Ungläubig riß er die Augen auf. Tatsächlich! Er lag mitten in einem Berg wohlsortierter Golfsäcke, unter sich den phantastischsten Schläger, den er sich in dieser Situation nur erträumen konnte.

Unmerklich für Tatsu, der blind vor Wut zum Angriff überging, zog Casey den Schläger unter sich hervor. Und in genau dem Moment, in dem diese japanische Bulldogge einen weiteren ihrer fatalen Schwinger landen wollte, rammte Casey ihr mit aller Kraft die Krücke des Golfschlägers in den Magen.

Das riß Tatsu augenblicklich von den Füßen, Casey aber sprang voller Begeisterung auf. Mit Bewunderung schlug er sich auf die eigene Schulter und hob salutierend den Golfschläger, als gratuliere er einem anderen zu diesem trefflichen Abschlagstoß.

„Achtung! Das Spiel ist eröffnet!“ schrie er und schwang den Schläger erneut, als Tatsu knurrend zum Sprung ansetzte. So leicht war er nicht fertigzumachen. ZONG! Wie eine Stoffpuppe flog der Japaner diesmal durch die Luft, ehe er im schönen Bogen auf Kopf und Rücken krachte und, alle viere von sich gestreckt, bewußtlos liegenblieb. *Den* Kinnhaken würde er jedenfalls so schnell nicht vergessen.

Zärtlich streichelte Casey den Golfschläger und gab der gebogenen Krücke einen schmatzenden Kuß. „Ich schwöre, daß ich nie wieder sagen werde, Golf ist was für Schwachköpfe“, bekräftigte er. Ein Geräusch vom Eingangsbereich her ließ ihn widerwillig von Tatsus wundervollem Anblick aufschauen.

Eine Handvoll älterer und jede Menge jüngerer Foot-Soldaten ballten sich dort zu einem Knäuel und starrten fassungslos zu ihm herüber.

„Der hat ihn echt erledigt!“ sagte einer beeindruckt.

„Sauber!“

„Schadet ihm gar nichts!“ meinte ein anderer schadenfroh und rieb sich die Hände. Erregt tuschelten die Jüngeren durcheinander, und so manches Grinsen zeigte deutliche Anzeichen von Genugtuung.

Nur einige der Älteren gaben sich pflichtbewußt: „Los, Leute, was steht ihr rum wie die Ölgötzen? Verdammt, den schnappen wir uns!“ Der Anführer schüttelte wild die Fäuste und sprang vor.

„Wer zuerst kommt, mahlt zuerst, Junior“, warnte ihn Casey vor und wog den Golfschläger in der Hand. „Worauf wartest du?“

Der Anführer zögerte. „Er kann uns nicht alle erledigen“, sprach er sich dann Mut zu. „Kommt, Leute, auf ihn!“

Niemand rührte sich.

Der junge Mann spielte den letzten Trumpf aus.

„Seht ihr nicht, was er mit Meister Tatsu gemacht hat?“ schrie er.

Da hielt es Danny nicht länger in seinem Versteck. „Und der hat Tom umgebracht!“ schrie er genauso aufgebracht zurück.

Alles verblaßte vor diesem Argument.

Schweigend blickten die Kids sich an.

„Na und? Was heißt da umgebracht?“ wollte der Anführer einlenken. „Es war doch ein Unfall. Habt ihr etwa vergessen, daß wir eine Familie sind?“ Er sah in die Runde. Einige Gesichter zeigten deutliche Zweifel.

Verächtlich schaute Casey sich um. „Familie? Nennst du das hier Familie?“ meinte er bissig und machte eine vage Armbewegung, die alles einschloß, das Diebeslager, Tatsu und die Eisengitterwand, an der immer noch die vom angetrockneten Blut der Ratte fleckigen Handschellen hingen. „Seid ihr sicher, daß das die Traumfamilie für euch ist?“

Mehrmals setzte der Anführer zu den einzig passenden Worten an, die ihm aber nicht einfielen, und schlagartig breitete sich eine Unsicherheit aus, die Casey wie mit Händen greifen zu können glaubte.

Die Gelegenheit war günstig.

Jetzt oder nie, dachte er und ging einfach los. Es fiel ihm schwer, nicht zu rennen, aber der geringste Fehler in dieser gespannten Situation, und der Funke könnte überspringen und die Stimmung der Foot wie ein Pulverfaß explodieren lassen.

Behutsam hob er die alte Ratte auf seine Arme und wandte sich zur Tür, die immer noch von den Foot-Leuten blockiert war.

Schweigend sah er sie an.

Der erste gab den Weg frei. „Für Tommy!" sagte er nur.

Wortlos wich die Menge zurück.

Der alte Wartungsraum am Ende des stillgelegten Abwasserkanals lag in tiefem Dunkel, als April aufwachte.

Halb drei zeigte das Leuchtzifferblatt ihrer Armbanduhr - zu früh zum Aufstehen.

Mit einem kleinen beruhigten Seufzer kuschelte April sich wieder in die schaumgummiweiche Rückenlehne des Sofas zurück und schloß die Augen. Nichts war zu hören als das gleichmäßige Atmen der Turtles. Raphael schnarchte ein wenig. Und ...

Ruckartig setzte April sich auf und knipste das Licht ihrer Taschenlampe an. Irgendwas war doch faul im Staate Dänemark!

„Huch? Wa - wa - was ...?" stotterte Michelangelo. Müde rieb er sich die Augen. „Ist was?" fragte er dann verschlafen.

„Wo steckt Danny?" April war plötzlich blitzwach.

„Danny?" Verstört folgten die Turtles dem Lichtkreis der Lampe, der langsam den Raum abtastete. Nichts zu sehen von Danny, in keiner Ecke.

„Sieht so aus, er ist weg", sagte Leonardo schließlich und warf in plötzlichem Ärger die Schranktür zu, hinter der Danny sich so lange erfolgreich versteckt gehalten hatte.

„Und nicht nur er", stellte April trocken fest, die mit ein

paar Handgriffen den Tisch untersucht hatte. Sie schüttelte ihre leere Zeichenmappe. „Der kleine Mistkerl hat alle meine Bilder mitgehen lassen.“

„Hey, Leute, der erste Fan!“ Donatello begann, nach irgendeiner unhörbaren, nur in seinem Kopf vorhandenen Musik zu tanzen. „Wie hört sich das an: Turtle-Fan-Club New York City, Autogrammadresse: jeder Abwasserschacht?“ Er schnippte mit den Fingern.

„Das hätt'ste wohl gern, was?“ Michelangelo prustete los. „Hier erleben Sie Don Mac Turtle, das einzige lebende Sandwich der Welt“, kicherte er.

„Hört schon auf, Jungs!“ April versuchte, den einsetzenden Tumult zu schlichten. „Überlegt lieber mal, warum er die Bilder wirklich mitgenommen hat. Da steckt doch mehr dahinter!“ Sie stützte den Kopf in beide Hände.

Leonardo, der sich an der Balgerei seiner Brüder nicht beteiligt hatte, setzte sich neben sie. „Ich habe null Schimmer von nix“, gab er zu. „Was meinst'n du dazu?“

April zuckte unschlüssig mit den Schultern. „Ich weiß nicht recht“, versuchte sie zu erklären. „Mir ist da bloß was aufgefallen. Als er mal mit seinem Vater bei mir war, hat hinterher 'ne Menge Geld in meinem Portemonnaie gefehlt. Und das gute Stück hat genau da gelegen, wo sich der Knabe mit meinen Comics verlustiert hat.“

„Soll heißen, er klaut öfter“, schlußfolgerte Donatello, der inzwischen die Sandwich-Beleidigung verkraftet hatte. „Daher also der Knies mit dem Alten?“

April nickte zustimmend: „Sieht so aus, oder?“

Michelangelo fingerte unschlüssig einen Augenblick an seiner Augenbinde. Zögernd setzte er dann aber doch zu sprechen an. „Die Foot klauen auch.“ Der Satz stand einen Moment lang im Raum.

Dann wehrte April ab: „Blödsinn! Was sollte einer wie Danny mit den Foot am Hut haben?“ Aber es klang nicht ganz überzeugt. Die Turtles schwiegen.

„Könnt' schon sein", meinte Raphael dann endlich. „Vielleicht hat er die Bilder gebraucht, um uns zu verpfeifen."

„Echt wie Falschgeld, der Kleine", knurrte Michelangelo zornig.

„Wenn ich den noch mal in die Finger kriege, zeig' ich ihm, was 'ne Dollarpresse ist." Er begann im Zimmer hin und her zu tigern.

„Pst!" Leonardo hob mit einem Mal warnend die Hand. „Hört ihr nichts?"

Ein leises Scharren, weit entfernt, Metall rieb auf Metall.

„Der Dolendeckel!" flüsterte Raphael fast sofort. „Sie kommen! Los, versteckt euch!"

Vielleicht war es gut, daß die Turtles und April nicht mitbekamen, was oben wirklich im Gange war und noch geschehen sollte.

Wie eine gewaltige schwarze Flutwelle stießen die Foot-Soldaten in straff geordneten Zügen vor. Durch Dolendekkel oder Gitterschächte, wie's gerade kam, strömten die vermummten Gestalten in die Unterwelt rings um das stillgelegte Kanalgebiet.

Das leise Geräusch, das April und die Turtles warnte, hatten drei Nachzügler verursacht, die ihren Kameraden Hals über Kopf nachgejagt waren.

Schon hatte die Vorhut die brettervernagelte Tür zum Wohnzimmer der Turtles erreicht, und der ganze Zug stoppte. Der Anführer trat vor und suchte unter seinen Leuten drei richtige Kleiderschrank-Typen aus. Wortlos zeigte er dann auf die Tür.

Die drei sprangen kurz darauf wie die Rammböcke vor, und mit einem Knall, der durch Mark und Bein ging, brach das Türblatt nach innen weg. Wie ein Mann stürmten die Foot los; drangen in den Raum ein, auf den Feind los ... aber nichts dergleichen!

Leer, als hätte hier nie einer gelebt, breitete sich das Zimmer vor ihren bestürzten Blicken aus. Einander rempelnd und stoßend, drängten die verhinderten Kämpfer nach vorn, bis die in den ersten Reihen schon unter dem Druck wankten. Fragen schwirrten durcheinander: „Was ist los?"

„Was machen wir jetzt?"

„Waren die überhaupt mal da?"

„Die haben Lunte gerochen!"

„Hauen wir ab, Boys!"

Schon drehten die ersten schulterzuckend ab, da griff unbemerkt eine grüne Hand nach einer Rauchventilklappe. Sofort zischten Schwaden übelriechenden Qualms auf die Foot herunter und hüllten alles in einen dichten Nebel.

Wildes Angstgeschrei brach los. In Panik drosch jeder auf jeden ein und drängte in irgendeine Richtung, einem erhofften Ausgang zu. Bald schon mischten sich Schmerzenslaute unter das dünner werdende Gebrüll, und schließlich, nach einem letzten Knacken, als sei eine Kokosnuß geplatzt, kehrte Ruhe ein.

Erneut schob sich eine grüne Hand zu einem der beiden Rauchventilhebel vor. Der herausfauchende Qualm stoppte und gab nach einer Weile vier grüne Gestalten frei, die inmitten von sage und schreibe zwei Dutzend hingemähten Foot-Soldaten standen und mit Vergnügen das Schlachtfeld betrachteten.

Raphael, der dem Ventil am nächsten an der Wand lümmelte, spuckte seinen abgenagten Apfel zwischen die Menge. „Bei dem bißchen hat ja nicht mal mein Deo versagt", meinte er. „Hoffentlich gibt's endlich was zu tun."

„Auf ein Neues, Boys!" gab Leonardo das Kommando und deutete schmunzelnd in den Kanal hinaus, wo das Rennen vieler Füße zu hören war.

„Also, dagegen ist 'n Elefantenrennen ja glatt 'n Elfentanz", spottete Michelangelo und ging in Deckung. „Hey, laß zischen, Raphie!"

Das ließ sich der Turtle nicht zweimal sagen. Aus das Licht, an den Rauch – schon ging dasselbe Spiel von vorne los, und die Foot stapelten sich fein säuberlich auf dem Fußboden, ohne daß die Turtles auch nur einen Finger krumm gemacht hätten. Ein einziger Foot schien inmitten allen Tumultes kühlen Kopf zu bewahren, doch Michelangelo sah es sofort.

„Na, dann wolln wir doch mal sehen, wo der Foot den Plattfuß hat", knurrte er und setzte seine Nunchakus in Aktion. Bald schon hatte er den Burschen am gewünschten Platz. „Noch 'n bißchen mehr links", ordnete er an und half mit einem Stoß nach. „Jetzt ein Ideechen mehr rechts." Ein neuer Schlag. „Und stopp! Fantastisch!"

Ehe Michelangelo aber seine Platzanweisung mit einem letzten Streich abschließen konnte, sauste ein Schlagstock von irgendwo weiter oben in Deckennähe auf den schwarz vermummten Kopf herunter, und wie ein Mehlsack plumpste der Foot auf einen passablen Stapel Leidensgenossen.

„Hey, bist ja 'n Naturtalent, Schwesterherz!" gratulierte Michelangelo zu diesem Schlag und reckte anerkennend den Daumen Richtung Decke. „Zwanzig Punkte von neunzehn möglichen."

April, die dort oben mit ihrem Schlagstock hinter einem Lüftungsgitter in Deckung gegangen war, strahlte zurück: „Vielen Dank für die Blumen!"

Anders als unter der Führung Tatsus, der die Truppen wie eine riesige Hammelherde zusammengetrieben und ungeordnet in den Kampf geschickt hatte, lautete die wichtigste Maxime des Shredders „Disziplin". Pro Truppeneinsatz hatte er einen Abstand von fünfzehn Minuten festgelegt. Gleichzeitig war die Stärke der einzelnen Kampfeinheiten so berechnet, daß die Soldaten einander im Schlagabtausch nicht behindern konnten. Und so löste ähnlich wie Ebbe und Flut eine Menschenwoge die andere ab.

Nach dem Motto „Steter Tropfen höhlt den Stein", versuchte der Shredder die übermenschliche Kampfenergie der Gegner zu zermürben.

Zugegeben, eine klug ausgefeilte Taktik, für die Turtles jedoch nicht klug genug. Ebenso gezielt, wie der Shredder seine Truppen dosierte, nutzten sie ihre eigenen Kampfreserven. Die genaue Ortskenntnis, die sie den Foot außerdem vorausshatten, glich deren zahlenmäßige Überlegenheit in einem Maß aus, das der Shredder nicht vorauskalkulieren konnte. Von Rauchventilen, deren geschickter Einsatz seine Männer nicht nur blind im Nebel kämpfen, sondern auch ohnmächtig werden ließ, hatte er nichts geahnt. Ebensowenig wußte er vom Vorhandensein gewisser Flutungsvorrichtungen, mit deren Hilfe man eben noch fast fußtrockene Abwasserkanäle im Nu in reißende Schmutzwasserströme verwandeln konnte. Das war sein Unglück, denn auf diese Weise erreichte eine Vielzahl der Foot-Soldaten gar nicht erst ihr Ziel, und mit dem immer wieder nachtröpfelnden Rest wurden die Turtles spielend fertig.

Den Qualm-Trick hatten sie mittlerweile April überlassen, die in ihrem Gitterschacht unter der hohen Decke unangreifbar war. Donatello kurvte nun auf seinem Skateboard durch die Tunnelröhren und räumte ganz fürchterlich unter den aus allen Seitenkanälen hereinplatschenden Neuankömmlingen auf. Wer ihn in friedlichen Zeiten seine trägen Schlenker und Bögen hatte fahren sehen, wäre nie auf die Idee gekommen, diesen rollenden Blitz für denselben Turtle zu halten. Wendig und immer haarscharf auf Körperkontakt zielend, flitzte er heran und verpaßte den hier unten merkwürdig unbeweglichen Foot Schläge, die es in sich hatten: Wer mit ihm Bekanntschaft machte, versank in Tiefschlaf. Rechts und links pflasterte er die Tunnelröhre mit vermummten Gestalten, bis nur noch eine skateboardbreite Fahrrinne für ihn blieb.

„Hey, Raphie, Sackgasse!" Lachend und mit wirbelnden Schlagstöcken sauste er jetzt heran, daß die Schmutzlauge nur so aufspritzte und dem wütend aufbrüllenden Pulk um Raphael zu einer Dusche verhalf. „Kleiner Wendehammer gefällig?“ fragte er und setzte einen der allzu stürmischen Bedränger mit Schwung außer Gefecht, kickte einen anderen rasant gegen die Wand, servierte einem dritten eine kleine Handkante ins Genick und schickte den vierten per Schulterwurf in die gelbe Brühe zurück, aus der er aufgetaucht war.

Raphael grinste ihn dankbar an. „Verdammt feiner Strumpfsockencadillac, dein Superturbo!“

Doch Donatello war schon wieder auf großer Fahrt. „Hey, ihr Stinkfüße! Zurück in eure Löcher!“ schrie er einem anderen Pulk zu. Wie hingemäht fielen die Foot-Soldaten um. „Nur keine Müdigkeit vortäuschen, Jungs! Hier wird jeder abserviert!“

So voll drauf hatte Leonardo den Kleinen lange nicht erlebt, fröhlich winkte er seinem Bruder mitten im Gefecht zu: „Hey, Don Beulo!“ Lachend bediente er ein paar bereits schwankende Footler mit gekonnter Klinge und rief dann: „Heute wohl schon dein Dope genommen, was?“

Donatello grinste nur. „Auch ’n Veilchen gefällig? Wer hat noch nicht, wer will noch mal?“ Und schon gingen wieder ein paar der Foot der Reihe nach zu Boden.

Aber auch Michelangelo lag gut im Rennen. „Schon mal so ’n Haufen Sackratten mit Dachschaden gesehen, Schwester?“ fragte er April zwischendurch. Wie am Fließband knackten nämlich seine Nunchakus die Gegner um.

April, die hinter ihm den traurigen Rest empfing, fing an zu kichern. „Wohl ’n Sonderposten Ladenhüter erwischt, Mikey? Heute im Dutzend billiger.“ Und PLOPP! PLOPP! PLOPP! hörten die Schwarzmasken die Engel im Himmel singen.

Einer der wichtigsten Befehle des Shredders an seine Mannschaften hatte gelautet, während des Kampfes unbedingtes Schweigen zu bewahren, um die Konzentrationsfähigkeit zu fördern. So kam es, daß die Foot-Leute die Zähne zusammenbissen, was immer die Turtles auch an Sprüchen loslassen mochten. Trotzdem zeigten die frechen Sticheleien immer deutlicher Wirkung, denn die Fehlschläge fingen an sich zu häufen.

Raphael hatte gerade einen besonders bulligen schwerfälligen Burschen aufs Korn genommen. Tänzelnd und springend wich er jedem der heftig geführten Schläge aus, duckte sich weg, rollte sich ab und nervte damit sein Gegenüber bis zur Raserei. „Von Beruf wohl Käselöcherbohrer, Dicker, was?" foppte er ihn. „Die Löcher schmecken am besten." Und KLOINK! hatte er die Deckung des anderen erneut durchbrochen.

„Hey, Matschauge, sei wachsam!" kicherte er. „Noch so 'n Luftloch, und du schmierst ab."

Eine Handvoll neu hinzustürmender Foot-Soldaten kam den Bedrängten zu Hilfe. Mit Kampfgeschrei wollten sie auf den Turtle los. Doch der hatte noch keine Lust, von seinem Katz-und-Maus-Spiel abzulassen.

„Schnauze, sonst Beule!" knurrte er nur und machte mit den Störenfrieden kurzen Prozeß, ehe er sich wieder dem Dicken zuwandte, der ihn ziemlich erfolglos von hinten attackierte.

„Komm, Schlappsack, wir tauschen", bot er ihm freundlich an. „Jetzt bist du der Käse, und ich bohr' die Löcher, okay?"

„Jawollja sprach die Olja!" schrie Donatello begeistert dazwischen, der ganz in der Nähe auf seinem Flitzer mal wieder im Stau steckengeblieben war. „Gib ihm Saures, Raphie! Hau den Lukas!" Er wollte sich schier schlapplachen.

„Nichts da, nichts da, Freunde!" Das war April. „Ladies first, James Last!" – und damit war der bullige Foot endgültig schachmatt. Zaghaft war April nicht.

„Prima Teamwork, Süße!" lächelte Raphael ihr kurz zu. „Jetzt gibt's was zur Erholung, Jungs!" Und schon wirbelten die Dolche wieder.

Fast unbemerkt hatten Leonardo und Michelangelo

inzwischen den Hauptkanal zur Turtle-Burg von Angreifern leer gefegt. Mit der Genauigkeit eines Mähdreschers schlugen sie Seite an Seite zu und ließen die Foot gleich bündelweise hinter sich zurück.

„Na, wie sind wir?“ fragte Michelangelo irgendwann und zeigte die Zähne. „Super?“

„Elefantös!“ Leonardo strahlte zurück.

„Echt harry-hammerhaft!“

„Superoberaffenmäßigturbogeil!“

„Pizzamozzarellascharf!“

„Genau! Reine Sahne! Das war’s, Kumpel!“ Leonardos Schwert verpaßte dem als nächsten anrennenden Foot eine Kahlschlagfrisur, rasierte zwei weitere und verlangte keinen Penny für das modische Outfit, mit dem er da eine ganze Gruppe versorgte.

Der Kanaleinstieg war erreicht.

„Hier Anfang vom Rollfeld!“ schrie Michelangelo mit Stentorstimme und gab jedem Foot, der Probleme mit der Flugrolle rückwärts hatte, bereitwillig mit seinen Nunchakus Hilfestellung.

„Hier Ende der Fahnenstange!“ rief Leonardo im gleichen Ton und ließ die Drückeberger über die Klinge springen, die mit Bodenturnen nun mal nichts im Sinn hatten.

Was wog schon ein Kanaldeckel gegen einen Vierturtlestärkenaufwärtshaken? Wie der Korken aus einer Champagnerflasche knallte der erste Foot mitsamt der Dole hinaus aufs Straßenpflaster, dicht gefolgt von seinen wutschäumenden Kameraden.

„Als Hofhunde seid ihr gar nicht so verkehrt“, brüllte Donatello gegen das Waffengetöse an und ließ seine Stöcke tanzen.

„Je Bello, desto Wau!“ schnaufte Michelangelo. „Wo steckt denn die Dame ohne Unterleib?“

„April ante portas!“ gab Raphael zurück. „Schätze, sie läßt noch Dampf ab.“

Wie Leonardo ihnen allen vorausgesagt hatte, machte die frischerlernte Kampftechnik mit Hilfe der Kraft des Unsichtbaren die Turtles nahezu unbesiegbar. Leicht, fließend und mit traumwandlerischer Sicherheit parierten sie jeden Hieb und Stich. Und obwohl die Übermacht der Foot erdrückend aus allen Schlünden der City ausgespuckt zu sein schien, verging den Turtles diesmal der Humor noch lange nicht.

Vor allem Donatello und Michelangelo kamen aus dem Herumalbern gar nicht mehr raus. Oft genügte ein Nicken oder ein Blinzeln, um die stets in Sicht- und Rufweite voneinander durch die Reihen der Feinde mähenden Brüder zu einem Gag zu animieren. Als sie zum Beispiel aus den Augenwinkeln einen der Foot erfaßten, der sich da auf leisen Sohlen aus dem Hinterhalt anschlich, war es wieder mal soweit. Kaum hatte der Maskierte den schützenden Schatten der Hauswand verlassen, um Donatello mit einem gewaltigen Axtstreich den Schädel zu spalten, sprangen die Brüder gleichzeitig los und quetschten ihn so zwischen die Rückenpanzer, daß dem Foot Hören und Sehen verging.

„Meinst du, der Kerl hat jetzt 'n Schuß weg fürs Leben?" fragte Michelangelo gespielt besorgt und sah sich nach dem Foot um, der wie eine Puppe zwischen ihnen hing und sich nicht rühren konnte.

„Nee, kann man so nicht sagen", meinte Donatello und versorgte erst mal ein paar zu neugierig gewordene Brüllaffen.

„Wie denn?" Michelangelo wirkte nachdenklich. „Etwa so: Wir haben ihn ganz schön in die Mangel genommen?" Er warf einen Blick auf das eingeklemmte Opfer. „Viel zu abgedroschen." Donatello schüttelte den Kopf.

„O Mann, ich hab's!" Michelangelo ließ die Nunchakus kreisen. „Der Trick war 'ne Granate. Wie klingt das?"

„Bombig!"

„Tja, so bin ich!" meinte Michelangelo, sprang beiseite,

und mit einem dumpfen Aufprall schlug der Foot hinter ihnen endgültig fertig zu Boden.

Allmählich wurde es doch eng um den Abwasserkanal. Die meisten der angrenzenden Gassen lagen voll geschlagener Foot-Soldaten, doch immer noch strömten Truppen nach. Jetzt hieß es wohl langsam kurzen Prozeß machen. Leonardo und Raphael kannten von nun an kein Pardon mehr. Selbst fliehenden Gegnern gaben sie keine Chance, denn hatten sie diese in eine Ecke entkommen lassen, griffen sie mit Sicherheit nach ein paar Verschnaufpausen aus einer anderen wieder an. Beliebtestes Fluchtziel war eine Feuerleiter, die an einer Gebäudeseite bis in Dachnähe reichte.

Leonardo und Raphael kämpften wie die leibhaftigen Teufel, und trotzdem entkamen ihnen immer wieder ein paar der Gegner.

Michelangelo sah es zufällig im Kampfgetümmel und beeilte sich, den Weg zu seinen Brüdern freizuschlagen. „Wartet auf mich! Ich bin gleich da!“ schrie er und hoffte, sie hätten ihn verstanden. Diese Sekunde der Unaufmerksamkeit reichte aus, den Bruder Leichtfuß fast um seinen Kopf zu bringen. Einer der jüngsten Foot-Soldaten ergriff die Gelegenheit beim Schopf und holte zum Schwertstreich seines Lebens aus.

Nur ein jäher Luftzug hatte Michelangelo gewarnt. Instinktiv zog er den Kopf in den Panzer zurück, und das keinen Sekundenbruchteil zu früh. Haarscharf rasierte das Schwert über den Panzer weg und bohrte sich mit singender Klinge in eine Hauswand gegenüber.

Vorsichtig streckte Michelangelo den Kopf wieder heraus und erledigte den Rest mit seinen Nunchakus, ehe er seinen Brüdern in atemberaubender Geschwindigkeit auf der Feuerleiter hinterherhastete, um die flüchtigen Foot-Soldaten ein für allemal das Fürchten zu lehren.

In der Mitte der Leiter überkam es ihn plötzlich mit

Macht. Die Fäuste geballt, schrie er die jählings heiß in ihm aufgequollene Lebenslust in die Nacht hinaus: „Ich liebe es, ein Turtle zu sein!“ Der Ruf erstarb ihm jedoch noch fast in der Kehle. Fast gleichzeitig sah er nämlich, wie sich auf dem höchsten der umliegenden Dächer ein Schatten gegen den mondhellen Himmel abzeichnete. Hoch aufgerichtet verharrte er kurz auf einem Vorsprung und schwang sich dann mit gewaltigem Satz auf die Dachplattform hinunter, auf der seine Brüder kämpften.

Wie der Blitz jagte Michelangelo vorwärts. „Kann mir einer sagen, wer oder was das ist?“ keuchte er und packte Leonardos Arm.

„Und wenn du mich totschlägst“, gab dieser zögernd zurück und starrte die höllischen Krallenmesser auf den Schultern des schwarz Vermummten mit dem Silberhelm an, „aber sieht gewaltig nach ’nem Dosenöffner aus, oder?“

Der Unbekannte stand jetzt unmittelbar vor ihnen und hob die Hand. „Ihr habt gut gekämpft“, sagte er gönnerhaft. „Etwas altmodisch, aber sonst ...“ Er schwieg bedeutungsschwer, und verkündete dann: „Das Spiel ist aus. Ihr habt mir lange genug Ärger gemacht. Vor euch steht der Shredder.“ Doch der Name machte nicht den erwarteten Eindruck.

„Der Shredder?“ Donatello unterdrückte ein Grinsen. Nannte der Typ sich wirklich „Reißwolf“?

Michelangelo dagegen tat, als begegne man diesem Namen in jeder zweiten Zeile des Telefonbuches. „Vielleicht braucht der den ganzen Schrott ja zum Sauerkrautschroten“, überlegte er laut.

Damit war der Austausch von Höflichkeiten beendet.

In kaltem Zorn wirbelte der Shredder seine sechs Meter lange, rasiermesserscharfe Ninja-Lanze herum und ging zum Angriff über.

„Ich mach’ ihn fertig!“

Ohne zu zögern, warf Raphael sich mit beiden Dolchen

dem Shredder entgegen – und fand sich auch schon platt auf dem Rücken wieder. Ein einziger Schlag nur hatte genügt, ihn zu erledigen.

„Wuh – oh ...!" Michelangelo blieb vor Schreck die Spucke weg.

„Der Blecheimer ist meiner!" stieß Leonardo zwischen zusammengebissenen Zähnen hervor und nahm Aufstellung.

Ohne die geringste Bewegung starrte der Shredder ihm entgegen, und Leonardo spürte, wie es ihm eisig über den Rücken lief. Hier stand sein Meister! Leonardo wußte es, noch ehe ein wahrhaft grauenvoller Hieb ihm die Schwerter aus der Hand und den Boden unter den Füßen wegfegte.

„Pustest du ihn mal eben schnell um?" Michelangelo sah Donatello an, aber seine Bitte hatte einen Unterton von Sorge.

Doch so schnell war Leonardo nicht kleinzukriegen.

„Okay, Boys, Teamarbeit!" kommandierte er, und wie ein Mann rückten sie gegen den Shredder vor. Doch dessen Lanze geriet nicht einmal ins Schwanken. Wie eine Präzisionsmaschine führte sie Schlag auf Schlag und Stich um Stich. Die Turtles fielen wie in den Himmel geschleuderte Steine.

Während die Turtles dort oben den Kampf aller Kämpfe führten, brachten Casey und Danny Splinter auf Schleichwegen nach Hause. Die alte Ratte war schlecht genug zu Fuß, doch sie bestand darauf, selbst zu gehen. Danny, der ihren Arm ergriffen hatte, spürte, wie hin und wieder regelrechte Schwächewellen den ausgemergelten Körper durchliefen. Doch Splinter war zäh, ja, es schien sogar, als werde sein Schritt mit jedem Meter, den er seinen Söhnen näher kam, fester. Manchmal vernahmen sie huschende Füße hinter sich, aber wenn Casey oder auch Danny sich umschauten, war niemand zu entdecken.

„Laßt sie!“ Splinter drückte beruhigend Caseys Arm. „Es sind Kinder. Und sie brauchen Hilfe, keine Strafe.“

In einer Seitengasse nahe des Kanaldeckels entdeckten sie dann die ersten gefallenen Foot-Soldaten.

„Schei... benkleister! Und ich war nicht da!“ entfuhr es Casey, der unwillkürlich zu rennen begann, plötzlich aber wieder stehenblieb.

„Ich schleich' mich an“, beschloß er. „Bleibt in Deckung, bis ich komme!“

Aber Splinter schüttelte den Kopf. „Laßt uns zusammen gehen, Freunde. Diese hier schlafen gut.“

Casey zuckte nur mit den Schultern. „Von mir aus, aber nur bis dahin, wo diese hier“, er warf Splinter einen leicht belustigten Blick zu, „gewaltig wach werden.“

Mit einer Geschicklichkeit, die sie der alten Ratte niemals zugetraut hätten, huschte diese über die müden Krieger weg und dem Ende der Gasse zu, wo sie hinter Aprils Lieferwagen in Deckung ging. Vor irgendwo über ihnen drangen Kampfgeräusche herunter.

Ratlos blickte Casey sich um. Die Straße war geradezu gepflastert mit Foot-Soldaten. Wo aber steckten die Turtles? Sein Blick glitt an der Hauswand entlang. Die Feuerleiter sehen und hinaufklettern waren eins. Der Kampflärm kam tatsächlich näher, voll grimmiger Zufriedenheit nickte Casey vor sich hin, als er die letzten Stufen erreichte.

Er schob den Kopf gerade rechtzeitig über den Dachrand, um Raphaels erste Niederlage mit anzusehen. Der Turtle sauste über das kiesbedeckte Flachdach, daß Casey schon den Knall zu hören glaubte, der dem Absturz folgen mußte. Doch knapp vor dem gegenüberliegenden Ende hielt zum Glück ein Schornstein die Schlitterpartie auf.

Casey prustete erleichtert und wandte sich dann wieder dem Shredder zu. Ein Blick genügte, um zu erkennen, daß auch der besonnene Leonardo nicht siegreicher sein würde als sein hitzköpfiger Bruder. Hier war guter Rat teuer, dieser

Gegner mußte anders bekämpft werden. So lautlos wie möglich kletterte Casey wieder zurück nach unten.

Als er auf die Straße sprang und zum Lieferwagen sprintete, hätte er beinahe April über den Haufen gerannt, die sich gerade aus dem Abwasserkanal zwängte. Aber wie sah sie aus! Schmutzig vom Scheitel bis zur Sohle, das blonde Haar ölverschmiert.

„Neueste Mode?“ Casey konnte es nicht lassen und zupfte ihr ein klebrig-graues Spinnennetz von Stirn und Schläfe.

„Noch nie vom Ventilatorengitterlook gehört?“ gab April giftig zurück. „Wo warst du, du beleidigt spielender Hampelmann, als wir dich brauchten, he?“

Casey sparte sich die Bemerkung, die ihm auf der Zunge lag, für eine passendere Gelegenheit auf. „Ich hab’ dir was mitgebracht, Miß Drachenzahn“, sagte er statt dessen und drehte April in Richtung Lieferwagen.

Sprachlos schaute sie Splinter an, der ihren Blick lächelnd erwiderte. „Schön, Sie zu sehen, Miß O’Neil!“ begrüßte er sie.

Mit einem unterdrückten Freudenschrei ergriff April Caseys Hand, doch der ließ ihr keine Zeit für Worte. Er mußte Splinter erzählen, was da oben vor sich ging.

„Deine Jungs scheinen ganz schön in der Tinte zu sitzen!“ rief er halblaut und suchte Splinters Blick.

Die alte Ratte war weg.

Verwirrt drehte sich Casey einmal um die eigenen Achse.

Nichts! Verdammt! Einen Schlagstock von einem der bewußtlos herumliegenden Foot-Soldaten an sich raffend, begann er wie toll, die Feuerleiter zum zweiten Mal hinaufzurasen. April folgte ihm dicht auf den Fersen.

Schon auf der Mitte der Leiter hörten sie Michelangelos atemlose Stimme, die keuchte: „Jungs, mal im Klartext, wo ist hier der Punkt? Was machen wir falsch?“

Donatello schnappte gleichfalls nach Luft: „Einer muß ihm vielleicht sagen, daß wir hier die Guten sind.“

„Und du?“ Leonardo blickte Raphael fragend an.

„Ich kann bloß eins denken: Dieser Kerl weiß, wo Splinter ist“, erwiderte er zähneknirschend.

Der bloße Name schien die Brüder mit neuer Kraft zu erfüllen, und das entging dem Shredder nicht.

„Ah, die Ratte“, sagte er in hämischem Ton. „Ja. Allerdings, ich weiß genau, wo sie ist.“ Seine Stimme klang wie tiefgefroren. „Wir haben sie soeben ausradiert.“

Mit einem herzzerreißenden Schrei sprang Leonardo auf ihn zu. „Lügner!“

„Bin ich das?“ Die Situation schien dem Shredder direkt Spaß zu machen, und dies um so mehr, als Leonardo alles Gelernte, alles Training, alles Denken vergaß und blind vor verzweifeltem Haß auf ihn eindrang.

Eine kaum merkliche Anstrengung, ein Lanzenstoß, so zielsicher, daß auch die klügste Deckung wertlos geworden wäre, und Leonardo lag dem Shredder zu Füßen, den blanken Stahl tödlich nah vor Augen.

„Fehler, Mißgeburt!“ Kalt glänzte das Mondlicht auf der Lanzenspitze, und langsam hob der Shredder den Arm.

Da! Ein Schrei: „Saki!“, und der Shredder zuckte herum. Wer kannte diesen Namen?

Splinter stand still am anderen Ende des Daches, und nur in seinen Augen schien Leben zu sein. Alle vier Turtles starrten ihn fassungslos an wie eine Erscheinung.

Leonardo nutzte das Ablenkmanöver zu einer Blitzrolle aus und brachte sich in Sicherheit.

Überglücklich wollte er sich am liebsten dem geliebten Meister in die Arme stürzen, doch Raphael hielt ihn zurück. Die Zeit der Umarmungen war noch nicht gekommen.

Saki! Wie oft hatten sie den Meister diesen Namen aussprechen hören, Schmerz und Verzweiflung in Ton und Blick. Nein, sie standen jetzt nicht mehr im Mittelpunkt. Für Splinter gab es im Moment nur eines: Die Abrechung mit dem Shredder. Schweigend wichen die Turtles zurück.

„Ja, Oroku Saki, ich weiß, wer du bist“, sagte Splinter, und seine sonst so freundliche Stimme klang hart. „Wir kennen uns schon lange. Erinnerst du dich noch an das Haus meines Meisters Hamato Yoshi?“

Die Augen des Shredders schienen Feuergarben aus den Sehschlitzen seines Helmes zu werfen. Plötzlich aber zogen sie sich schmal zusammen.

„Du?“ fragte er gedehnt und ungläubig, indem er mit einer langsamen Bewegung den Helm absetzte. Nachdenklich befingerte er die dicken roten Striemen einer alten Narbe, die seine eine Gesichtshälfte völlig entstellte. Unverhüllter Haß stieg in ihm auf.

„Dann werde ich endlich da weitermachen, wo ich mit deinem Ohr aufgehört habe!“ rief er und griff mit einem Knurren, das wenig Menschliches mehr hatte, Splinter an.

Splinter berührte die Nunchakus nicht, die unter einem Gürtel um seine Taille zu sehen waren. Lächelnd, die Arme locker herunterhängend, schien er den Lanzenstoß des Shredders nicht zu beachten. Erst in allerletzter Sekunde, den Stahl schon fast auf der Haut, schlug die Ratte endlich zu.

„Tai!“

Schneller, als das Auge zu folgen vermochte, schlang sich die Dreschflegelkette um die Lanze und schleuderte den Shredder so weit über den Dachrand hinaus, daß nur die Kette ihn noch hielt.

Todesangst flackerte im Blick des Shredders auf, als Splinter die Nunchakus straffte und seinen Erzfeind ansah. „Der Tod kommt für uns alle, Oroku Saki“, murmelte er. „Aber etwas viel Schlimmeres kommt für dich.“

In wilder Panik löste der Shredder die rechte Hand vom Schaft seiner Lanze und riß etwas unter seinem Schultertuch hervor.

Splinter beachtete seine verzweifelten Anstrengungen gar nicht. „Denn wenn du stirbst, stirbst du ...“

Der heranzischende Dolch schien seine Worte abzuschneiden, so knapp verfehlte er das Gesicht der Ratte. Kaum merklich hatte diese gezuckt.

Als habe der Dolch nicht Splinters Kopf gegolten, sondern der Hand, öffnete dieser nun die Faust.

Schrecklich gellte der Schrei des Shredders durch die Nacht.

Splinter blickte ihm gelassen über den Abgrund der Dachplattform nach. „Denn wenn du stirbst“, wiederholte er kaum hörbar, „stirbst du ohne Ehre.“

Es knackte nicht einmal, als sich die eisernen Greifer eines im ersten Dämmerlicht vorbeifahrenden Müllwagens über dem Körper des Shredders schlossen. Müde warf Splinter die Waffe beiseite und wandte sich seinen Söhnen zu, in deren Gesichtern er nur Liebe und Freude las und die Gewißheit, daß das Vergangene endgültig vergangen war.

April Alarmanruf zu einer Zeit, wo anständige Bürger noch die Bettdecke über die Ohren gezogen hatten, riß Polizeichef Stern aus den süßesten Träumen.

„Ja“, grunzte er unwillig in die Sprechmuschel. „Wer is’n da?“

Kaum aber hatte er Aprils Namen verstanden, saß er bolzengerade im Bett. „Sie?“ böllerte er los.

April lachte unterdrückt. „Hey, kommen Sie zu sich, alter Junge“, ahmte sie Michelangelos Sprechweise täuschend ähnlich nach. „Wenn Sie noch ’n Happenpappchen vom Kuchen wollen, schmeißen Sie die Käsefüße aus den Federn und bewegen Ihren Jungfrauena… äh …po auf dem schnellsten Weg gen Manhattan.“

„Sind Sie krank, oder was ist los mit Ihnen?“ polterte Polizeichef Stern und schüttelte den Telefonhörer, als ob er eine gewisse junge Dame am Schlafittchen hätte.

„Nein.“ April wurde unvermittelt ernst. „In der Bronx ist

der Teufel los. Wir haben den Foot-Clan geknackt. Wenn Sie schnell sind, können Sie die Bubis wie die Sandsäcke vom Pflaster auflesen."

„Wir kommen!" Stern hatte es plötzlich ganz eilig. „Aber ich warne Sie, Miß O'Neil, wenn das wieder eins Ihrer Windeier ist!"

Es knackte nur im Hörer, April hatte nämlich längst eingehängt. Stirnrunzelnd sah Polizeichef Stern den Apparat an, dann warf er sich seufzend in die Uniform.

Mit diesem Anruf war Aprils Mission jedoch noch nicht beendet. Seufzend grub sie in ihren Taschen nach ein paar Münzen. „Eigentlich sollte ich deine Nummer längst aus meinem Kopf gestrichen haben, Charles Pennington", sagte sie laut zu sich selbst und hob den Hörer ab. „Ersatzlos! Aber irgendwie ..." Und dann war Charles auch schon selbst an der Strippe.

„April? Du? Wo steckst du? Was machst du? Wie ..." Seine Zunge holperte durch all die Fragen, die sich so lange aufgestaut hatten und nun alle auf einmal herauswollten.

„Ja, ich! Manhattan, Bronx, 122-8, wir kaschen die Foot. Danke, bestens." Im Telegrammstil ratterte April zu jeder Frage ihre Antwort herunter. „Wenn du am Pulsschlag der Zeit von heute mal fühlen willst, ehe andere schon den Daumen drauf haben, dann rück an!"

Charles Pennington schwieg verblüfft, nur sein hastiger Atem verriet, daß er noch am anderen Ende der Leitung war. „Ach ja, noch was", fügte April hinzu. „Da wartet sowieso 'ne Extraüberraschung für dich." Grußlos hängte sie ein, heute war keine Zeit für große Höflichkeiten.

Die Morgendämmerung lag fahl über dem Asphalt, als April zu ihrem Lieferwagen zurückhastete. Hinter ihr kam das Heulen mehrerer Polizeisirenen rasch näher, und als könne dieses Geräusch selbst Tote wecken, begannen die ersten der straßauf, straßab liegenden Foot-Soldaten sich zu bewegen. Fast gleichzeitig mit April traf der erste Polizeiwagen auf dem Hauptkampfplatz ein. Später, als die Heulbojen, wie April sie im stillen nannte, schon im Halbkreis aufgereiht standen und die erste Fuhre Foot-Soldaten mit funkelnagelneuen Armbändern geschmückt abtransportiert war, hielt der Sendewagen von Kanal Drei Stoßstange an Stoßstange mit dem Lieferwagen.

„April! Hey, hallo, April O'Neil!" Charles Pennington fuchtelte wie wild mit dem Arm zum Beifahrerfenster heraus, aber April tat, als höre sie nicht. Der Anblick des Wagens und die Erinnerung an den Job, den sie so geliebt hatte, brannten wie Pfeffer in einer offenen Wunde. Den Triumph, sie deshalb weinen zu sehen, würde sie ihrem Exboß nicht gönnen.

Nicht nur Aprils Gefühle bekamen beim Auftauchen des Sendewagens so was wie Seegang. Eine schmale dunkle Gestalt, die schon lange unbemerkt auf dem Kunststoffbogen einer Haustürüberdachung gelegen hatte, sprang plötzlich aus der Deckung auf und an April vorüber.

Unvermittelt, als sei ihr etwas Wichtiges eingefallen, blieb sie jedoch stehen und begann heftig in ihren Hosentaschen zu wühlen. Feuerzeug, Schlüsselbund, Kaugummis, ein abgebrochener Bleistift, zwei Mickymaus-Bildchen und eine Handvoll Geld; die Tasche schien unerschöpflich. In größter Eile zählten die Finger eine bestimmte Summe von einem Bündel Geldscheine ab.

„April?" Zaghaft trat die Schattengestalt ein wenig mehr ins Licht.

„Danny!" rief April überrascht und sah ihn verwundert an. „Warum bist du nicht bei den, äh, bei Casey geblieben?"

Aber Danny ging nicht darauf ein. „Da", stieß er erregt hervor und drückte ihr die abgezählten Geldscheine in die Hand. „Das bin ich dir noch schuldig."

„Was für Geld ist das?" April mochte kaum die Finger schließen.

Doch da war Danny schon weg. „Vertrau mir!" hörte sie

ihn noch rufen. Und dann sah sie, warum Danny es so eilig gehabt hatte. Wie ein Weltbestsprinter spurtete er hinter seinem Vater her, der dem Fahrer des Sendewagens gerade das Zeichen zum Weiterfahren gab.

„Dad!“ Der Ruf ging Charles Pennington durch und durch. Wie oft hatte er geglaubt, diese Stimme zu hören: in Konferenzen, beim Autofahren, in Streßsituationen so gut wie im Traum.

„O Danny!“ brachte er nur fassungslos heraus und traute sich kaum umzudrehen.

„Dad!“ Danny verhielt zögernd den Schritt, ehe er alle Ängste, alle Bedenken abwarf und die Arme um den Hals des Vaters schlang.

Völlig unverhofft sah Charles Pennington sich seinem Sohn gegenüber. „Danny! Danny, Danny - mein Gott, Danny!“ stammelte er glücklich. „Wo hast du dich bloß rumgetrieben? Ich hab’ die ganze City wegen dir auf den Kopf gestellt! Bist du okay? Alles in Ordnung?“

„Alle Väter sorgen sich um ihre Söhne!“ Wie ein Hauch wehte die Erinnerung an die brüchige, so unendlich sanfte Stimme zu Dannys Ohr.

„Schon gut, Dad, ich bin okay“, sagte er lachend. „Wirklich, mir fehlt nichts. Und, Dad“, aus unerwartet ernsten Augen sah Danny zu seinem Vater auf, „nenn mich nicht mehr Danny, okay? Dan ist mir lieber!“

Feucht und heiß stieg es in Charles Penningtons Augen auf, aber er schämte sich nicht dafür.

„Dan ...“, murmelte er. „Dan!“

April wandte sich von der rührenden Szene ab. Sie beschirmte die Augen mit der Hand, um nach einem bestimmten Flachdach auszuschauen, aber nichts war zu sehen, die Dächer ringsum lagen leer. Nur ein paar Vögel kreisten lärmend um einen Schornstein.

„April!“ Charles schon wieder! Was war denn nun passiert?

„April, ich brauch' dich jetzt!" rief er und winkte sie heran. „Versteh doch, da waren Umstände, ich, ich konnte nicht anders."

Mit einem Ruck wandte April sich zu ihm um. „Ach, weißt du, Charles", sagte sie und hoffte, er könne ihr Herz nicht schlagen hören, „was soll das noch? May Williams von Kanal Vier hat sogar ein eigenes Büro ..."

Die Mannschaft hinter Charles Pennington fing an zu feixen. Die April, also, wenn die's nicht faustdick hinter den Ohren hatte! Aber okay war sie, mächtig okay.

Charles Pennington sah schon Land am Horizont seiner Träume. „Du bekommst ein eigenes Büro!" willigte er ein.

„Büro, was ist das heutzutage schon?" April verlangsamte ihren Schritt. „Interessant wird so was doch erst mit eigener Sekretärin."

„Also gut." Charles Pennington nickte hastig. „Mit eigener Sekretärin." Hatte er es geschafft?

„Außerdem ist May Williams die bestbezahlte Journalistin in ganz New York", spann April den Faden ungerührt weiter.

Allmählich war die Schmerzgrenze Charles Penningtons erreicht. Aber hatte er eine andere Wahl? Innerlich zähneknirschend gab er nach. „Von jetzt an bist du's, wenn du willst."

Beinahe ein wenig zu stürmisch riß April seine gar nicht darauf vorbereitete Hand hoch und schüttelte sie kräftig. „Also gut", lachte sie, „du bist zwar ein Irrsinnsignorant, Charles, aber - okay, ich bin wieder dabei!"

Charles Pennington kam in dem nun einsetzenden Applaus kaum noch zu Wort. „Dann schnell, seht zu, daß sie 'n bißchen zurechtgemacht wird", kommandierte er geschäftsmäßig. „Und 'ne Jacke, wer hat einen Blazer für sie? Auf geht's, Leute, los, los!"

Schon halb im Dauerlauf zum Sendewagen, schnappte April mit ihren stets auf Sturm gestellten Journalistenohren ein paar Satzfetzen auf, die ihr Selbstwertgefühl noch eine Stufe höher rückten. Polizeichef Stern schien ziemlich in Nöten, denn die Foot-Leute bekamen die Zähne nicht auseinander.

„Jetzt hört mal genau her, ihr schwarzen Strohsäcke!“ hörte sie ihn toben. „Ich will jetzt endlich wissen, was, zur Hölle, geht hier vor? Wenn nicht bald einer von euch zu singen anfängt, dann ...“

Die Kids wechselten stumm einen Blick. Einige lugten unwillkürlich zu dem Dach hinauf, auf dem die Turtles gekämpft hatten, das war alles. Keiner dachte auch nur daran, ein Wort zu reden.

Polizeichef Sterns gerunzelte Brauen und die erkaltete Spitze seiner Zigarre verhießen nichts Gutes. Man mußte die Haut eines Panzers haben, um darüber hinwegzusehen. Einer der Gruppenführer hielt schließlich der Drohung nicht länger stand.

„Lassen Sie das Warenhaus bei Lagermann und Söhne überprüfen“, sagte er stockend. „Dann wissen Sie alles.“

Schon hatte April den Sendewagen erreicht, Charles Pennington zückte die Uhr. „In zehn Minuten sind wir auf Sendung. Beeilt euch, Leute, schnell!“

Doch April stand plötzlich wie angewurzelt. Sie sah nur noch einen großen durchtrainierten Burschen mit langem indianerschwarzem Haar, der da auf sie zugeschlendert kam.

„Ich hab’ dich gesucht wie ’ne Stecknadel“, war alles, was er sagte.

Die Verzauberung wich. „Ach Casey, hallo!“ April versuchte, ihren inneren Aufruhr zu überspielen.

Aber das funktionierte bei Casey nicht. Er starrte sie ungläubig an. „Hallo? Und das war’s dann? Ich steh’ mir hier die Beine in den Bauch und seh’ so alt aus, als hätt’ ich ‚Süßer‘ zu Mike Tyson gesagt, und du hast nichts drauf als ’n billiges Hallo?“ Er faßte sich ungläubig an den Kopf.

„Aber ’n Krankenwagen brauchst du noch nicht, oder?“ fragte April spitz und unterdrückte den Wunsch, sein übel ramponiertes Gesicht zu streicheln.

„Nee, das nicht, aber ...“

Caseys wachsende Verwirrung war einfach zu süß. April sah ihn mit Augen an, aus denen der Schalk nur so blitzte. „Warum hältst du dann nicht endlich den Mund und küßt mich?“ schlug sie ihm vor. „Ich hab ’n Auftrag für dich.“

Für einen kurzen Augenblick sah Casey aus, als hätten seine kleinen grauen Gehirnzellen plötzlich Urlaub genommen. Dann aber schloß er April in die Arme, daß ihr sämtliche Rippen knackten. „Ich liebe es“, flüsterte er ganz nah an ihrem Mund, „wenn du so mit der Tür ins Haus fällst.“

„Und wer küßt mich?“ fragte da eine Stimme von oben herunter. Donatello spürte ein ganz klein wenig Eifersucht. „Ist sie nicht himmlisch?“ fragte er seine Brüder.

Raphael hingegen strahlte über das ganze Gesicht. „Viel Glück, April!“ sagte er leise.

„Viel Glück, Casey!“ Michelangelo tat es ihm nach und schrie es in die Tiefe der Häuserschlucht, daß das Echo sich zwanzigfach darin brach.

„Jungs, wir waren einsame Spitze!“ rief Leonardo und schüttelte die Arme wie auf dem Siegespodest.

„Wir waren voluminös!“

„Einfach tierisch stark!“

Erwartungsvoll drehten sie sich nach Donatello um. Doch diesem saß der Knick im Herzen noch ein bißchen zu tief, um schon wieder voll mitzumischen.

„Gibt’s überhaupt ’n Wort dafür, wie gut wir waren?“ fragte Leonardo. Gespannt sah er von einem zum anderen. „Eins, das zieht, meine ich, so richtig ’n Knüller, so ’n Volltreffer, mittenrein ins Schwarze?“

„Du meinst so was wie ... wie ...“ Michelangelo stockte. Ihm fiel einfach nichts ein.

Splinter hatte ihnen lächelnd zugehört. Langsam hob

er den Finger und machte ein Gesicht, als läge ihm das Weiseste und Klügste auf den Lippen, das die Turtles je von ihm gehört hatten. „Also ich mochte immer am liebsten ‚Cowabunga‘!“ sagte er dann schlicht und einfach.

Die Turtles sahen ihn einen Moment sprachlos an, während sich allmählich ein Lächeln über ihre Gesichtern ausbreitete, als müßten die Ohren Besuch bekommen. Und dann schrien sie es zum ersten Mal in die Welt hinaus: „Cowabunga!“

Der Schlachtruf der Turtles war geboren.

Bestseller von Rainer Büttner im Loewes Verlag:

ALF - Hallo, da bin ich

Sein Heimatplanet ist explodiert. Sein Raumschiff ist abgestürzt. Er sitzt in der Klemme, aber ALF läßt sich nicht unterkriegen.
Der Anfang einer rührend und umwerfend komischen Geschichte des kleinen rothaarigen Monsters aus dem All.

ALF - Ich will alles

ALF fühlt sich wohl bei der Familie Tanner und lebt nach seinem Wahlspruch: „Null Problemo! Wo ich bin, ist das Chaos!“ Willie ist ein Nervenbündel und Kate oft am Rande der Verzweiflung. Dann aber kommt der Weihnachtsmann und macht aus ALF - fast - einen Engel.

ALF - Lieber ich als keiner

„Lieber ich als keiner!“ meint ALF und meint dies durchaus ernst. Denn Bescheidenheit ist überhaupt nicht seine Zier. Auch in diesem Band mischt der liebenswerte und unverschämte Knuddelchaot die Tannersche Familienidylle wieder kräftig auf.

ALF - Total gut drauf

ALF bestätigt sich als großer Menschenfreund. Ob er im Liebeskummer beisteht oder das Geheimnis um Willies ewig kaputtes Auto aufklärt - das Chaos ist vorprogrammiert. Doch damit nicht genug: Bei den Tanners kündigt sich Nachwuchs an - und damit ein neues Problem.

ALF - Alles paradieso

ALF macht eine schreckliche Entdeckung: Er ist gegen Babys allergisch. Doch damit nicht genug, er wird auch noch vom Unglück verfolgt. Ein Fluch, der nur durch ein ziemlich umständliches Zeremoniell von ihm genommen werden kann, wie er behauptet. Die geplagten Tanners müssen sich wohl oder übel dreinfügen - aber sie sind ja von ihrem außerirdischen Liebling inzwischen einiges gewöhnt.

ALF - Volle Fahrt voraus

Wenn ALF einmal nicht im Mittelpunkt des Familienlebens steht, kann das schlimme Folgen haben. Und obwohl die Tanners von ihrem außerirdischen Freund schon einiges gewöhnt sind, schafft er es immer wieder, sie mit unmöglichen Einfällen an den Rand der Verzweiflung zu bringen. Neue umwerfend witzige Geschichten mit dem rostroten Zottelmonster vom Planeten Melmac.

ALFs RATGEBER

Nerv dich selbst

Die neuen Tests zur Selbstfindung

Wer bin ich - und wie bin ich? Das sind Fragen, die wohl jeden von uns tief bewegen. Jetzt liegt endlich die Antwort vor: Mit diesem Ratgeber führt uns ALF in seiner unnachahmlichen Art glasklar vor Augen, wie es mit unserem Seelenleben wirklich bestellt ist.
Die Tests klopfen unsere individuellen Stärken und Schwächen in allen Lebenslagen ab. Die Fragen reichen von den kleinen Sorgen des Alltags bis zu den verborgensten Winkeln der Persönlichkeit. Ein Handbuch, das kräftig die Lachmuskeln strapaziert. Und Lachen ist schließlich gesund!

ALFs RATGEBER

Wie benehm' ich mich daneben?

Das neue 1x1 des guten Tons

Die menschlichen Umgangsformen in ein allgemeingültiges Regelwerk zu fassen, daran haben sich schon viele versucht - unter anderem so berühmte Köpfe wie der Freiherr von Knigge. Mit dem Erscheinen des vorliegenden Ratgebers werden alle Klassiker der feinen Sitten mit einem Schlag zu Makulatur. Wer dieses „neue 1 x 1 des guten Tons" gelesen hat, der weiß: ALF sorgt für die Revolution des gesellschaftlichen Lebens...